公司治理新模式
——从合规到价值创造的转型

牛建波 著

北京大学出版社
PEKING UNIVERSITY PRESS

图书在版编目（CIP）数据

公司治理新模式：从合规到价值创造的转型 / 牛建波著. —— 北京：北京大学出版社，2025.1. —— ISBN 978-7-301-35723-1

Ⅰ. F279.246

中国国家版本馆CIP数据核字第2024T7M028号

书　　　　名	公司治理新模式：从合规到价值创造的转型 GONGSI ZHILI XINMOSHI:CONG HEGUI DAO JIAZHI CHUANGZAO DE ZHUANXING
著作责任者	牛建波　著
责任编辑	余秋亦　任京雪
标准书号	ISBN 978-7-301-35723-1
出版发行	北京大学出版社
地　　　　址	北京市海淀区成府路205号　100871
网　　　　址	http://www.pup.cn
微信公众号	北京大学经管书苑（pupembook）
电子邮箱	编辑部 em@pup.cn　总编室 zpup@pup.cn
电　　　　话	邮购部 010-62752015　发行部 010-62750672　编辑部 010-62752926
印　刷　者	北京鑫海金澳胶印有限公司
经　销　者	新华书店
	720毫米×1020毫米　16开本　21.5印张　355千字 2025年1月第1版　2025年1月第1次印刷
定　　　　价	88.00元

未经许可，不得以任何方式复制或抄袭本书之部分或全部内容。
版权所有，侵权必究
举报电话：010-62752024　电子邮箱：fd@pup.cn
图书如有印装质量问题，请与出版部联系，电话：010-62756370

感谢南开大学商学院学术专著出版基金、国家社会科学基金（23BGL016）资助本书出版。

内容提要

在当今竞争激烈的环境下,高质量发展要求企业不断创新和优化公司治理模式,以有效应对各种挑战。本书正是为此应运而生,它将成为企业在公司治理领域的得力助手,引领企业实现从合规到价值创造的成功转型。

本书对当今企业面临的公司治理挑战进行了全面深入的剖析,为了实现公司治理目标从合规到价值创造的转型,构建了新的公司治理框架,提出了一种新的公司治理模式。本书紧密结合实践案例与理论研究,旨在为读者提供一套科学、系统的公司治理新模式指南。全书共分为五篇,内容涵盖公司治理发展历程、公司治理新模式探索、公司治理基础变革、公司治理功能变革、公司治理实践指引及治理智慧。

第一篇回顾了公司治理从业主模式到ESG[①]模式的历史演变,背后蕴含着各类模式的历史背景、特点及时代影响。在全球化浪潮中,文化、经济和政策环境共同推进了治理模式的全球融合,但也伴随着大股东权益、董事会决策等问题的挑战。不仅如此,第一性原理为公司治理带来了新的思考角度,提出了DES[②]模式,旨在强化治理功能,推动公司可持续、健康发展。

第二篇深入探讨了公司治理新模式,期望为实际运作中的企业提供指导。当前,我国公司治理改革正处于社会关注的焦点,但改革的目标常因过分强调股东或利益相关者而产生误导,致使改革方向背离了公司的健康和价值创造。我们首先构建了由六个关键要素构成的公司治理新模式目标(Corporate Governance Objectives,CGO)——公司健康。随后,我们进一步分析了治理基础和治理功能,重点突出了董事会在公司长期健康和价值创造中的中心地位。

---

① ESG即环境(Environmental)、社会(Social)、治理(Governance)。
② DES即科学决策(Decision-making)、系统激励(Encouragement)、高效监督(Supervision)。

此外，公司治理新模式相比于传统模式，更加注重公司整体的长期利益，而不仅限于短期的经济回报。公司治理新模式在战略、价值创造和社会责任等多个方面都展现出明显的优势，为公司带来了系统、全面的治理视角，有利于促进公司可持续、健康成长。

第三篇专注于公司治理的关键要素——治理基础，探讨公司治理层结构，如股权、党委及监事会的构建和运作。这些要素为公司制定使命、愿景和战略，以及对公司的整体运作发挥决策性作用。本篇还进一步探索了治理基础在全球化和数字化背景下的现代化挑战与趋势，强调了透明性、多样性以及对股东权益的尊重，分析了监事会在现代商业环境中的新角色和责任。本部分还讨论了党委融入公司治理的新思路和党委成员的治理胜任力，以期为读者提供关于治理基础变革的全面而深入的分析。最后从战略统领观的新角度详细阐述了战略在公司治理与公司管理协同中的关键作用。

第四篇深入探讨了公司治理功能的变革思路和措施。治理功能主要指导公司的价值创造及保持其健康发展状态，其中董事会作为关键组织，对公司的战略、经营决策及长期发展有着决定性的影响。本篇详细分析了外部董事的新角色和独立董事制度的演变，特别强调了独立董事制度在中国的发展、面临的挑战以及"通才型独立董事"的定位。本篇还探讨了董事如何从合规监督转型为价值创造，提出了董事胜任力模型（SELM① 模型），并关注了如何激发独立董事的内驱力。此外，本篇还介绍了基于公司治理新模式的资源管理 CIA② 模型，并从战略统领的角度，率先阐述了公司治理、公司管理与公司战略之间的逻辑关系，为读者提供了系统而深入的认知视角。最后探讨了如何在公司战略选择、战略优化的基础上，明确公司的关键治理事项，为公司治理提供明确的导航，使其能够聚焦关键点，逐步实现可持续、健康发展。

第五篇深入地探讨了公司治理的重要性以及如何通过高效的公司治理推动企业高质量发展。首先，提出了"治理智慧"的概念，强调除了财务表现，公司还要广泛考虑员工福祉、成长和企业的长远价值观，在全球化的背景下应更重视员工的参与和福祉。其次，专注于中央企业市值管理，探讨了如何整合资源、

---

① SELM 即技能和专业知识（Skills and Professional Expertise）、外部环境（Environment）、义务（Liability）、激励和态度（Motivation and Attitudes）。
② CIA 即组合（Combination）、识别（Identification）、获取（Acquisition）。

设定目标与满足市场和客户需求。其中，公司治理与管理创新被认为是市值管理的核心，揭示了关键利益相关者在市值管理中的角色，并为中央企业市值管理引入了PDCI①循环工具作为实践指导。最后，针对公司治理新模式提供了包括12个关键步骤的实践指引。为了让公司能够根据自身实际情况进行治理实践，我们对12个关键步骤在不同发展战略下的实施差异进行了深入的分析。本篇为公司提供了一个系统的治理框架，帮助它们实现高质量发展。

总之，本书为公司提供了一套全面的公司治理新模式，帮助公司从合规转向价值创造，进而实现高质量发展和公司健康。本书内容丰富、逻辑清晰、案例生动，对于公司领导者、管理者以及对公司治理感兴趣的读者而言，具有很高的实用价值和理论指导意义。

通过阅读本书，读者将全面了解公司治理发展的历程，掌握公司治理新模式，并学会如何运用这一模式来推动公司实现更高效、更具竞争力的发展。同时，本书还将帮助读者深入理解公司内部治理与外部监管的关系、优化公司文化、保护股东权益和践行公司社会责任等方面的问题，为公司的高质量发展提供有力支撑。

---

① PDCI 即规划（Plan）、实施（Do）、技术与协同（Technology and Collaboration）、监督与持续改进（Supervision and Continuous Improvement）。

前言
PREFACE

一、"自觉"到"觉他"的心愿

我的兴趣和爱好集中在企业管理与公司治理上,涉猎领域从财政到金融、从营销到治理。尤其近二十年来,我在公司治理领域的学习、研究和教学,恰好与我国现代企业制度改革的大浪潮相契合。据粗略统计,我已教授过 10 000 多名本科生、研究生、MBA、EMBA、董事、高管、监事、股权代表和出资人,这些教学实践使我有幸参与我国现代企业制度改革的实践。然而,随着我国公司治理改革的深入和发展,治理实践中仍存在许多问题和挑战,关于如何有效发挥外部董事作用的问题,我经常与朋友们交流并探讨。在此略摘一二,与各位读者交流。

1. 外部董事在董事会中的主要作用是决策还是监督?
2. 董事如何战略性地参与董事会的决策?
3. 董事在董事会决议的实施环节应扮演什么角色?
4. 如何有效处理外部董事与总经理及董事长的关系?
5. 如何有效处理外部董事与内部董事的关系?
6. 面对不属于自己专业领域的议案,外部董事的职责是什么?怎样才能做到正确履职?
7. 董事会开会过于频繁,外部董事疲于应付,疏于对公司战略和中长期规划的研究,该怎么办?
8. 董事会会议的临时议案多、时间紧迫,致使外部董事无法对相关议案进行必要的分析和研究,该怎么办?
9. 在自己不了解或不专业的情况下,独立董事如何发表意见?
10. 当董事会议案的内容或附件材料存在问题或缺失时,外部董事该如何处理?

11. 当董事们对董事会议案存在明显分歧时，外部董事该如何处理？

12. 当外部董事询问相关高管时，对方避重就轻、遮遮掩掩，该怎么办？

13. 作为专业委员会中的非专业董事成员，该如何参与专业委员会的活动和决策？

14. 在外部董事人数较少的情况下，各专业委员会存在委员高度重合的情况，外部董事在不同专业委员会的履职重点是什么？该如何有效履行这些职责？

……

对于这些公司治理实践中的问题和挑战，作为一名从事公司治理学术研究和教学的老师，我百感交集。仅依靠面对面的沟通和交流，我所能接触到的人是非常有限的。因此，我一直希望能够以另一种方式与更多的朋友分享我对公司治理的思考。

自2020年春节前后的新冠疫情暴发以来，全球经济和社会秩序遭受了巨大冲击与挑战。然而，这却给了我一个意外的机会，可以利用更多的时间整理自己的思考，与更多的朋友进行交流。虽然我的思考可能有不完善甚至不正确的地方，但我始终抱着真诚的态度。正如顾羡季先生所说："余虽不敏，余虽不才，然余诚矣。"真诚，是做人的根本。

我希望本书的内容能够为读者带来一些启示，为大家提供一条更有效的实施公司治理的道路，提高董事履职效率，为公司高质量发展做出贡献。

二、近年来国有企业改革的成绩和困境

自党的十八届三中全会以来，国有企业改革已取得重要进展，形成了以《关于深化国有企业改革的指导意见》为引领、一系列文件为配套的"1+N"政策体系。各地和上市公司也根据自身实际情况，研究制定具体政策措施和实施方案。

国有企业改革尽管取得了一定的成绩，但改革重点和难点问题还有待突破。一些国有企业仍在被动等待上级文件和指示以及改革细则和主管部门的具体指导。为此，2016年2月，国务院国有企业改革领导小组决定开展国有企业改革"十项试点"。这"十项试点"具体包括：一是落实董事会职权试点，二是市场化选聘经营管理者试点，三是推行职业经理人制度试点，四是企业

薪酬分配差异化改革试点，五是国有资本投资、运营公司试点，六是中央企业兼并重组试点，七是部分重要领域混合所有制改革试点，八是混合所有制企业员工持股试点，九是国有企业信息公开工作试点，十是剥离企业办社会职能和解决历史遗留问题试点。

自2017年开始，我国国有企业改革政策逐渐具体化，国务院国有资产监督管理委员会（简称国资委）以及其他监管部门陆续印发了相关操作指引和办法，为国有企业在改革实施中面临的具体问题提供指导。此外，国有企业改革"1+N"政策体系进一步完善，国资委也陆续印发多个操作细则类文件，提供更有针对性的指导。2019年，国有企业改革"创建世界一流示范企业"试点推出，混合所有制试点和"双百行动"试点规模也进一步扩大。

《国企改革三年行动方案（2020—2022年）》是我国国有企业改革的重点，在完善公司治理机制和加强董事会建设方面取得了重要成果。国务院国有企业改革领导小组办公室2022年3月30日召开了关于完善公司治理机制和提升运转质量效能的专题推进会。国务院国有企业改革领导小组办公室副主任和国务院国资委副主任表示，董事会实现了应建尽建，落实了董事会职权，并迈出了实质性的步伐，1.29万家中央企业子公司和2.63万家地方国有企业子公司都设立了董事会。其中，1 421家中央企业重要子公司落实了董事会职权。在外部董事聘任方面，外部董事占多数制度也得到了普遍推行，中央企业子公司和地方国有企业子公司实现了外部董事人数占多数，分别达到了99.6%和96.7%。在经理层履职和管理方面，经理层行权履职机制也在不断完善。96.9%的中央企业集团公司和98.5%的地方一级公司建立了董事会向经理层授权的管理制度，国有企业各级子公司经理层成员实行任期制和契约化管理的占比超过95%。在党委参与治理方面，国有企业党组织在公司治理结构中的法定地位得到了明确和落实，目前，全部中央企业集团公司、地方一级公司和大多数中央和地方重要子公司均编制了"党委前置研究讨论重大经营管理事项清单"。

国务院国资委主任张玉卓在2022年5月7日举行的"地方国有企业改革三年行动推进会"上表示，经过近两年的持续攻坚，地方国有企业改革三年行动取得了决定性进展，主体任务完成进度超过90%。下一步将锚定"三个明显成效"的目标：确保在形成更加成熟、更加定型的中国特色现代企业制度和国资监管体制上取得明显成效;确保在推动国有经济布局优化和结构调整上取得明显成效;确保在提高国有企业活力和效率上取得明显成效,奋力夺取国有企业改革三年行动全面胜利。

这三个"明显成效"也体现了中国国有企业改革的长期目标。虽然国有企业改革大方向已基本明晰,但政策在落地实施时无法达到预期效果,因此不断进行试错式微改革,但效果依然不佳。如何破解现代企业制度改革的困境是我写作本书的关键动因,本书提出的公司治理新模式或许能够提供一个破解困境的思路。

三、公司治理热下的几点思考[①]

在公司治理领域,大而全的治理模式可能会使公司陷入治理过度的困境,甚至阻碍公司的发展和创新。相反,简而精的治理模式或许可以更好地服务于公司的愿景和战略,帮助公司迅速响应市场变化和利用机遇。

简而精的治理模式不仅需要明确和精准的治理目标与任务,还需要具备高效的决策机制和有效的执行力。此外,简而精的治理模式应当更加注重公司的战略规划和风险管理,以确保公司可持续、健康发展。一个有战略眼光的治理模式可以帮助公司在竞争中脱颖而出,适应变化的市场环境,提高公司的市场竞争力。因此,真正有效的公司治理一定要有所为有所不为,而且要紧密服务于公司的愿景和战略,注重简而精的治理模式,实现公司的长期成功和可持续发展。

对于当前公司治理监督制度层出不穷的现状和趋势,我提出一些个人的思考。

1.厘定公司治理的正确目标

治理的发展趋势是主体多元化,公司治理、非营利组织治理、环境治理、网络治理、社会治理、国家治理等,治理主体各不相同。这种趋势的出现,一方面是政府、学术机构等倡导和呼吁的结果,另一方面是各种组织发展的内生性需求的体现。但是,在实践中出现了泛化和神化公司治理的问题,这不仅不利于公司治理的发展,而且容易造成对公司治理的误解。

---

① 部分内容发表于:牛建波.公司治理的冷思考[J].董事会,2021,(06):62-66.

公司治理是一个多角度和多层次的概念。狭义的公司治理是指所有者（主要是股东）对经营者的一种监督与制衡机制，公司治理的目标是保证股东利益最大化，通过股东（大）会、董事会、监事会及经理层所构成的公司治理结构的内部治理来防止经营者的行为背离所有者利益。而广义的公司治理则不局限于股东对经营者的制衡，也涉及股东、债权人、供应商、员工、政府和社区等与公司有利益关系的利益相关者。因此，公司治理是指通过一套包括正式或非正式的、内部或外部的制度或机制来协调公司与所有利益相关者之间的利益关系，以保证公司决策科学化，从而维护公司各方面的利益。

传统上，公司治理的目标被定位为股东利益最大化或者利益相关者利益最大化，基于这些目标，一些国际组织提倡公司应该遵守"公司治理最佳实践"。但是，一旦公司治理的目标被定位为股东利益最大化或者利益相关者利益最大化，就会使董事会和经理层的注意力过于狭隘或过于分散，从而忽视公司的独立生存之本——为客户创造价值，以及公司的持续发展之本——公司健康。因此，本书认为公司治理的目标既不是股东利益最大化，也不是利益相关者利益最大化，更不是遵循"公司治理最佳实践"，而是实现和保持公司健康。

2. 公司治理最佳实践：雾里看花

虽然公司治理最佳实践受到广泛的关注，但与其他领域相比，其存在的可行性和价值仍有待探讨。"公司治理最佳实践"所提供的只是缓解公司治理问题的基础性方法，例如公司治理结构的搭建、处理公司与各利益相关者之间关系的建议等内容。然而，这些方法并未深入探讨不同准则内容之间的相互作用和协同效用，也未涉及治理方案的可变性。因此，"公司治理最佳实践"只是提供了一些可供参考的治理措施和方法，而非标准答案。在治理实践中，每家公司必须通过具体分析和研究制定出适合自身愿景和战略的"治理模式"。

值得注意的是，由于信息不对称和道德风险问题以及内部、外部环境的变化，公司治理的良好方案也要随着政策、市场、企业战略、发展阶段的变化而灵活调整。近年来，海内外对公司社会责任特别是ESG的关注越来越多。虽然这对社会和环境有着积极意义，但从公司角度而言，不同利益相关者的诉求存在冲突，每家公司都需要对如何以及在多大程度上满足不同利益相关者的利益进行权衡。这会进一步决定公司治理的基础部分，例如股东结构、股权结构、党委会和监事会等，进而决定公司的治理职能。因此，公司治理的价值创造功能并不易理解，其重要性需要从多个角度进行全面评估。

3. 董事会运作的教条化

董事会是公司治理职能的核心，其有效运作对公司的成功至关重要。尽管董事会决策的程序正义被认为是董事会科学决策的核心，但它能否真正促进公司治理的价值创造功能仍有待商榷。在法律上，程序正义被定义为案件不仅要判得正确、公平并完全符合实体法的规定和精神，还应当使人感受到判决过程的公平性和合理性。然而，在公司治理中，程序正义并不一定能够直接促进公司的发展和利益最大化。

要实现公司治理的价值创造功能，董事会成员的远见卓识、专业经验和团队合作至关重要。为此，公司需要招聘优秀的董事，给予他们有效的激励并进行有效的监督。除此之外，还要注意到董事会的职责和胜任力，以及对公司存续和发展的重要影响因素，如客户、市场地位、创新和社会责任等。因此，仅仅依靠遵循既定的议事程序并不足以确保公司治理的有效运作。

需要注意的是，公司作为市场竞争主体，过度关注董事会议事规则可能会忽视董事的胜任力以及影响公司存续和发展的重要因素。这种远离客户和市场的董事会运作已经教条化，甚至已经僵化，需要通过更加灵活的方式进行调整和改进。因此，在董事会的有效运作中，我们应不断调整并适应不同的市场环境和公司发展阶段，以确保公司治理的有效性和创新性。

4. 为了合规而治理，差以毫厘，谬以千里

在公司上市之前进行上市辅导是公司治理中的重要环节，证券公司及董事会秘书等专业人士的参与和贡献对公司的发展至关重要。然而，在过度强调合规的情况下，可能会出现治理过度，导致公司对其他方面的关注不足。例如，过分关注合规可能导致公司忽视了自身业务模式与战略的优化和改善。另外，为了满足合规要求，某些公司可能会过分依赖职业董事会秘书等专业人员，而忽视董事会成员的实际职责和能力，这对公司治理效果的影响是不容忽视的。

在 2020 年实施新的《中华人民共和国证券法》（简称《证券法》）和《中华人民共和国刑法》（简称《刑法》）开始实施之后，出现了许多申请首次公

开募股（Initial Public Offering，IPO）的公司撤销上市申请的情况。这一现象表明，在过分强调合规的情况下，公司可能会过度关注满足监管要求，而忽视自身的经营和发展。合规目标下的治理必须注意到治理过度和治理不足之间的平衡，注重制度建设和治理能力提升，提高董事会成员的专业素养和决策水平，从而推动公司治理水平的全面发展。

5. 独立董事不懂事，甚至不懂装懂

根据国泰安数据库的统计数据，截至2022年12月31日，中国A股上市公司数量已经达到4 852家。在2015—2022年的八年时间里，A股上市公司的在职独立董事分别为7 668人、8 127人、8 849人、9 075人、9 786人、11 170人、12 394人和13 387人，共有1 207 741人曾经或正在担任独立董事。然而，独立董事们的教育背景、从业经验和性格特征等方面可能存在很大的差异。因此，监管部门要求独立董事在任职之前必须取得任职资格，通常需要参加4—5天的任职资格培训，培训内容包括《中华人民共和国公司法》（简称《公司法》）、《证券法》、公司治理、信息披露、内部控制等相关方面的制度规定和解读以及案例分析。然而，这种培训以守法合规为主，很少涉及如何创造公司的价值。

实际上，董事的任职资格与胜任力还存在明显的差异。以獐子岛集团有限公司（简称獐子岛公司）为例，其2020年时任的四名独立董事被认定为虚增利润的直接责任人，最终被给予警告并罚款。这些独立董事纷纷进行了申辩，认为自己不具备财务审查能力：独立董事A、B称不具备财务方面的专业审查能力；独立董事C称虽然具备基础的财务知识，但并不是财务方面的专家，不具备对獐子岛公司所涉虚假记载事项的审查能力；独立董事D称不是财务方面的专家，无法通过审查年度报告的方式发现存在的问题。然而，这些申辩并没有让他们免于惩罚。最终，中国证券监督管理委员会（简称证监会）认为獐子岛公司董事和高管人员对信息披露真实、准确、完整所负有的法定保证义务是不可逃避的。

虽然董事任职资格的取得是确保独立董事基本素质和专业背景的重要手段，但并不能保证他们真正掌握公司治理的核心。培训内容和体系的局限性可能助长了"董事不懂事"的现象，同时也引发了对公司治理的严重误解。实际上，独立董事们在职业生涯中需要充实知识储备和经验积累。因此，公司治理专业人才的引进和成长以及公司内部的知识分享和交流都是非常必要的。

与此同时,公司治理培训的重点也应该放在实际运作和价值创造方面,而不仅仅是遵守法律法规和规范性文件。同时,相关机构应该建立健全反馈机制,及时纠正独立董事的误解和错误行为,避免公司治理的失误和公司价值的流失。

6. 有些独立董事自我麻痹,甚至同流合污

按照我国相关部门的政策规定,独立董事需要对提名任免董事、解聘与聘任高管、董事高管薪酬、关联交易、对外担保、定期报告和财务信息、募集资金管理和使用、股权激励、员工持股计划、并购重组类、再融资、上市、回购以及其他重要事项发表独立意见。

上任伊始,面对种类繁多的董事会决策和需要独立发表的种种声明意见,独立董事可能会心有忐忑。每每想起自己做出的保证和承诺,甚至辗转反侧、夜不能寐。但是,随着时间的流逝,即使看不懂某些项目的可行性分析报告,搞不清某些关联交易是否公平和公正,甚至在明确提出疑问或质询但没有得到必要的回复和解释的情况下,对决策事项的敏感性逐渐钝化,警觉性逐步降低。最终,独立董事可能会在未充分理解事项的情况下签署独立声明,但内心仍能轻松面对甚至毫无压力。

7. 激励的过度和不足并存

在混合所有制改革的浪潮下,公司对高管股权激励和员工持股的关注与实践已经成为必然趋势。然而,经过二十多年的国有企业员工持股改革的实践经验,我们应该认识到"一股就灵"的想法只是一厢情愿的美好愿望。除了在物质层面加强激励,公司更需要构建公司股东、董事会、高管人员到核心员工之间的愿景共鸣、事业共创、成就共享的优秀治理文化,形成共赢的局面。

对于外部董事的薪酬问题,各公司发放的普遍低薪和单一固定薪酬模式导致董事的风险责任与薪酬不对称现象,使得优秀的外部董事越来越少而"花瓶董事"越来越多,进而影响到公司治理的效果和质量。因此,我们需要重新审视外部董事的薪酬问题,采取更灵活、更公正的方式,为外部董事提供更有吸引力的薪酬和福利待遇,以吸引更多高素质的专业人才担任董事,从而提升公司治理水平。同时,我们也需要加强对外部董事的培训和评估,提高他们的专业素养和监督能力。

8. 公司治理机构建设大而全，协调性欠佳

中国上市公司治理机构的建设与完善，一方面是历史传承的结果，另一方面也得益于监管部门的努力。尽管上市公司的治理机构十分"豪华"，但协调性欠佳，因为治理制度和机构的建设与完善往往只是各部门履行监督及管理职责的需要。如果某个部门的规定不够严格或详细，就会面临履职不力与不作为的质询和批评，因此，各部门都会争先恐后地完善对相关事项的规定，从而形成一个复杂的治理系统。

但从实际运作效果来看，这些治理制度多是各部门为了履行自身监督和管理职责所需，而不同部门对相关事项的规定可能存在不协调的情况。因此，上市公司治理机构应当以服务公司的愿景与战略、促进公司的健康发展为出发点，有所为有所不为。像出井伸之在《迷失与决断：我执掌索尼的十年》一书中提到的，对索尼而言，引入独立董事是一个错误的决策。真正有效的公司治理需要精益求精、精简高效。

9. 监管部门的治理积极主义易使公司治理迷失

中央和地方证券监管部门以及交易管理部门针对上市公司的治理、行为规范和信息披露制定了许多指引、规范性文件和要求，不断进行调整和修改以适应公司实践发展与环境变化。政策的制定和完善的重要性毋庸置疑，但关键在于如何平衡好行政监督和市场化演变之间的关系，实现政府适度监管和公司适度自治，从而使公司和证券市场都健康发展。

以 2021 年 6 月 28 日证监会发布的《公开发行证券的公司信息披露内容与格式准则第 2 号—年度报告的内容与格式（2021 年修订）》为例。此次修订主要解决以下三个问题：一是落实修订后的《证券法》《上市公司信息披露管理办法》要求；二是与其他相关制度做好衔接；三是强化突出问题的信息披露。对突出问题的信息披露管理水平直接体现了政策的水平。然而，公司愿景、商业模式的差异需要不同的治理基础和治理功能，从而产生不同的发展战略和业务战略，相同的业务类型和处理方法在不同公司中的价值可能明显不同。监管机构要求公司披露更多、更细的业务信息的初衷是好的，但是否有利于公司和证券市场的健康发展则有待商榷。

随着证券市场的发展，针对公司的监管政策和文件数量日益增多，公司需要应对越来越细致且不断更新的信息披露细则和规定。然而，董事会秘书的精力是有限的，董事会的精力是有限的，繁复的披露细则和要求可能会使公司董

事会迷失在合规细节之中，错把合规当治理，出现"捡了芝麻，丢了西瓜"的情况。

当默认上市公司（或实际控制人）为"恶人"时，监管方可能会采取预防性的措施以防止恶行。然而，由于信息不对称和组织政治等现象普遍存在，新的制度虽然补上了特定的漏洞，但新的甚至更多的漏洞不断被发掘出来，监管方往往处于疲于应付的尴尬境地。

10. 股权集中成为公司治理失败的"背锅侠"

在过去，股权集中被认为是导致中国公司治理低效和经营业绩不佳的罪魁祸首。因此，改革者设计出类似东北高速公路股份有限公司（简称东北高速）的股权结构，旨在实现前三大股东持股比例均衡，任何两个大股东的持股比例之和都超过第三个大股东。然而，现实却让人大跌眼镜，东北高速上市后不久，其中的两个大股东就在公司经营上产生矛盾，甚至发展到相互拆台、举报对方违规经营情况的地步。最终，东北高速被分拆为两家公司分别独立上市。

环顾全球资本市场，股权结构集中的公司仍然占据相当的比例，股权结构集中与公司绩效不佳并无直接的必然联系。公司的核心治理问题因公司而异，我们应该关注的是针对特定治理问题设计相应的治理模式。例如，对于存在实际控制人的公司，控股股东对公司愿景和战略的决策权限是治理基础的关键内容；对于股权分散的公司，大股东之间的股权配置是治理基础的关键内容。股权配置的不同代表了治理基础的不同，治理基础的不同则进一步决定了治理功能范围和重点的不同。因此，股权集中成为公司治理失败的"背锅侠"是不合理的。

11. 治理评价缺位成为公司治理改革深化的阿喀琉斯之踵

岗位职责和绩效评价是管理工作中的重要环节。管理大师彼得·德鲁克（Peter Drucker）曾说："没有度量，就没有管理。"然而，开展治理评价的公司少之又少。没有量化、没有评价，公司治理就像迷雾中的花朵，董事和董事会可能会迷失方向，不仅容易走上弯路，还可能出现南辕北辙的情况。因此，想要做好公司治理，治理评价是不可或缺的环节。

目前一些公司尝试着对董事会进行评价，这是值得欣慰的尝试。已有的董事会评价要么是对组织结构、董事人口统计学特征、会议数量、投票情况等形式化内容的客观评价，要么是从德、能、勤、绩、廉等角度进行的主观评价。

然而，这些评价思路和方法脱离了公司的愿景与战略，脱离了公司的经营与业务，难以准确评价董事会的实际水平和贡献，与公司的健康发展相差甚远。这种董事会评价方法低估了董事会的作用，让社会大众越来越误解董事会的角色和作用，直接成为公司治理改革深化的阿喀琉斯之踵。

对于公司治理的进一步改革，一个贴近公司愿景与战略的治理评价方法意义重大，我们有必要构建一个具有价值创造功能、以公司健康为目标的新治理模式。

12. 治理中的守正与出奇：创新的纠结

公司要在竞争中不断优化和发展自己的竞争优势，从而在市场上获得长久的竞争优势。公司治理是确保公司正常运营的基础，是公司决策和行为的准则，也是确保公司可持续发展的重要保障。虽然公司治理的众多规定和要求可以确保公司依照规定运营，但如果所有公司都只是按相关规定机械地运营，就很难在竞争中取得更大的成功。为了在竞争中立于不败之地，一些公司可能需要从现有规定中"出奇制胜"，在治理结构和制度方面进行一定的创新，以实现更好的治理效果。但这也可能引起相关部门的关注，轻则被出具警示公告，重则被认定为违规，或遭受处罚。

创新是企业发展的关键，虽然创新活动无法避免失败，但对创新失败的容忍程度会对创新成功的概率产生重要影响，甚至影响创新成果的开创性水平。因此，公司治理需要兼顾创新与规定的关系。有时，为了促进战略和业务的发展，公司需要在遵循治理规定的基础上，探索新的治理方式和手段。治理规定的重点是确保公司的合法性、安全性和稳定性，但这并不代表在治理中创新无从谈起。相反，制度创新可以促进治理实践的进步和公司的发展，但应当在一定的风险范围内进行，不能违背公司愿景和使命，也不能违反法律和监管要求。因此，公司应当在保持稳健治理的前提下，探索适合自身情况和发展需要的创新治理方式。

13. 知名公司的烙印：个体还是董事会？

自公司这种组织形式被创造以来，已经涌现出许多知名公司，这些公司通常因提供优质的产品或专业服务，或者某位重要人物的贡献而广为人知，例如华为的任正非、苹果的乔布斯、微软的比尔·盖茨、小米的雷军、京东的刘强东等。然而，人们不太容易记得公司某个特定的董事会或外部董事。那么，对于公司来说，个人和董事会团队哪个更重要？两者各有优缺点，答案并不统一。

在探讨公司治理改革的过程中，人们倾向于以集体决策代替个人决策这一隐含逻辑。例如在董事会决策中，通常根据议案获得支持的比例来决定是否通过。然而，这种做法可能会导致决策陷入多数谬误的陷阱，因为某个提案获得多数支持并不一定意味着它是最好的。集体决策的优点是，可以将多个意见融合在一起，从而在一定程度上避免个人的认知局限和错误决策的风险。然而，如果团队成员缺乏多元化的观点和背景，或者存在团队合作不畅的问题，那么集体决策的质量可能会降低。

如何平衡个人决策和董事会集体决策的关系是公司治理领域无法回避的问题。当前的公司治理模式似乎倾向于极端化的做法。在一些公司中，决策集中在少数几个高管或董事会成员手中，忽视了其他成员的意见和贡献。而在另一些公司中，决策完全取决于董事会集体决策的结果，没有足够重视个人贡献和专业知识。因此，在平衡个人决策和董事会集体决策的关系时需要充分考虑个人的独立性与专业能力，以及团队合作的质量与多样性。同时，公司治理结构和流程也需要设计得更灵活、更有效，以便在保证决策质量的同时充分发挥团队的智慧和力量。

14.ESG 热

在全球范围内，证券监管部门、媒体、机构投资者、国际组织和机构等已成为公司治理的主要推动者，对公司治理的发展和改革有着深远的影响。近年来，关注企业的环境、社会和治理绩效而非财务绩效的经营理念与企业评价标准成为公司治理领域的热门话题。

虽然利益相关者理论最早于 20 世纪 60 年代在斯坦福研究所（现为斯坦福国际咨询研究所）内部备忘录中被提出，但通用电气公司前首席执行官拉尔夫·科迪纳尔（Ralph Cordiner）在 50 年代早期就已经提出"一个企业的成功取决于它对关键群体（如客户、员工、供应商、社区、金融机构等）的管理"的利益相关者理念。竞争对手有时也被视为利益相关者，因为他们可能会影响公司和其他利益相关者的目标实现。1970 年米尔顿·弗里德曼（Milton Friedman）提出"企业的社会责任是增加其利润"的里程碑式理念以来，企业在社会中的角色开始被广泛讨论和扩展。

利益相关者视角可以成为推动公司改革的动力，但也可能带来冲突和危机。

ESG 提供了一个边界清晰和方向明确的行动框架，为企业的社会责任承担提供了有力支持。然而，利益相关者存在的过度多元化会模糊公司经营的重心，削弱公司的市场竞争力，从而不利于公司的健康发展。

ESG 的提出对公司治理具有重要意义，它标志着利益相关者思想的最新演变。相较于以往的治理方式，ESG 为企业的社会责任承担提供了一个更清晰、更明确的行动框架，使得公司能够更好地应对不同利益相关者之间的关系和冲突，并通过可持续性发展增强企业的综合竞争力。通过 ESG 的视角，利益相关者理论再次成为公司治理的重点和焦点，也使得公司更加注重在业务发展的过程中满足不同利益相关者的需求和期望。实际上，越来越多的公司已经开始将 ESG 与公司战略联系起来，这一趋势在 2018 年 NACD[①] 全球董事会领袖峰会上也得到印证，22% 的董事表示直接将 ESG 纳入公司的战略规划。因此，可以说 ESG 已经成为衡量企业社会责任承担能力的重要标准，对于实现公司治理价值创造具有深远的影响。

2022 年，ESG 在中国的发展势头迅猛。2022 年 5 月 20 日，由中国企业管理研究会社会责任与可持续发展专业委员会与北京融智企业社会责任研究院共同组建课题组，编制完成的《中国上市公司 ESG 研究报告（2021）》蓝皮书正式发布。该报告揭示了中国上市公司 ESG 表现的五大现状：ESG 评价得分整体偏低，其中获评 A 级企业仅占 8.07%；环境实践评分整体较低，对于气候变化影响的关注程度仍需加强，且环境绩效量化指标披露不足；社会实践得分整体较高，普遍注重社区发展与员工权益，但供应链管理水平有待提升；信息披露表现整体较好，但 ESG 管理能力有待提升；在不同行业中，采矿业上市公司的 ESG 平均得分较高，而建筑业上市公司的平均得分较低。

为了进一步推动企业实施 ESG，由中国企业改革与发展研究会、首都经济贸易大学牵头，并联合数十家标准研发单位（包括国家能源投资集团、中国移动、蚂蚁集团等），共同推出《企业 ESG 披露指南》团体标准，于 2022 年 6 月起正式实施。这是中国首份企业 ESG 披露的团体标准，设计了 ESG 三个维度共计 118 个指标，企业可根据不同行业、不同发展阶段等实际情况，选择全部或部分指标进行披露。这份指南的推出，将对中国企业 ESG 实践产生积

---

① NACD 即全美董事联合会，National Association of Corporate Directors。

极的推动作用，也将有助于提升中国企业在 ESG 评价领域的国际竞争力。

尽管 ESG 在全球范围内已经受到广泛关注，但对其评价体系和标准进行仔细分析后，可以发现利益相关者治理模式下的公司经营目标泛化问题仍然十分突出。当前的公司治理越来越狭隘化，越来越偏离公司经营的本质，实践越来越形式化，价值创造功能也难以实现。全球的公司治理改革已经深陷困境。针对这种现状，本书提出以塑造和保持公司健康为治理目标的公司治理新模式，旨在为公司的健康发展提供一个全面的治理理论框架和行动指南，为董事履职和董事会改革提供新的思路和方法。我们期望与理论界、管理咨询界和企业界的朋友一起探讨这个主题。

15. 董事的治理思维

思维能力对领袖人物的影响是巨大的。诺贝尔和平奖得主埃及前总统穆罕默德·萨达特（Mohamed al-Sadat）曾经说过，不能改变思维的人，永远也不会有能力改变现实，也永远不会有进步。无数事实证明，领袖人物的思维能力对推动一个国家和公司的发展都发挥着极为重要的作用。

科学的治理思维对于董事会的领导和决策同样至关重要。优秀的治理思维有助于董事会打破旧框架的束缚，发挥个人力量，使公司健康发展。因此，作为董事，必须依据新的治理思维来发挥自己真正的力量。

第一，董事会领导者应该注重预防问题，而不是仅仅解决问题。能够快速、高效地预防问题，比低效地解决问题更有意义。预防是一种重要的治理思维，因为它能够避免或减少公司可能面临的风险和问题。预防需要董事会领导者提前识别可能的风险和问题，然后制定有效的措施来防范和管理这些风险和问题，从而最大限度地保护公司利益和股东权益。预防要求董事会领导者全面了解与洞察公司内部和外部环境，以便识别和解决可能的问题。他们需要建立一套完整的预警机制，包括风险评估、监测和预警系统，并制定应对措施来缓解潜在的风险和问题。同时，董事会领导者还需要确保员工的意识和行为都符合公司的价值观与标准，避免员工的行为引发法律诉讼从而影响公司声誉。通过预防的治理思维，董事会领导者可以大大降低公司的风险和成本，提高公司的效率和效益，为公司创造更多的价值。

第二，优秀的董事应该将治理思维传达给高管以及公司的所有人员。董事的个人力量是有限的，只有董事会领导的整个公司都拥有这种治理思维，才能充分发挥每个人的智慧和力量。这要求董事会领导者能够以简单易懂的方式解释公司治理的目标、基础和功能，让每个人都明白自己的角色和责任。只有整个公司的人都拥有这种治理思维，才能真正发挥每个人的智慧和力量，共同推动公司治理向更高水平发展。为了实现这一目标，董事会领导者应该与其他高管一起制订培训计划，向所有员工传授治理思维，培养公司文化和价值观，以确保公司的治理水平得到不断提高。

治理思维已经成为董事会领导者最迫切需要更新的内容。在董事会领导公司的过程中，董事要以简单易懂的治理模式来表达公司治理的目标、基础和功能，不仅使所有董事和高管理解其内容、构成和逻辑，还要让公司所有人员都遵从或服务于这一目标和体系去开展工作，而不能把治理思维局限于董事会和高管，与公司的业务和运营脱钩。

李广用兵如神，却无兵法；相反，孙武、吴起则有可遵循的兵法，因此他们不仅能获胜，还能经常获胜，甚至能够不战而胜。类比于董事履职，一个简单易懂、易于传播和形成共识的治理思维模式，是提高董事履职效果的关键。然而在现实中，很多新任董事在上任时都会寻找这样一种治理思维模式，却往往无法找到。

为此，本书构建了公司治理新模式，旨在为董事提供一种可行的治理基础和治理功能，并借此构建了三个模型——公司治理目标的CGO模型、董事胜任力SELM模型和资源管理CIA模型，为董事们提供了具体的思路和方法，帮助他们形成新的治理思维，从而有效履行职责。

目录
CONTENTS

第一篇　公司治理的演变、趋势和挑战

第一章　公司治理模式的演变 ... 3
　　第一节　公司治理的起源 ... 3
　　第二节　业主模式 ... 5
　　第三节　利益相关者治理模式 ... 7
　　第四节　股东治理模式 ... 13
　　第五节　ESG 模式 ... 19

第二章　全球公司治理模式的趋同与挑战 ... 27
　　第一节　全球公司治理模式的趋同 ... 27
　　第二节　全球公司治理趋同的挑战 ... 33

第三章　第一性原理与公司治理 ... 43
　　第一节　第一性原理的内涵 ... 43
　　第二节　第一性原理对公司治理的启示 ... 44
　　第三节　基于第一性原理的公司治理优化 ... 48
　　第四节　第一性原理对投资者和证券市场的启示 ... 51

第二篇　构建公司治理新模式

第四章　公司治理新模式的目标：公司健康 ... 57
　　第一节　基础理论 ... 58
　　第二节　基于优秀案例的治理目标提炼 ... 62
　　第三节　公司治理新模式的目标要素 ... 78

第五章　公司治理新模式的构成：治理基础和治理功能 ... 89
　　第一节　公司治理新模式的构成和组态逻辑 ... 89

第二节 治理基础 92
第三节 治理功能 94
第四节 公司治理新模式与传统模式的比较 96

第三篇 公司治理新模式的解析：治理基础

第六章 公司治理基础的现代化构建 127
第一节 使命、愿景与发展战略的现代化构建 127
第二节 股权结构的现代化构建 131
第三节 监事会的现代化监督 135

第七章 公司治理基础的战略统领观 139
第一节 公司治理和公司管理面临的共同挑战 139
第二节 公司治理与公司管理的关系的流行观点：
战略联结观 141
第三节 战略联结观的局限性 141
第四节 探讨公司战略、公司治理和公司管理间关系
的原点 142
第五节 公司战略、公司治理和公司管理间的新型关系：
战略统领观 143
第六节 战略统领观的核心价值 144

第八章 公司治理基础的党委有机融入 147
第一节 党委融入治理的现行规定和实践 147
第二节 党委有机融入治理的新思路 152
第三节 党委成员的治理胜任力 160

第四篇 公司治理新模式的解析：治理功能

第九章 激活外部董事：通才型人才的定位 167
第一节 制度设计与企业实践的错位：通才与专才 167
第二节 通才型独立董事：重新定位与出发 177

第十章 升级独立董事制度：从合规到价值创造 180
第一节 完善独立董事制度的核心建议 181
第二节 董事胜任力模型：SELM 模型 183

第三节　调整独立董事评价的重点 200
第四节　培育和激发独立董事的内驱力 202

第十一章　价值创造的路径：资源管理 CIA 模型 204
第一节　资源识别 205
第二节　资源组合 206
第三节　资源的获取与剥离 207
第四节　资源购买与自建的良性循环 208
第五节　公司治理新模式下资源管理 CIA 模型的优势 208

第十二章　不同公司治理战略下的治理优先事项 214
第一节　公司发展战略的匹配与选择 214
第二节　公司发展战略转换的时机 217
第三节　战略转型时关键治理事项的辨识及应对 220

第五篇　公司治理智慧：高质量发展之道

第十三章　治理智慧：治理意识、治理思维和治理能力 233
第一节　高质量发展的理论基础和内涵 233
第二节　治理智慧的三个要素 241
第三节　治理智慧要素与高质量发展的关联 248
第四节　治理智慧在实践中的体现 250
第五节　治理智慧实践的六个步骤 253
第六节　治理智慧实践六个步骤的科学性分析 255

第十四章　公司治理新模式的实践指引 261
第一节　确立愿景与战略 261
第二节　分析市场地位 263
第三节　评估创新能力 266
第四节　监控生产力 268
第五节　财务状况评估 270
第六节　关注社会责任 272
第七节　设定具体目标和指标 274
第八节　实施公司治理新模式 276
第九节　监控风险与机遇 278

  第十节 建立有效的沟通机制 279
  第十一节 激励与奖励 281
  第十二节 持续改进 283
第十五章 治理智慧与中央企业市值管理 285
  第一节 战略统领观下的中央企业市值管理 285
  第二节 中央企业市值管理的三大支柱 286
  第三节 中央企业市值管理的六大领域 288
  第四节 五大利益相关者协同推进中央企业市值管理 292
  第五节 中央企业市值管理的行动路线图和 PDCI 循环 295
  第六节 数字化驱动的市值管理 298

参考文献 300

后记 心之所向，治之所思：一段关于公司治理的探索
   之旅 315

第一篇
公司治理的演变、趋势和挑战

本篇为广大读者提供了对公司治理的演变、趋势和挑战的系统性解读。

第一章深入探究了公司治理的历史轨迹。从业主模式到当下热议的 ESG 模式，本章系统地阐述了各模式的核心思想、内在逻辑及其面对的实际问题，帮助读者深入理解各模式的历史背景、特点及其在不同时期的影响力。

第二章详细讨论了公司治理模式的全球化趋势与其带来的挑战。在全球化的大背景下，多个因素，如文化、经济和政策环境，共同作用导致公司治理的全球趋同。但这一进程并非毫无阻碍，无论是制度上的冲突还是实践中的各种问题，如大股东的权益、董事会的决策效力以及独立董事的角色定位等都要求我们仔细思考和解决。

第三章介绍了第一性原理在公司治理中的应用。第一性原理是一种强大的思考工具，它要求我们深入理解和挑战问题的本质，推动我们按最根本的事实或法则进行决策分析。本章提出了以价值创造为目标的公司治理功能的 DES 模式（科学决策、系统激励和高效监督）。这个治理功能新定位不仅可以帮助我们优化治理和决策，提高董事的履职能力和效果，还可以从根本上推动公司的创新和发展，切实推进公司的高质量发展。

第一章
公司治理模式的演变

本章围绕公司治理的发展历程和脉络,从时间维度出发,分析了不同国家不同时期的主要公司治理模式,包括业主模式、利益相关者治理模式、股东治理模式和 ESG 模式。针对不同类型的公司治理模式,分别阐述其内涵与主张、内在逻辑及其面临的困境。

通过本章的内容,读者能够厘清不同治理模式之间的联系和区别,了解不同公司治理模式诞生的背景,把握全球公司治理的动态变革过程,并客观解读当前盛行的 ESG 模式。

第一节 公司治理的起源

随着经济社会的发展,企业制度经历了由个人企业、合伙企业到公司制企业的演变。企业制度的发展可以分为古典企业制度时期和现代企业制度时期两个阶段。在古典企业制度时期,企业形态主要以业主制和合伙制为代表;而在现代企业制度时期,企业形态主要以公司制为代表。

公司制的最早形态可以追溯到欧洲中世纪经营海上运输业的"康孟达"(Commeda)契约组织。康孟达原意为"委托",指一些人将资本委托给资金不足的贫穷商人从事海上贸易。双方按照约定的比例分配利润,当贸易出现损失时,出资人以出资为限承担有限责任,从事海上贸易的人承担无限责任。有人天生热爱冒险却缺少资金,有人拥有资金却不敢冒险,赚钱的共同目标让这两类人走到一起。不愿冒险的人将资金或货物交给愿意冒险的人,愿意冒险的人从事海上贸易。康孟达是留在家乡的有资金的人与登船出海的人之间的一种双边合作形式,体现为委托和代理关系,提供资金的人为委托人,从事海上贸易的人为代理人。站在资金提供方的角度,他们提供资金但不实际从事经营,从而产生所有权与经营权的分离。康孟达对后来公司制企业的影响体现为这种契约形式首创了有限责任制的合伙形式，而这正是现代企业制度的重要内容。

随着公司规模和业务范围的扩大，公司的开支也不断增加，需要更多的资金支持。资本是稀缺的，这种稀缺性催生了资本市场。因此，公司开始在资本市场上寻求融资，这也导致公司的所有权和经营权分离，股权结构变得更加分散。资本市场拥有大量的机构投资者和个人投资者，他们不仅提供了更多的融资渠道，还加速了公司的发展和股权结构的演变过程。

现代企业制度的一个显著特征是所有权与经营权的分离。在这种情形下，现代公司治理所要研究的就是代理问题，即如何正确处理委托—代理关系中委托人和代理人之间的权力制衡与利益分配关系，以实现委托人和代理人在目标一致与利益趋同的前提下，充分发挥代理人的积极能动性，实现公司价值的最大化。代理问题最早出现于 1776 年亚当·斯密（Adam Smith）的《国民财富的性质和原因的研究》（An Inquiry into the Nature and Causes of the Wealth of Nations）一书，斯密对股份公司及其董事行为进行了分析。代理问题的正式构建可以追溯到 1932 年阿道夫·伯利（Adolf Berle）和加德纳·米恩斯（Gardiner Means）的《现代公司与私有财产》（The Modern Corporation and Private Property）一书，该书详细论述了所有权和控制权这一公司治理核心问题。代理理论贯穿于公司治理的始终，建构于所有权和控制权分离的现实基础，从而拉开了公司治理研究的序幕。

艾尔弗雷德·钱德勒（Alfred Chandler）在《看得见的手：美国企业的管理革命》（The Visible Hand: The Managerial Revolution in American Business）一书中指出委托代理问题的存在。他认为现代公司已经从受所有者控制转变为受经营者控制，并且经营者权力的增加有可能损害资本所有者的利益。公司所有权依赖于股东对公司的投资，公司经营权则依赖于管理者的经营能力。当有资本的人缺乏经营能力，或者即使有经营能力但不愿意从事经营时，资本所有者就会聘请有经营能力的人经营公司，这样就使公司所有权与经营权分离。对于公司的重大决策，股东拥有决策权，但当公司的股权分散时，股东之间难以达成一致意见。特别是当公司的经营权掌握在经理人手中时，股东掌握的公司信息往往不全面，导致其缺乏足够的信息来做出决策。这使得公司决策听命于职业经理人，从而产生了第一类代理问题——委托人与代理人之间的矛盾。

自 20 世纪 90 年代末起，关于代理问题的研究重心逐渐从处理股东与经理人之间的两权分离转向如何应对股权相对集中情况下大股东与中小股东之间矛盾的第二类代理问题。公司治理的核心目标是为投资者创造价值。随着现代股份公司所有权和控制权的分离，代理问题成为限制公司治理目标实现的主要瓶颈。因此，公司治理起源于解决两个代理问题——委托人和代理人之间利益冲突的第一类代理问题和大股东侵占小股东权益的投资者之间的第二类代理问题，即公司治理的诞生是代理问题凸显的结果。

公司治理的初衷在于解决公司内部各利益相关者之间的关系，但现实中通常是高管团队独自管理公司，很少有其他利益相关者参与。从卡德伯利委员会在 1991 年发布的《卡德伯利报告》（Cadbury Report），到随后的《格林伯利报告》（Greenbury Report）和《哈姆佩尔报告》（Hampel Report），再到 2008—2009 年的国际金融危机，这些事件都对公司治理的有效性提出了挑战。英国公司治理联合准则经历了 2003 年、2006 年、2008 年和 2012 年的多次修订，最终于 2012 年更名为《英国公司治理准则》（The UK Corporate Governance Code）。安然公司丑闻促使《萨班斯—奥克斯利法案》（Sarbanes-Oxley Act，简称《萨班斯法案》）实施，推动股东积极主义的普及，推动公司治理理论更强调其他利益相关者的权利和参与。随着公司治理结构的不断完善，公司治理最佳实践开始兴起，企业通过董事会、监事会、专业委员会、高管人员派驻和内部政策等手段监督与控制公司经营活动，并注重企业与投资者关系的管理，以实现公司治理的终极目标。企业制度不断演进，公司治理也在不断发展。

第二节　业主模式

一、业主模式的内涵与主张

业主模式是一种早期的公司治理模式，它的核心特点是少数业主集中掌握企业的所有权和控制权。在业主模式下，企业的组织结构相对简单，一般只有业主和生产员工两个层次，业主直接参与企业的经营管理，指挥生产、组织销售，并直接监督生产员工和确定其报酬等。这种模式在 19 世纪 50 年代到

20 世纪 50 年代被广泛应用于工业国家的企业，如德国的克鲁伯、蒂森和西门子等，美国的摩根、杜邦、洛克菲勒、福特等，瑞士的布朗、勃法瑞、舒尔茨等。

在欧洲，业主模式的产生和发展也与国家目标、政府政策、党派政治等有关。德国和日本在世界经济中的地位需要从经济与政治的综合视角进行解读。在这些国家，产权和控制权往往被机构化的组织掌控，机构派人进入企业的行政和监督部门，形成一种以长期目标为导向的经营理念，即"企业资本主义"。这种经营理念注重投资、市场地位和国民经济目标，甚至包括一些社会政治目标。相对于传统的业主模式，企业资本主义更注重管理和治理的规范化与制度化，从而有助于提高企业的稳定性和竞争力。

二、业主模式的内在逻辑

业主模式的内在逻辑是将所有权和经营权合为一体。在这种模式下，企业所有者同时也是经营者，拥有全部的产权，包括剩余收益权、经营决策权、监督管理权及资产处置权。这种产权结构以私有制为基础，是单一持有者的产权结构。由于所有者的利益与经营者的利益完全重合，业主有充分的积极性对生产过程进行控制和监督，促进企业的发展和创新。

在19世纪中叶到20世纪中叶，社会分工尚未发展成熟，经济管理还没有形成专门的技术和职业，经理人的职业角色还未从业主中分离出来，而且产权市场、资本市场、劳动力市场的发展程度都很低，经济的信用化程度也很低，在这种条件下，业主模式成为当时主流的企业制度。

业主模式的内在逻辑主要表现在两个方面：第一，企业的所有权和经营权由企业所有者直接控制，可以降低经营管理成本，同时也能够解决企业内部存在的"道德风险"问题，即偷懒、搭便车等现象。这主要通过市场竞争的压力和业主经由监督而效率提高所带来的全部收益来实现。第二，业主模式的内部自我积累机制能够满足企业的扩张需求，推动社会生产力的迅速发展。但是业主模式也存在一些问题，如企业规模较小、抗风险能力较差、存续时间较短、管理水平不高等。

三、业主模式的困境

尽管业主模式在某些方面具有优势，但在规模、抗风险、存续期和内部管理水平等方面也存在一些困境。

首先,业主模式企业的规模相对较小、生产经营品种较为单一、市场领域也较窄,使得业主倾向采取集权式的管理。然而,以自我积累为主的积累机制使得企业资本来源单一,限制了企业规模的扩大,也限制了产业结构的升级和调整。

其次,业主对企业债务承担无限责任,风险太大,限制了风险投资。业主模式企业本身规模较小,抗风险能力很差,使所有者承担的风险极大。因此,业主模式企业谨小慎微,一般不愿或不敢从事风险投资,限制和妨碍了新兴产业的产生与发展。

再次,企业对自然人的依附关系使企业缺乏强大的生命力,存续时间较短,信誉较差。业主模式企业在享受民事权利、承担民事责任时,是以出资人的自然人身份出现的。这使得业主模式企业成为自然人企业,企业主的存亡往往决定企业的存亡,从而使企业不能成为有独立生命力的主体。如果企业主重病、坐牢、死亡等,企业往往就倒闭了。

最后,业主模式企业的结构简单,管理水平不高。由于企业规模小,产权主体单一,企业主身兼数职,不可能实现集思广益、共同决策,从而影响了企业内部管理水平。

第三节 利益相关者治理模式

随着经济社会的不断发展,业主模式企业的规模相对较小,市场领域也较窄,个体自然人难以提供生产经营所需的资本和承担由此引发的风险,这种企业形态逐渐不能适应市场的需要。在此背景下,利益相关者理论迅速发展。该理论认为,企业的利益相关者包括股东、员工、供应商、客户、政府、社会公众等,他们不仅是企业的资本来源,也是企业发展过程中的风险承担者和合作伙伴。因此,在企业经营决策和公司治理架构中应该考虑他们的利益,并给予他们相应的发言权和权利。这种企业治理模式被称为利益相关者治理模式。

在美国,金融市场发展历史悠久,尤其是股票市场的存在使得公司股权结构分散,多数公司不存在控制性的大股东,公司的控制权不在股权所有者手中,而是在经理层手中。在此背景下,利益相关者治理模式逐渐成为主流。

此外，全球企业普遍遇到了企业伦理、员工纠纷、企业管理等一系列现实问题，进一步加速了利益相关者治理模式的发展。

以爱德华·弗里曼（Edward Freeman）、托马斯·唐纳森（Thomas Donaldson）、玛格丽特·布莱尔（Margaret Blair）和罗纳德·米切尔（Ronald Mitchell）为代表的一批经济学家、管理学家认为，利益相关者通过投入或参与，为企业的生存和发展注入了一定的专用性投资，或是为企业的经营活动付出了代价，或是分担了一定的经营风险，由此企业的经营决策和公司治理架构中必须考虑他们的利益，并给予他们相应的发言权。在这样的背景下，利益相关者治理模式应运而生。

利益相关者治理模式突出企业的社会责任和道德义务，强调企业应该考虑除股东以外的其他利益相关者的利益，并促进他们之间的合作和共同发展。这种模式能够为企业赢得社会的认可和信任，提高企业的社会形象和品牌价值，从而更好地实现可持续发展。

一、利益相关者治理模式的核心思想与治理结构

（一）利益相关者治理模式的核心思想

利益相关者治理模式的核心思想是每个企业都有多个利益相关者，企业的成功取决于它对利益相关者的关注和回应。这一理论最早由通用电气公司首席执行官拉夫·科迪纳尔（Ralph Cordiner）在20世纪50年代初提出。由于企业的生存和发展受到许多利益相关者的共同影响，公司治理模式逐渐演变为"共同治理"模式，力求在包括股东、员工、供应商、银行以及可能的当地政治团体等在内的所有利益相关者之间取得最佳平衡。

公司治理结构是一种赋予董事以责任和义务指导公司业务的制度，并以责任为基础。有效的公司治理体系应具备规范董事义务的机制，以防止董事滥用职权，从而确保他们以最广泛的公司利益行事。公司治理结构应被视为公司与股东之间的一种"社会契约"，在道德上要求公司及其董事考虑其他利益相关者的利益。

利益相关者治理模式的运行在实践中存在诸多的困难，如如何平衡不同利益相关者的利益，在近年来受到越来越多的关注。例如，欧盟在2014年强调了公司在决策和实践中应考虑利益相关者的利益，以及应建立有效的利益相关者沟通和参与机制。2019年8月19日，由苹果、百事可乐、摩根大通与

沃尔玛等全球知名企业共同参与的美国工商团体"商业圆桌会议"（Business Roundtable）发表了题为《公司的目的》（Purpose of a Corporation）的宣言，鼓励企业界在改善员工福利与教育培训以及环境保护方面进行投入，并且公平对待合作的供应商。该宣言写道，每个企业都有自己的企业目标，但对所有利益相关者都有着共同的承诺；每个利益相关者都至关重要，我们致力于为所有公司、社区和国家的未来成功创造价值。这则宣言获得美国 188 位顶尖企业首席执行官的联合签署，展示了这些企业对利益相关者利益的广泛关注。

（二）利益相关者治理模式的治理结构

基于利益相关者价值的公司治理模式与基于股东价值的公司治理模式在治理结构设置上有相似之处，最高权力机构通常由董事会和监事会组成。但两种模式的主要区别在于最高权力机构的构成方式。以股东价值为本的公司治理模式认为只有股东才能行使最高权力，而以利益相关者价值为本的公司治理模式则认为所有利益相关者都应该有发言权。不同利益相关者的声音在此模式中是相对的，不同企业所涉及的利益相关者也具有不同程度的影响力和利益分布。

在利益相关者治理模式的治理结构中，董事会的成员不仅代表股东，也代表其他利益相关者。同时，监事会的角色也有所变化，不再只是审计公司财务报表，还要监督公司的治理、管理和运作等方面，以保障所有利益相关者的利益。此外，在利益相关者治理模式中，企业还需要建立与利益相关者的沟通机制，以确保所有利益相关者的意见都能够被充分听取和考虑。基于利益相关者价值的公司治理模式如图 1.1 所示。

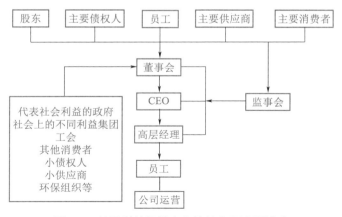

图 1.1　基于利益相关者价值的公司治理模式

二、利益相关者治理模式的内在逻辑

利益相关者治理模式的内在逻辑是：基于企业利益相关者的共同参与经营活动，形成一种"共同治理"和"相机治理"的公司治理模式。利益相关者通过投资或参与企业经营活动，为企业的生存和发展做出贡献，并承担相应的风险和代价，因此他们的利益应该在公司治理中得到重视和保障。这种模式要求在治理结构中平衡股东利益和其他利益相关者的利益，所有利益相关者都应该拥有发言权和参与决策的机会。在利益相关者治理模式下，公司不仅是商业主体，也是各利益相关者的关注焦点。因此，在公司治理中，要考虑股东、员工、债权人等各方的利益，通过协商机制履行公司与利益相关者之间的各种契约。

在现代企业中，剩余权益不再是实物资本所有者之间的对称分配，而是在更大范围内的分享和转让。因此，将公司治理仅仅理解为实物资本所有者为实现自身利益而设计的一套制度安排已经不符合实际情况和理论发展。利益相关者治理模式认为，公司应该依靠协商机制来平衡不同利益相关者之间的利益关系，并且成功的公司必须考虑所有利益相关者的利益，而不仅仅是股东利益。

（一）利益相关者治理模式下的企业价值体系

在利益相关者治理模式下，企业价值体系更加复杂，除了所有权价值，还需要考虑其他利益相关者的利益。利益相关者治理模式认为，企业的成功取决于它对所有利益相关者的贡献，因此企业的价值也应该包括其他利益相关者的使用价值，即企业对各种利益相关者的实际贡献。例如，员工对企业的贡献应该被纳入企业价值体系，因为他们的工作和创新能力对企业的发展至关重要。同样，企业对社区和环境的责任也应该被考虑在内。这些因素的存在使得企业价值体系更加复杂，需要在利益相关者之间取得平衡。

此外，随着消费者、投资者和其他利益相关者的利益观念逐渐发展，企业的价值观也在逐渐转变。例如，企业社会责任的概念越来越受到关注，这要求企业不仅要关注股东的利益，还要关注其他利益相关者的利益，包括员工、社区和环境等。在这种情境下，企业的广义价值不仅包括所有权价值和使用价值，还包括企业社会责任价值。

总之，利益相关者治理模式下的企业价值体系是一个更为广泛和复杂的概念，需要考虑多个利益相关者的利益，包括使用价值和企业社会责任价值等方面。这也要求企业在经营过程中更加注重社会责任，实现企业与利益相关者之间的共赢。广义企业价值与狭义企业价值的关系如图 1.2 所示，广义企业价值考虑到除股东外其他利益相关者的全面利益和社会责任，狭义企业价值侧重于股东的回报。

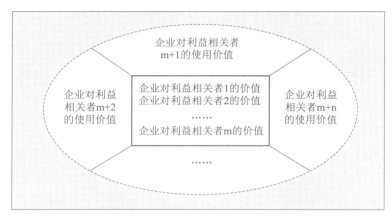

图 1.2　利益相关者治理模式下的企业价值体系

（二）多方利益相关者原则

在公司治理的演化过程中，早期的企业观认为企业只是一个经济组织，奉行"资本第一"和"一切权利归股东"的原则，因此只有股东才是公司治理的主体。这种思想在英美得到广泛实践。然而，德国企业观认为，企业不仅是经济组织，还是政治组织。在德国，公司治理的最高权力部分来自股东会，部分来自公司内部员工，双方共同组成监事会再向下延伸组建董事会，构成二级职权。德国企业认为员工是企业的重要利益相关者，具有参与企业和国家事务的权利，这被视为"企业政治民主"的一部分。随后，利益相关者企业的概念产生，企业所涉及的社会方面也被视为利益相关者。因此，和解"委托代理"和"利益相关者代理"关系的问题成为多方利益相关者共同关注的问题。

多方利益相关者原则认为，企业是一个复杂的组织，其生存和发展需要多方利益相关者的共同参与和支持。这些利益相关者对企业的生存和发展都有着不可或缺的贡献。因此，企业应该在治理结构和决策过程中考虑到多方利益相关者的利益，实现各方利益的平衡和协调，以实现企业的可持续发展。

德勤（Deloitte）于 2022 年发布了第七版《董事会中的女性》（Women in the Boardroom）报告。该报告基于 51 个国家和地区的 10 493 家公司的数据，显示女性在董事会中的比例不断攀升。截至 2021 年，全球女性董事占比已达

19.7%，而女性董事会主席的占比也从 2016 年的 3.8% 升至 2021 年的 6.7%。此外，报告还显示，在六个不同行业中，生命科学和保健、金融服务、消费者业务是女性董事占比最高的三个行业，且女性董事占比仍在不断增长，截至 2021 年分别为 21.3%、21.2% 和 20.8%。这些数据表明，在推进性别多样性方面，企业和社会正在取得进步，但仍需继续努力。

三、利益相关者治理模式的困境

（一）利益相关者治理模式的理论困境

利益相关者治理模式面临的一个重要问题是如何平衡不同利益相关者之间的利益。传统企业理论认为企业的目标是追求经济利润最大化，而利益相关者治理模式认为企业的目标是多元的，包括社会性、政治性和经济性的目标。这种多元目标企业具有很强的公益色彩，但会导致企业经营效率的降低。因此，利益平衡成为公司治理中的一大难题，由此产生的两难困境是：一方面，企业仅追求经济利润最大化将会对社会产生负面影响，提高社会成本，损害社会福利；另一方面，通过各种管制手段来平衡各方利益，包括外部调控和内部利益相关者治理模式，虽然可以部分解决市场失灵和减轻企业活动的负面影响，但也会造成经济效率的降低。特别是采用内部治理模式，对企业经营效率和效益的影响还不确定。

另一个困境是，不同利益相关者之间的利益并不总是可以兼容。例如，员工可能会要求更高的薪酬和更好的工作条件，而股东则可能会想要削减成本以增加利润。如何在这些利益之间达到平衡并满足所有利益相关者的需求，仍然是一个亟待解决的问题。

此外，利益相关者治理模式下的治理结构可能会导致决策效率降低。如果决策需要考虑各种利益相关者的意见和利益，决策过程就可能变得非常烦琐和缓慢。因此，如何在平衡各方利益的同时确保决策效率，也是一个需要解决的问题。

（二）利益相关者治理模式的实践困境

利益相关者治理模式是经营目标为多元的模式，旨在平衡不同利益相关者之间的利益关系，使企业能够以更全面的视角来考虑其决策和行动。然而，这种模式在实践中面临一些困境。

首先，利益相关者涵盖的利益主体过于宽泛，实际操作的难度很大。虽然各利益相关者对企业的利益都有所影响，但不同影响之间存在巨大的差异。产品市场中的利益相关者就是一个例子。尽管利益相关者与企业之间存在利益关系，但他们的数量众多，难以组织起来采取有效的行动。在这种情况下，企业将不得不在不同利益相关者之间进行取舍和折中，从而可能导致一些利益相关者感到被忽视或被排斥。

其次，对所有利益相关者负责的做法为经理人提供了逃避责任的借口，加剧了道德风险倾向，甚至成为一些公司内部控制问题的制度诱因。经理人可能会选择利用这种制度，将重心放在满足特定利益相关者的利益上，而对其他利益相关者的利益视而不见，从而可能导致一些利益相关者受到不公正待遇。

再次，不同利益相关者之间的利益冲突和差异为经理人以保护一类利益相关者的利益的名义而侵占和损害另一类利益相关者的利益提供了可能。例如，对于银行而言，贷款人和储户都是利益相关者，但他们的利益方向并不一致甚至相反。一方面，银行经理人可以以保护储户利益的名义提高贷款利率，从而损害贷款人的利益；另一方面，他们也可以以保护贷款人的名义降低存款利率，使储户利益受到损害。

最后，利益相关者治理模式需要经理人维护的利益相关者越多，经理人在进行决策时的自由裁量权就越大；但是，若要求经理人对所有人负责，则意味着其不需要对任何人负责。经理人往往由此成为利益相关者中心导向下的公司治理实践的最大受益者。

第四节　股东治理模式

利益相关者治理模式虽然在理论上有着优越性，但在实践中存在多种困境，这些困境可能会限制其在公司治理中的实施效果。例如，利益相关者的利益范围非常广泛，涉及诸多方面，难以一一界定，也难以量化衡量，这可能导致决策难以做出，甚至出现决策混乱的情况。另外，对于经理人而言，需要对不同利益相关者负责，这意味着他们需要在不同利益之间进行权衡，这可能会导致一些利益相关者无法得到充分的关注和保护，进而引发道德风险问题。此外，利益相关者治理模式下如何平衡不同利益相关者之间的冲突和差异也是一大挑战。

相比之下，股东治理模式由于其简单明确的原则和规则，在公司治理中得到广泛应用。在股东治理模式下，公司的决策过程更加高效，决策能够更快地被执行，这有助于提高公司的经济效益。此外，股东治理模式在股权结构、资本市场和商业文化等方面也具有广泛的适应性，这意味着该模式可以被应用于不同国家和地区的公司中。

虽然不同国家和地区之间存在明显的差异，但公司法在基本形式上表现出高度的一致性。在不同国家和地区的公司法中，股东都被赋予优先地位，成为公司治理中最重要的利益相关者之一。这种股东至上的思想在企业意识形态中也处于不可动摇的地位。

一、股东治理模式的内涵与主张

股东治理模式是指以股东的利益为核心，由股东通过董事会和管理层来管理及监督企业的经营决策与行为。股东治理模式的核心理念是股东至上，即企业的目标是为股东创造最大的财富和利益。股东治理模式的主张可以追溯到1919年的道奇兄弟起诉福特汽车公司案。福特汽车公司是一家封闭持股公司，其中创始人亨利·福特（Henry Ford）持股58.5%，道奇兄弟公司持股10%。福特汽车公司每年的利润约为6 000万美元，每年支付固定股息120万美元和大约1 000万美元的特别股息。然而，当亨利·福特试图停止支付股息，建造新工厂以服务工人和消费者并降低汽车价格时，道奇兄弟公司提出异议并提起诉讼。在这起案件中美国密歇根州法院明确规定，商业公司成立和运营的主要目标是为股东与董事创造利润。为达成此目标，董事可行使酌情权，但仅限于实现此目标，不得擅自更改此目标，比如削减利润，或将利润用于其他目的而不分配给股东。在此案中，美国密歇根州法院确认了公司宗旨为股东利润最大化，并成为美国公司的基本法则。1989年，美国特拉华州法院在一项判决中重申，董事的职责是在法律允许的范围内使股东的长期利益最大化。股东治理模式逐步得到了广泛的认可和实践，在英美等国家的企业中更是广受推崇。

传统意义上的股东至上理论是因物质资本稀缺而产生的。在早期，股东投入企业的物质资本转化为固定资产和原材料等，这些资产具有较强的专用性和抵押性，股东由此成为实际的风险承担者。因此，遵循资本雇佣劳动的逻辑，物质资本是企业价值最大化的主要实现者。随着市场不确定性的增大和企业规模的扩大，经营者的管理问题也变得越来越重要，股东治理模式逐渐成为一种有效的公司治理模式。

二、股东治理模式的内在逻辑

2016年诺贝尔经济学奖得主奥利弗·哈特（Oliver Hart）从投资者与现代股份公司签订的合约不完全这一事实出发，发展了现代产权理论，认为股东治理模式的内在逻辑基于投资者愿意成为股东的"现代股份公司之谜"。股东之所以愿意成为所有者，是由于现代股份公司向其承诺，在成为股东后投资者将享有所有者权益，有权对资产重组、战略调整等不完全合约中尚未规定的重大事项以在股东大会上投票表决的方式进行最后裁决。哈特将所有者权益分为两个方面：剩余索取权和剩余控制权。剩余索取权指成为所有者的股东，其受益顺序排在债权人、员工、供货商等合同受益者之后，并以出资额为限承担有限责任。这是股东成为所有者需要履行的义务。剩余控制权指股东有权对（不完全合约中尚未规定的）重要事项以在股东大会上投票表决的方式进行最后裁决。这是股东成为所有者可以享有的权利。股东享有剩余控制权的前提是牺牲了在公司分配剩余时优先获得补偿的权利，成为剩余索取者，进而能够为自己可能做出的错误决策承担责任。因此，股东既能为自己可能做出的错误决策承担责任，又能对重要事项做出最后裁决，体现了权利与义务匹配的原则。

股东治理模式的内在逻辑源自现代产权理论，其中投资者成为股东的关键原因是现代股份公司向其承诺享有所有者权益，包括剩余索取权和剩余控制权。在此基础上，以安德烈·施莱弗（Andrei Shleifer）和罗伯特·维什尼（Robert Vishny）为代表的公司治理理论强调，确保投资者获得合理回报是公司治理的目标。股东治理模式主张企业所有权应由股东单方面拥有以实现股东利益最大化，并将这一理念贯穿于公司治理的全过程。治理结构的设置则是股东（大）会为最高权力机关，选举董事会成员负责决策，并设立监事会进行监督，再由董事会选聘经理人员负责公司日常经营管理工作。这种单边治理模式强调了股东在公司治理中的权威地位，确保了公司价值管理处于正确的运营轨道上。

三、股东治理模式的困境

股东治理模式是一种以追求股东利益最大化为核心的企业治理模式。然而,它存在许多问题。

(一)忽视其他利益相关者的权益

股东治理模式忽视其他利益相关者的权益,这些利益相关者包括员工、客户、供应商、社区等。股东只关注自己的利益而忽视其他利益相关者的权益,导致公司在追求股东利益最大化的过程中忽视社会责任,从而导致一系列的社会问题。

股东治理模式倡导的股东利益最大化理念在一定程度上导致其他利益相关者的权益被忽视。由于公司决策主要由股东掌控,公司决策常常优先考虑股东的利益,而忽视员工、客户、供应商和社区等其他利益相关者的权益。例如,为了提高股东的回报率,公司可能会采取一些降低成本的措施,比如减少员工薪酬、缩减福利待遇、降低产品质量等,这些措施可能会损害员工和客户的利益。同样,为了降低成本、提高利润,公司可能会向供应商施加压力,导致供应商的利益受到损害。此外,一些公司在追求利润最大化的过程中也可能忽视环境保护和社区发展等社会责任,从而对社会和环境造成不良影响。

忽视其他利益相关者的权益不仅会影响公司的形象和声誉,还会带来一系列的社会问题。例如,员工不满意公司的待遇和福利可能会采取罢工等行动,客户不满意产品质量和服务可能会选择竞争对手的产品,供应商受到不公正对待可能会抵制公司产品,社区和环境的损害可能会引起公众的不满与抗议。这些问题不仅会给公司的经营带来负面影响,还可能导致公司面临法律诉讼和政府监管等问题。

(二)过于注重短期利益

股东治理模式下,公司的最终目标是追求股东利益最大化。因此,为了实现这一目标,公司往往会采取一些短期行动来迅速提高股东的收益。例如,公司可能会削减成本、裁员或者减少研发投入等,以降低成本并提高利润率。这些短期行动短期内可能会带来可观的效益,却牺牲了公司的长期发展和创新能力。

当公司忽视长期稳健发展而仅追求短期利益时,它可能会错失机会,失去市场竞争力，并且难以持续发展。例如，一些公司可能会选择在短期内通过降低产品品质和服务水平来提高利润率，但这样做可能会导致客户流失和品牌声誉受损，从而影响公司的长期发展。

股东治理模式下，公司还可能会受到市场压力和短期主义的影响，而忽视长期的社会责任。例如，一些公司可能会忽视环境保护、社会公益等具有长期影响力的事项，追求短期的股东利益，从而受到社会舆论和监管机构的问责，对公司形象和信誉造成损害。

安然作为世界上最大的能源、商品和服务公司之一，在2001年因高管激励与公司股价直接挂钩的制度而导致时任经理层铤而走险，采取多种传统和创新手段进行数额庞大的财务造假。安然鼓励的是不惜一切代价追求利润的冒险精神，用高盈利换取高报酬、高奖金、高回扣、高期权。安然的崩溃不仅仅因为假账和高层腐败，更深层次的原因是急功近利，这导致安然在走向成功的同时也预掘了失败之墓，这种盈利至上的文化严重挫伤了美国经济复苏的元气，重创了投资者和社会公众的信心。

（三）过度关注股价波动

股东治理模式的核心目标是追求股东利益最大化，股价波动和短期业绩表现成为衡量公司绩效的重要指标，因此公司管理层往往会将大量精力放在短期业绩表现上，忽视长期的战略规划和创新投入。在市场股价波动的影响下，公司的决策往往是被短期利益主导，忽视长期稳健发展和可持续性，导致公司在竞争中失去优势。例如，一些公司可能会采取短期行为，如降低成本、裁员、削减研发投入等以提高短期业绩，但这些做法往往会导致公司在未来失去竞争力。

另外，由于股价波动和短期业绩表现对公司管理层和股东来说十分重要，一些公司可能会忽视长期的战略规划和创新投入，从而导致公司的战略和经营决策缺乏稳定性与可持续性。这种短视行为不仅会影响公司未来的发展，还可能给公司带来更多的风险和挑战。

（四）公司内部管理层的腐败和违法行为

股东治理模式容易导致公司内部管理层的腐败和违法行为，原因主要有两方面：

第一，在股东治理模式下，公司高层管理人员往往被视为股东代表，负责维护股东的权益并实现股东利益最大化。为了实现这一目标，一些高层管理人员可能会采取不道德的手段来提高公司业绩，从而迎合股东的期望。例如，他们可能会虚报业绩，隐瞒财务信息，或者利用公司资源和信息来获取不正当利益等。这些行为不仅违反了职业道德，也违反了法律法规，可能会导致公司声誉受损，进而影响公司的长期发展和稳定性。

第二，在股东治理模式下，股东对公司高层管理人员的监督和约束不足，这是一个常见的问题。一方面，一些大股东掌握了公司的控制权，通过掌控投票权等方式来控制公司决策。这些大股东往往是公司的创始人或者主要投资者，他们可能会更关注自己的利益，而忽视其他股东和公司的长期发展。这样就会使得公司高层管理人员受制于大股东，而不是受制于所有股东。此外，股东之间的利益冲突也会影响对公司高层管理人员的监督和约束，一些股东可能会为了自己的利益而放弃对公司高层管理人员的监督和约束。另一方面，在股东治理模式下，股东往往会追求短期利益最大化，而忽视公司的长期发展和社会责任。这使得公司高层管理人员面对公司利益和社会责任的冲突更倾向于追求股东利益。为了满足股东的要求，高层管理人员可能会采取不道德的手段来提高公司业绩，例如虚报业绩、隐瞒财务信息等行为，从而导致公司声誉受损，影响公司的长期发展和稳定性。股东往往只关注自己的利益，而忽视其他利益相关者的权益，使公司在追求股东利益最大化的过程中忽视社会责任，从而导致一系列的社会问题。这些问题使得公司高层管理人员更容易受到股东的影响和控制，而不是受到公司长期发展和社会责任的约束。

（五）盲目追捧的时尚

在股市繁荣期，股民往往会积极参与，追逐上涨的股价，对公司的治理和长期发展关注不够。而学术机构、金融行业、经济评估公司和咨询公司等也倾向于支持追求股东利益最大化的理念。这种追求短期股价上涨的行为导致一些公司为迎合股东利益而忽视公司的长期发展和社会责任，从而出现财务造假、违规经营等问题。直到出现金融危机，大量公司破产，股民遭受巨大损失，法律改革才开始关注和处理股东利益最大化治理目标下的负外部性问题，诸如《萨班斯法案》等法规的出台，逐渐引起社会对公司治理和长期发展的重视与反思。

随着科技的快速发展，其他利益相关者对公司的健康发展越来越有影响力，股东治理模式也开始受到挑战。与剩余索取权和剩余控制权对应的思路不但适用于对股东权利与义务的分析，而且适用于对其他利益相关者权利和义务的分析。这意味着在公司治理中，我们不仅需要考虑股东利益，还需要考虑公司的长远利益以及其他利益相关者的利益。然而，股东治理模式往往只考虑了股东利益，忽略了其他利益相关者的权益，从而引发了一系列的社会问题。

需要警醒的是，股东治理模式的出现与传播，在一定程度上是为了应对利益相关者治理框架的多元化困扰而采取的临时性紧急措施。但是，在西方国家以外，《萨班斯法案》的传播并不是出于具体的必要性，而是为了追求发展，吸引全球投资者，企业纷纷效仿美国的做法，并逐渐成为一种时尚。这种时尚的盲目追随可能会导致一些公司在追求股东利益的过程中，忽视了公司长远发展和其他利益相关者的权益，从而产生了一系列的社会问题。因此，在制定公司治理政策时，我们应该考虑到不同利益相关者的权益，并采取合适的措施来平衡各方利益，如此才能实现可持续的发展。

（六）危害企业创新

股东利益最大化理念的盛行限制了职业经理人的经营权，对创新型企业的战略控制造成了严重威胁。传统的股东治理模式追求短期股价和利益最大化，导致公司内部研发投入不足，将优质资产当作"肥肉"剥离出去。此外，为了追求高额股息和股票回购，经理层长期投资于创新活动的动力和勇气被抑制，从而破坏了企业自身的价值创造活动。企业将盈利作为主要目标，导致经营者追求短期的利益最大化，而不是长期的价值创造。这种经营理念将企业从价值创造者变为价值破坏者，不利于企业的长远发展。在此过程中，金融资本家以股东身份介入企业经营管理可能会严重损害公司的生产创新能力。

第五节　ESG 模式

2019 年 8 月 19 日，188 家美国顶级公司的 CEO 在商业圆桌会议上共同签署了《公司的目的》宣言，表达了对所有利益相关者的共同承诺，包括为客户提供价值、投资员工、公平道德地对待供应商、支持社区和创造股东长期价值等。这份声明重新定义了公司的宗旨，强调了每个利益相关者的重要性，公司的首要任务是为所有人创造价值和创造更美好的社会，引发了关于"股东至上"信条的讨论。

这并不是第一次有人提出抛弃"股东至上"观点，许多学者和企业在此之前就已经提出。2008 年金融危机之后，对此的质疑变得更加明显。2011 年哈佛商学院教授迈克尔·波特（Michael Porter）和马克·克拉默（Mark Kramer）在《创造共享价值：如何重塑资本主义，激发创新与增长浪潮》（Creating Shared Value: How to Reinvent Capitalism-and Unleash a Wave of Innovation and Growth）中指出，企业应当与利益相关者携手创造共享价值，而非独占价值。

近年来，随着对利益相关者治理模式和股东治理模式的批评，ESG 模式已经成为全球公司治理趋同化的最新趋势。实际上，ESG 的概念不是新的，它是反对"股东至上"的"利益相关者主义"的一部分，而 ESG 投资则起源于社会责任投资，是社会责任投资的三项重要考虑因素之一。

一、ESG 模式的内涵与主张

ESG 模式的内涵与主张始于 2004 年联合国全球契约倡议组织发布的报告《关心者赢》（Who Cares Wins）中，该倡议旨在重新组合三个主要的道德金融支柱——环境、社会和治理。随后，时任联合国秘书长科菲·安南（Kofi Annan）领导的联合国负责任投资原则组织于 2006 年提出了 ESG，旨在帮助投资者理解环境、社会和公司治理等要素对投资价值的影响，并积极推动投资机构将 ESG 指标纳入投资决策。

ESG 是一种关注企业的环境、社会、治理绩效而非财务绩效的投资理念和企业评价标准。其中，环境侧重于气候变化、森林砍伐、空气、水污染、土地开发和生物多样性丧失等问题，评估公司在能源效率，温室气体排放，废物、水和资源管理方面的努力；社会包括与影响员工满意度相关的性别政策、人权保护、劳工标准、工作场所、产品安全、公共卫生和收入分配等方面；治理涉及董事会独立性、股东权利、经理人薪酬、控制程序和反竞争行为以及对法律的尊重等方面。

ESG 可以反映传统财务报表难以向经理层和投资者传递的企业的声誉、品牌价值、战略规划、产品安全等企业可持续发展的内在价值，从而填补市场评判标准的局限性。在公司治理层面，ESG 是一种新兴的公司治理评价标准和方法。

在 ESG 模式下，企业旨在通过制定更具可持续性、包容性和社会责任感的战略，在经济效益和社会效益之间取得平衡，创造更好的环境和社会影响，进而为社会和股东创造共享价值。在共享价值的策略框架中，企业聚焦三大领域：（1）开发新产品或服务，针对新兴社会需求和未覆盖客户群体，填补市场空白；（2）通过技术创新及提升人力资源管理水平，优化整个价值链的运营效率，包括生产过程的改进、员工能力的提升和供应商管理的高效化；（3）投资改善运营地区的商业环境和产业集群发展水平，通过地方教育和健康项目支持，增强当地供应链能力，与地方政府和社区合作，推动地区经济发展。可持续的战略通过将社会影响直接与竞争优势、经济绩效联系起来，可以更好地协调整个价值链的活动并提高经济绩效。企业越能将积极的社会影响融入运营的方方面面，就越能实现多方共赢。ESG 模式旨在用可持续和聚集的利益相关者责任等概念取代财务回报和股东利益最大化等指标，作为公司投资决策和资产配置的指南。ESG 有助于企业在投资者的利益与社会和利益相关者的利益之间找到新的平衡点，从而形成一种更具包容性的公司治理模式。

二、ESG 模式的内在逻辑

当前全球面临越来越多的环境和社会挑战，如气候变化、生物多样性丧失、水资源短缺、健康危机、收入不平等、环境污染和战争威胁等。作为世界经济的重要驱动力，企业应承担更多的社会和环境责任。在长期视角下，这些风险将影响企业的业务，因此在企业战略中考虑这些非财务但重要的指标有助于公司降低风险并取得成功。在全球经济发展不平等加剧、社会需求不断增大的今天，投资者应更关注企业成功与社会进步之间的协同作用，以实现资本的优化配置和投资的可持续健康发展。

投资的目的是通过将资金分配给创造最大社会回报的企业，以创造一个良性循环，即在公司正常经营的同时，改善客户、员工、供应商和社会的福利。这种良性循环有助于推动当前的回报以及未来的增长和机会。然而，当投资者忽视自己的社会责任，没有认识到企业战略、社会目的和经济价值之间的紧密联系，仅以利润和个人投资回报为唯一标准进行投资时，他们不仅错失了投资对企业做出有利贡献的业务以提高回报的机会，还忽视了作为投资者最重要的目的，从而破坏了资本作为社会进步工具的影响力和合法性。

三、ESG 模式的困境

ESG 模式作为一种新的公司治理模式，面临不少的困境和挑战。

（一）数据质量问题

ESG 评估需要大量数据的支持，以评估企业在环境、社会和治理方面的表现。然而，ESG 数据的质量和标准存在差异，这可能导致投资者对企业的 ESG 评估存在不确定性和主观性，从而影响投资者的决策和投资战略。首先，在不同的地区和行业，ESG 数据的收集、管理和披露标准可能存在差异，导致 ESG 数据的不一致性和难以比较性。此外，ESG 数据的质量问题，可能存在数据错误、数据不完整、数据可靠性不足等问题，这可能会影响投资者对企业的评估和决策。其次，ESG 数据的主观性也是一个问题。ESG 评估需要考虑很多因素，如环境、社会和治理的重要性、不同的利益相关者、公司的文化和价值观等。这些因素对 ESG 评估结果可能产生不同的影响，从而使 ESG 评估更加主观化。投资者可能会根据自己的判断和标准来评估企业的 ESG 表现，从而产生不同的评估结果和决策。最后，ESG 数据的收集和披露也存在一些问题。一些企业可能没有充分披露 ESG 数据，或者数据质量不高，这可能会给投资者带来信息不对称问题，使他们难以做出准确的投资决策。

（二）评估标准缺乏标准化

缺乏标准化的评估标准是 ESG 模式的另一个困境。ESG 评估需要考虑的因素很多，包括环境、社会和治理等多个方面，因此 ESG 评估标准的制定和实施十分复杂。目前，每个 ESG 评估机构都有自己的评估方法和标准，缺乏标准化的评估标准，这导致不同评估结果之间存在差异，投资者很难比较不同企业的 ESG 表现。这种不一致性可能会对投资决策产生负面影响。

缺乏标准化的评估标准也会使企业难以做出明智的决策。如果不同的 ESG 评估机构使用不同的评估方法和标准，企业就很难确定如何改进自己的 ESG 表现。这也可能导致企业在 ESG 表现方面存在不一致性，因为它们必须满足多个 ESG 评估机构的不同标准，从而需要付出额外的成本和努力。

ESG 评估存在的明显不足也可以从一些公司的 ESG 评分结果中看出。在 ESG 评估中，百事可乐和可口可乐因在公司治理与温室气体排放等参数上排名靠前而获得高 ESG 得分。然而，两家公司的核心业务涉及成瘾性产品的制造和营销，这些产品是糖尿病、肥胖和早期死亡的主要导因。同样，科技公司如字母表（Alphabet）、亚马逊（Amazon）和脸书（Facebook）也常常获得较高的 ESG 评级，因为它们很少排放温室气体。然而，这些公司参与掠夺性定价，也被视为威胁到自由市场体系的垄断企业。

2022 年 4 月，马斯克公开批评企业 ESG 评估是"魔鬼的化身"，此后标普 500 指数于 5 月宣布剔除特斯拉。马斯克回应称："标普 500 指数把埃克森美孚列为 ESG 表现最好的 10 家企业之一而特斯拉甚至没上榜，由此可见 ESG 就是一场骗局，成了社会正义伪君子们的武器。"这表明 ESG 评估仍存在争议和质疑。

（三）成本和效益之间的平衡

ESG 模式的另一个困境是成本和效益之间的平衡。ESG 评估和实施需要大量的资源与资金，对企业和投资者来说都是重大负担。对于企业来说，ESG 实施可能需要进行大量的改进和投资，如引入新技术、重新设计供应链和管理体系、改善员工福利等，这些成本可能会对企业的利润率产生不利影响。对于投资者来说，评估企业的 ESG 表现需要耗费大量的时间和资源，这可能会增加投资者的费用和交易成本。

同时，ESG 实施成本和效益之间的平衡也需要考量。虽然 ESG 实施可能会增加企业的成本，但是它也有可能带来实际的效益，如减少环境污染、提高产品质量和安全性、提高员工生产率和满意度、增加企业品牌价值等。这些效益可能会给企业带来长期的竞争优势和更好的投资回报。

（四）ESG 标准的滥用

ESG 标准的滥用是 ESG 模式面临的另一个困境。一些企业可能会利用 ESG 标准来误导投资者以获得更多的资金，但实际上它们并没有真正地实施 ESG。例如，一些公司可能会在宣传材料中夸大自身对环境和社会的影响，而在实际操作中却缺乏可持续的实践。这种欺诈行为可能会损害投资者的信任，削弱 ESG 模式的可信度。

一些投资者还可能会利用ESG标准来实现自己的利益，而不是真正关注企业的社会责任和环境保护方面的表现。例如，一些投资者可能会把ESG标准作为排除一些行业或公司的理由，而不是真正关注企业的可持续性表现。这种情况可能会使投资者忽略一些实际上具有良好可持续性表现的企业，从而损害ESG模式的效力。

2021年4月9日，美国证券交易委员会向与ESG投资相关的投资顾问和基金发布了一份风险警告，指出了与ESG投资流程和全球ESG框架的遵守相关的潜在误导性陈述的实例。这些实例包括：（1）投资组合管理实践与ESG方法披露不一致；（2）ESG相关政策和程序存在缺陷，以及控制客户ESG相关投资指南、授权和限制的维护、监控和更新不足；（3）ESG相关代理投票声明与内部代理投票政策和程序之间存在差异；（4）未经证实或可能有误导性的关于在各种环境下进行ESG投资的说法；（5）对公开披露和营销材料的控制不足，以确保ESG相关披露和营销材料与公司实践相一致；（6）未能解决相关ESG问题的合规计划，例如ESG投资分析、决策流程或合规审查和监督。这表明，ESG的具体落实、披露和合规等方面存在许多关键问题仍未得到解决，ESG可能只是企业的口头承诺。

（五）现实和理论之间的差距

在ESG模式中，企业应该关注社会责任和环境保护，但在现实中很多企业为了追求短期经济利益而忽略了这些因素。企业在市场竞争中会考虑竞争对手的行为，而忽略社会责任和环境保护。在ESG模式下，企业需要通过投资和创新来实现可持续性、履行社会责任，但这需要长时间的投资和创新，而企业往往期望在短期内实现盈利。

ESG模式也没有考虑到一些复杂的政治和社会因素，这也可能影响企业的社会责任和环境保护方面的表现。例如，政治和社会稳定度、政策环境和监管机制等因素可能会影响企业的ESG表现。企业在选择营销策略和产品定位时，也应当考虑这些因素，否则可能会面临市场风险和政策风险。

ESG标准还需要适应各国不同的政治、文化、社会和经济环境，这也是现实和理论之间的差距。ESG标准需要考虑到各国不同的政策和监管环境，以及不同国家和地区的文化和社会问题。此外，ESG标准也应当考虑到各行业的差异，以便能够提供更准确的评估和指导。

（六）对ESG的经济效益讳莫如深

ESG 模式的困境之一是对 ESG 的经济效益讳莫如深。一些企业和投资者认为承担社会责任不会带来经济利益，而实际上，很多企业实施 ESG 就是为了提高声誉、增加品牌价值和实现可持续发展。然而，这些企业不愿意承认自身从中获利，而是选择隐瞒经济利益，这加剧了投资者对社会创新作为经济价值重要来源的无知。事实上，社会创新与商业创新的内核相同但指向不同，社会创新以公共财富为目标而非私人财富，是创造公共财富最有潜力的方式。政府和企业可以采用这种创新来增加公共福利，同时创造巨大的商业价值。例如，某些非营利性卫生组织创造的优良的医疗管理流程正在被政府纳入公共医疗体系，产生了明显的效果。再如，自由软件、开放源代码本来是一种社会运动，但被企业引入商业模式以后，在增加公共福利的同时创造了巨大的商业价值。

虽然现行的 ESG 分析尝试探讨社会责任与企业发展之间的关系，并试图建立二者之间的联系，但尚未提供一个清晰的逻辑框架来支持企业在承担社会责任和促进自身发展之间实现平衡。因此，我们需要重新构思这一分析方法，整合对社会问题的洞察与传统金融分析，以形成一个全面的评估框架。这个框架旨在明确地阐释如何将企业的社会责任投入与长期发展战略相结合，从而帮助企业在增进社会福祉的同时实现自身的可持续发展。这样的方法不仅能够为企业提供履行社会责任的明确途径，也为其经济效益的增长提供坚实的支撑。

雀巢是一个例子。虽然公司一直报告称其产品配料中糖、盐和脂肪含量有所减少，但是在近十年的时间里从未关注这一 ESG 做法所带来的实际经济价值，在投资者关系活动中也没有讨论过这一问题。直到 2018 年，雀巢才首次公开报告称，这些更健康的食品比传统产品具有更快的增长率和更高的利润率。

耐克是另一个例子。在节约资源和保护环境的承诺推动下，公司开发了一种与众不同的 Flyknit 系列跑鞋。这种鞋子以高强度纤维制成轻盈鞋面，并采用精确针织结构，实现了零浪费，制造成本更低，从而比其他鞋更便宜、更轻便、更透气，有效提升了灵活性和准确支撑性，为客户带来了更好的体验，也为耐克带来了超过 10 亿美元的销售额。这表明企业实施 ESG 模式，承担社会责任与追求经济利益并不冲突，反而可以实现协同发展。

（七）ESG 实践的无奈和公司治理的脱实向虚

公司治理的目标是实现股东利益最大化，透明度、监督、公平交易和问责等是良好治理的基础要素。尽管 ESG 模式对利益相关者治理模式的治理边界有所缩减和集中，但是 ESG 模式的范围仍然非常广泛，需要公司进行许多主观判断和选择来实践 ESG 模式。此外，由于全球各行各业和地区在经济发展阶段、资源禀赋和社会环境等方面均存在巨大差异，不同公司在 ESG 模式方面应承担的责任和愿景也不尽相同。然而，关于如何做好 ESG 模式已经成为一个摇摆不定的问题，在众说纷纭的声音中，ESG 模式的弊端愈加明显。

ESG 模式的强烈主观性和评价标准的多元化，使人们对良好公司治理的理解更加模糊。随着环境、社会等多元化、公平和包容性目标和任务进入董事会，环境、社会、治理三者之间的关系应如何平衡，董事会难以达成共识，也无法对不同公司的治理水平进行合理评估。ESG 模式的盛行使公司治理越来越关注外部监管要求、中小股东的呼吁和社交媒体的报道，导致偏离公司正常的经营需求，忽视了公司长期竞争力的培养和健康发展。

第二章
全球公司治理模式的趋同与挑战

本章主要探讨全球公司治理模式的趋同及其所带来的挑战。

第一节 全球公司治理模式的趋同

公司治理模式发源于特定的社会、经济和历史背景，各国政府和国际组织通过法规与指南等对公司治理进行规范及引导，加强对公司的监管和监督，推动全球公司治理的趋同。这一趋势主要表现在国际规范的逐步形成、外部监管力度增强、股东权利的增强、投资者和机构投资者的力量增强、独立董事比例提高、重视外部利益相关者、日益重视风险管理和内部控制。

一、国际规范的逐步形成

国际规范的逐步形成是全球公司治理趋同的一个重要特征。自 20 世纪 90 年代以来，国际组织、跨国公司、学者和媒体等各方力量已经在推动全球公司治理的规范化和标准化。这些规范和指南强调了股东权利保护、独立董事制度、信息披露、透明度和公司社会责任等方面的要求。这些国际规范的逐步形成，对全球公司治理的趋同起到了推动作用。随着全球化的发展，越来越多的公司跨国经营，要面对多个国家和地区的法律法规，这给公司治理带来了挑战。为了解决这个问题，各国政府和国际组织开始加强协调与合作，逐步实现了法律法规的趋同化。例如，欧盟在公司治理方面制定了一系列的法规和指令，规定了公司治理的基本原则、股东权利、董事会组成、内部控制等方面的要求，各成员国需要在其国内法中实施这些规定。同样，全球各地也制定了一系列的国际公约和法规，例如《全球契约》（Global Compact）和《二十国集团/经合组织公司治理原则》（G20/OECD Principles of Corporate Governance,

简称 OECD 公司治理准则）等，规范了公司的治理行为，促进了全球公司治理的趋同化。这些国际规范的逐步形成，对全球公司治理的趋同化起到了推动作用，有助于提高全球公司治理的质量和效率，增强了全球市场的稳定性和可持续性。

二、外部监管力度增强

外部监管的增强也是全球公司治理趋同的重要特征之一。随着公司规模的扩张和影响力的增强，越来越多的国家和地区开始加强公司治理的监管与监督。例如，美国的《萨班斯法案》和欧洲的公司治理指令相关法规，规定了公司必须遵守的法律、法规和标准，加强了对公司治理的监管和约束。这些法规要求公司必须建立有效的内部控制机制、独立董事制度、信息披露制度等，并设立独立的监督机构和审计委员会，以保证公司行为的合法性和透明度。

国际组织也加强对全球公司治理的监管和规范。例如，国际货币基金组织、世界银行等国际组织通过发布一系列的公司治理标准和指南，对全球公司治理行为进行规范和引导。同时，各国政府和监管机构也不断加强跨境监管合作，推动公司治理的全球化和趋同化。

外部监管的增强，对全球公司治理的趋同化起到了重要的推动作用。它强化了公司的法律责任和约束力，提高了公司治理的透明度和公正性，增强了公司的社会责任感，进一步提升了公司的信誉和竞争力。

三、股东权利的增强

随着互联网经济的快速发展，公司治理模式亦呈现新的发展趋势，股东权利的创新便是显著特征之一。同股不同权、阿里合伙人制度、黄金股和优先股等创新形式逐渐兴起，为传统的股东权利框架带来了重大改进与完善。这些创新形式不仅赋予了股东更多权利，也是全球公司治理趋同过程中的重要特征，目的在于满足不同公司和股东日益多样化的需求。

同股不同权是在股东权利创新趋势下诞生的一种新型公司治理模式。其主要的特点是对不同股东的投票权进行不同的分配，使得公司的控制权与所有权分离，从而平衡和保护股东权利。同股不同权制度也可以为公司带来更多的融资渠道，提高公司的竞争力。

阿里合伙人制度是另一种股东权利创新的形式。该制度通过设置合伙人和董事会成员的标准，为公司的管理和治理提供更大的灵活性。合伙人拥有提名董事会成员的权利，从而对公司的决策产生更大的影响力。阿里合伙人制度也有助于减少股权频繁变动和融资导致的发展动荡，有利于保障公司稳定、健康发展。

黄金股和优先股也是重要的股东权利创新形式。黄金股是为了保护社会公共利益和消费者利益而设立的股份，通常由政府持有，可以行使比其他股份更优越的权利。优先股股东对公司的资产和利润分配享有优先权，但在公司事务中没有表决权。

股东协议作为一种创新形式可以为不同股东之间的权利安排和利益分配提供有效的规范，也可以帮助公司更好地实现可持续发展目标。

四、投资者和机构投资者的力量增强

投资者和机构投资者的力量增强是全球公司治理趋同的另一个重要特征。随着全球化和市场化的发展，投资者的权利和利益得到了加强，推动了公司治理的改进。一方面，股东的权利得到加强，他们可以通过投票来影响公司的决策和治理，如选择董事会成员、聘请审计机构、确定薪酬方案等，从而提高公司治理的质量和透明度。另一方面，机构投资者也越来越重要，他们管理着大量的资金，并通过集中投票的方式来影响公司决策和治理。例如贝莱德集团、先锋领航集团、美国道富银行等全球知名的机构投资者，在全球范围内投资大量的资产，持股量极大，对公司治理产生了巨大的影响。

为了满足投资者和机构投资者的要求，公司需要提高公司治理的质量和透明度，制定可持续性战略，加强与股东和投资者的沟通，及时披露公司的经营情况和风险，保护股东和投资者的权益。此外，公司还需要制定一些激励机制，吸引和留住优秀的人才，提高公司的竞争力，促进长期发展。在这个过程中，公司治理的标准和规范也得到不断提高和完善，这有助于促进全球公司治理的趋同。

根据 Wind 数据，截至 2023 年 6 月 30 日，持有 A 股上市公司证券的机构数量达到 4 306 家，这些机构持股的市值为 210.59 万亿元，如表 2.1 所

示。机构股东在电信服务行业上市公司中的持股占比最高，达到60.16%；其次是能源行业上市公司，占比为41.26%；机构持股市值占比最低的是金融行业上市公司，占比只有15.31%。83.53%的上市公司都有机构参与持股，不同行业间的差异很小，但是在机构持股市值占流通股市值比例方面则存在比较明显的差异。截至2023年6月30日，机构在A股上市公司的总持股数量和持股市值均出现下滑。这可能反映出整体的市场环境或经济基本面出现了变化，导致机构投资者采取了更为保守的策略。在各个行业中，与上期相比，所有行业的持股数量都出现了下降，尤其是在可选消费、工业—信息技术行业。这可能意味着投资者对这些行业的前景或盈利能力产生了疑虑，或者是进行了策略性调仓。尽管如此，一些行业仍然受到机构投资者的青睐。例如，信息技术行业的持股市值最高，达到36 065.85亿元，显示了它在A股市场中的吸引力。而电信服务行业虽然持股市值不高，但机构持股占比却高达60.16%，远超其他行业，这可能反映出机构投资者对行业未来增长潜力的看好。相比之下，金融行业的机构持股占比最低，只有15.31%，这可能表明该行业存在更大的不确定性，或者机构投资者对行业前景不太乐观。

表2.1 机构在A股上市公司的持股汇总（截至2023年6月30日）

行业	持有证券数量（只）			占行业内公司总数比例（%）			持股市值（亿元）	占流通A股比例（%）
	本期	变动	上期	本期	变动	上期	本期	本期
房地产	77	-28	105	72.64	-26.42	99.06	2 381.18	23.17
能源	72	-6	78	86.75	-7.23	93.98	15 887.47	41.26
日常消费	227	-41	268	82.85	-14.96	97.81	31 403.84	25.21
医疗保健	436	-46	482	86.68	-9.15	95.83	17 218.76	29.07
可选消费	579	-114	693	78.14	-15.38	93.52	14 640.85	25.39
材料	662	-105	767	81.33	-12.90	94.23	25 230.71	32.48
工业	1 108	-210	1 318	79.09	-14.99	94.08	29 648.81	20.70
电信服务	7	-2	9	77.78	-22.22	100.00	1 992.35	60.16

续表

行业	持有证券数量（只）			占行业内公司总数比例（%）			持股市值（亿元）	占流通A股比例（%）
	本期	变动	上期	本期	变动	上期	本期	本期
公用事业	117	−22	139	82.98	−15.60	98.58	8 612.44	39.76
金融	118	−5	123	95.93	−4.07	100.00	27 507.13	15.31
信息技术	903	−112	1 015	83.53	−10.36	93.89	36 065.85	23.50
总和	4 306	−691	4 997	907.69	−153.28	1 060.97	210 591.40	—
最大	1 108	−2	1 318	95.93	−4.07	100.00	36 065.87	60.16
最小	7	−210	9	72.64	−26.42	93.52	1 992.35	15.31
中位数	227	−41	268	82.85	−14.96	95.83	17 218.76	25.39
算术平均	391	−63	454	82.52	−13.93	96.45	19 144.67	30.55

资料来源：Wind 数据库。

总的来说，A 股市场在 2023 年中期呈现一种分化态势，其中某些行业受到机构投资者的热烈追捧，而某些行业则遭遇减持。对于投资者来说，深入研究那些即使被大量减持但持股比例仍然较高的行业或机构增持的行业，可能是找到潜在投资机会的关键。

五、独立董事比例提高

在全球化的背景下，越来越多的公司开始重视独立董事的作用，提高独立董事比例已成为全球公司治理的一种趋势。

独立董事的出现是为了保证公司治理的独立性和透明度，同时防止公司管理层的不当行为和滥用职权。独立董事不仅要了解公司的业务和财务状况，还要审查公司管理层的决策，提供独立的意见和建议，保护股东权益，促进公司的长期发展。独立董事一般不持有公司股份，他们的职责是服务于公司和股东，而不是为了自己的利益。

许多国家和地区都要求上市公司董事会中独立董事占一定比例。例如，在美国，纽约证券交易所和纳斯达克要求上市公司董事会中至少有三分之一的独立董事。在欧洲，欧盟公司法规定董事会中独立董事应占一定比例。在中国，早在 2003 年，中国证券和管理委员会（简称证监会）就规定上市公司董事会中独立董事比例不得低于三分之一。

六、重视外部利益相关者

随着全球化的发展和信息透明度的提高，公司治理越来越重视外部利益相关者，这是全球公司治理趋同化的另一个重要特征。传统上，公司治理主要关注股东、董事会和高管等内部利益相关者，较少关注外部利益相关者，如客户、供应商、社会公众和政府等。然而，这种情况正在逐渐改变，许多国家和地区已经制定了法规与标准，要求公司更好地履行社会责任。

随着社会和环境问题的不断增多，如气候变化、社会不公和资源短缺等，许多投资者和利益相关者要求公司对业务运营采取更全面、负责任的方法，并披露更多有关其 ESG 实践的信息。全球各地的投资者和利益相关者逐渐认识到，考虑到可持续性和 ESG 问题的影响，这已经不仅仅是道德和社会责任问题，而是影响公司财务表现和长期价值的重要因素。

因此，公司治理需要平衡不同利益相关者的需求和利益，实现可持续发展和社会价值最大化。公司治理中对可持续性和 ESG 问题的日益关注也是趋同的证据，许多国家和地区都在制定相应的标准和指南，要求公司履行社会责任和保护环境。

七、日益重视风险管理和内部控制

在全球公司治理趋同的过程中，对风险管理和内部控制的重视已成为越来越普遍的趋势。随着全球化的加速和市场竞争的加剧，企业面临的风险越来越多样化和复杂化，制定有效的风险管理政策和程序变得至关重要。同时，内部控制的透明度也成为公司治理中不可忽视的一部分。为了有效地管理风险，许多公司开始建立完善的风险管理框架，通过识别、评估和监控各种风险，减少其对业务的不利影响。此外，公司还将风险管理纳入战略规划和业务运营的决策过程，以确保公司在不同的市场和经济环境中保持稳定发展。

内部控制是确保公司正常运营和保护企业财产的重要手段之一。在全球公司治理趋同的背景下，越来越多的公司开始注重建立和实施完善的内部控制制度，以确保公司运营的透明度和稳定性。内部控制涉及的范围很广，包括财务报告、合规性、信息技术安全、供应链风险等多个方面。通过建立健全的内部控制制度，公司可以避免各种风险，保护公司利益和声誉，增强股东信任。

第二节 全球公司治理趋同的挑战

全球公司治理的趋同正面临众多制度与实践上的挑战。在制度方面，由于各国均遵循"最小公分母"的治理标准，可能导致治理质量降低、出现文化碰撞、治理盲点及运营费用增加。在实践中，大股东的不当行为、缺乏效力的董事会、独立董事的困境、失控的内部管理以及薄弱的风险管理都是亟待解决的问题。这些问题不仅增加了对公司治理的监管复杂性，还削弱了投资者对公司的信任。

一、制度有效性的挑战

全球公司治理趋同的发展带来了对制度有效性的一系列挑战。首先，治理标准的"最小公分母"效应。由于各国政府和国际组织制定的公司治理标准与指南旨在确保基本的治理标准，可能无法满足各国公司的特殊需求，也可能导致公司治理质量的下降。其次，全球公司治理趋同还可能会带来一定的文化冲突，因为各地的公司治理文化和理念存在较大的差异。再次，全球公司治理趋同可能会带来一些治理漏洞和监管空白，因为不同国家和地区之间的法规与监管机制存在差异。最后，全球公司治理趋同化还可能会增加公司的运营成本和融资成本，特别是对发展中国家和地区的企业来说更为明显。

（一）治理标准的"最小公分母"效应

各国政府和国际组织制定的公司治理标准与指南旨在确保基本的治理标准，但这些标准可能无法满足各国公司的特殊需求，也可能会导致公司治理质量的下降。公司可能会只满足最低标准，而忽略更高的治理标准和个性化的治理需求，导致一系列的风险和挑战。首先，公司可能会缺乏有效的风险管理机制，导致经营不稳定和经济损失。一些国家和地区可能要求公司在风险管理方面具有更高的要求，如果公司只满足最低标准就会面临风险管理不足的问题，导致经济损失和市场信心下降。其次，公司可能会忽略利益相关者的需求和利益，导致社会责任问题和声誉损失。随着社会的不断发展，公司的社会责任和环保要求也越来越高，公司只满足最低标准就会缺乏对社会责任的充分认识和满足社会需求的意识，导致社会负面评价和声誉损失。最后，公司可能会缺乏信息透明度和问责机制，导致管理层的不当行为和腐败问题。一些国家和地区可能要求公司具有更高的信息透明度和问责机制，如果公司只满足最低标准就会面临管理层的不当行为和腐败问题，从而损害公司声誉和经济利益。

因此，为了应对全球公司治理趋同下的挑战，公司在满足最低治理标准的同时，应注重提高治理质量和满足个性化的治理需求。公司应该考虑制定符合自身特点与发展需求的治理标准和机制，建立有效的风险管理机制和社会责任体系，加强信息透明度和问责机制，确保公司长期、稳健发展。

（二）可能带来的文化冲突

虽然全球公司治理趋同在提高公司治理透明度、公正性和稳定性方面带来了诸多益处，但也面临一定的文化冲突。全球各地的公司治理文化和理念存在较大的差异，有些国家和地区更注重家族企业、政治和人际关系，而另一些国家和地区则更注重独立性、透明度和股东权益的保护。全球公司治理趋同可能会对这些差异造成影响，特别是在国家层面上。在一些国家和地区，家族企业是主流，这些企业可能会更注重家族成员在公司内部的地位和角色。而在另一些国家和地区，公司治理则更注重股东权益和利益保护。此外，全球公司治理趋同也可能会对公司在跨国运营过程中遇到的法律和法规问题造成影响，因为不同国家和地区的法律和法规也存在着差异。

因此，公司需要根据所处的国家和地区制定相应的公司治理策略，并结合当地的法律和法规，以确保公司在跨国运营中遵循当地的规范和法律要求。此外，公司也应重视和尊重当地的文化差异和治理理念，以充分发挥本地人才的优势，促进公司在当地的稳定发展。在制定公司治理策略时，还应考虑到当地的政治环境和社会背景，以充分考虑公司在当地的利益和形象。总之，全球公司治理趋同过程必须平衡国际标准和当地差异，以确保公司的全球运营的可持续性和稳定性。

（三）可能带来治理漏洞和监管空白

首先，不同国家和地区之间的法规与监管机制可能存在差异，导致监管空白和治理漏洞的出现。例如，一些国家和地区可能对公司的内部审计、财务报告和董事会监督等方面的要求相对宽松，使得公司难以受到有效监管和治理。

其次，跨国公司可以通过在不同国家和地区注册与设立子公司来规避监管及法规限制，从而产生治理漏洞。例如，公司通过设立离岸公司和避税港来规避本国的法规和税收规定，从而削弱监管和治理的效力。这些治理漏洞和监管空白可能会导致公司产生潜在的风险和挑战，例如财务造假、腐败行为、环境污染等问题。因此，为了有效治理跨国公司，需要加强国际合作和协调，加强跨国监管和治理机制的建设，减少治理漏洞和监管空白的存在，确保公司在全球治理中的合规性和稳健性。

（四）增加公司的运营成本和融资成本

由于发展中国家和地区的公司通常面临资金与技术等方面的困难，它们必须满足更高的治理标准和要求，可能会增加它们的成本和难度，导致它们难以获得融资和发展。这可能会对发展中国家和地区的经济发展与竞争力造成负面影响，使得它们难以参与全球化进程。

《萨班斯法案》（SOX）的颁布是公司治理发展史上的里程碑事件。该法案将上市公司合规重要性提升到前所未有的高度，并对全球范围的上市公司和资本市场均产生重大影响。2022年，甫瀚公司的报告显示，SOX合规成本在不同类型和规模的公司中呈现不同的变化趋势，这些变化受到多种因素的影响，包括组织规模、SOX合规阶段以及公司的报告状态，如表2.2所示。随着公司治理全球趋同化的深入，上市公司需要披露的信息和应遵守的规则越来越多、越来越细，并且随着公司实践和外部环境的变化，相关监管部门还会不时修改相关内容和要求，明显增加了上市公司的合规成本。对于那些本就面临资金和技术困难的公司来说，这无疑会对其运营和发展产生重大影响。

表2.2 平均每年 SOX 合规成本（内部）*

	2022 年	2021 年	同比趋势	变化百分比
SOX 文件管理器状态				
大型加速报告公司	1 450 800 美元	1 328 300 美元	↑	9%
加速报告公司**	1 232 400 美元	1 221 900 美元	↑	1%
较小的报告公司	1 433 600 美元	1 126 000 美元	↑	27%
新兴成长型公司	1 370 200 美元	1 408 300 美元	↓	−3%
组织规模				
100 亿美元或以上	1 929 700 美元	2 014 100 美元	↓	−4%

续表

	2022 年	2021 年	同比趋势	变化百分比
50 亿—99.9 亿美元	1 447 400 美元	1 414 000 美元	↑	2%
10 亿—49.9 亿美元	1 400 700 美元	1 145 900 美元	↑	22%
5 亿—9.9999 亿美元	1 208 200 美元	1 061 500 美元	↑	14%
不到 5 亿美元	981 100 美元	449 100 美元	↑	118%
SOX 合规年份				
超过 SOX 合规性 404（a）和 404（b）的第二年	1 468 300 美元	1 248 900 美元	↑	18%
遵守 SOX 404（a）和 404（b）的第二年	1 162 900 美元	1 385 800 美元	↓	−16%
遵守 SOX 404（a）和 404（b）的第一年	1 477 500 美元	1 528 300 美元	↓	−3%
持续遵守 404（a）SOX 规定	1 333 600 美元	不适用	不适用	不适用
遵守 SOX 规定的第一年或正在进行 404（a）	1 423 900 美元	1 286 400 美元	↑	11%
SOX 合规第一年之前***	1 368 500 美元	767 700 美元	↑	78%

资料来源：PROTIVITI. SOX compliance amid rising costs, labor shortages and other post-pandemic challenges[EB/OL]. [2024-03-29]. https://www.protiviti.com/usen/survey/sox-compliance-amid-rising-costs-labor-shortages-and-other-pandemic-challenges。

注：采样536名受访者。*不包括外部审计相关费用；**包括规模较小的报告公司；***表明当年的研究样本量较小。

二、实践有效性的挑战

全球公司治理趋同化的实践有效性面临许多挑战。大股东侵占丑闻频发，即使有投资者保护措施，大股东仍然可以通过各种方式侵占中小股东的利益。董事会效力屡遭质疑，一些公司的董事会缺乏独立性，难以对经理层进行有效监督。独立董事的尴尬和无奈，一些独立董事存在"不懂事"的现象，难以发挥监督作用。内部人控制问题依旧突出，一些经理层为了追求自身利益进行过度投资和在职消费。一些公司对重大风险的识别和管理薄弱，缺乏有效的风险识别和管理措施，导致重大风险的发生。

（一）大股东侵占丑闻频发

阿尔伯特·赫希曼（Albert Hirschman）1973 年提出了"隧道效应"，指大股东为了获取私人利益，通过一些隐蔽的渠道侵占中小股东的利益，进而侵害上市公司的利益，也称"大股东掏空"行为。投票权和现金流权的分离使大股东得以侵占中小股东的利益。处于控制地位的大股东能够获得中小股东无法获得的"超越持股比例"的价值或利用公司资源牟取个人利益。大股东侵占中小股东利益的行为有许多表现形式，如资产、产品购销的关联交易定价、债务担保、投资机会侵占等。尽管投资者保护、独立董事和外部专业机构审计等机制能够对大股东侵占产生一定的遏制与监督作用，但现实中大股东侵占中小股东利益的丑闻仍然被不时曝光。

（二）董事会效力屡遭质疑

董事会效力屡遭质疑。尽管公司治理改革在全球范围内强调加强董事会的独立性，但在企业实践中，董事会的独立性仍然无法得到很好的保障。根据 Jensen（1993）的研究，独立的董事会结构更有利于外部董事加强对经理层的监督，从而减轻公司代理问题。

东芝公司（简称东芝）在数字技术、移动通信技术和网络技术等领域取得了飞速发展，成功从家电行业的巨人转变为 IT 行业的先锋。东芝一直被日本推崇为规范公司行为的典范，也是公司治理的经典案例。然而，2015 年 4 月，东芝被日本媒体曝出财务造假事件，经调查发现公司通过虚报利润、延迟记录营业损失等手法大量掩盖企业损失，2008—2014 年共计虚报了 2 248 亿日元的税前利润。据东芝 2008 年财年报告，东芝在金融危机爆发的 2008 年出现亏损，公司开始进行财务造假；随后，2010 年公司实现盈利，当年财报称，东芝业绩逐渐恢复是通过降低固定成本和采购成本以及各国市场经济的逐渐恢复实现的。2009—2013 年正是东芝财务造假金额最大的几年，随后在时任社长田中久雄涉及的多个订单中，均没有批准工程损失准备金或只批准部分金额，由此推迟计入损失。直到 2015 年，长达 7 年之久的造假在东芝内部人员的举报下被揭露。根据日本媒体于 2017 年 4 月 26 日的报道，东芝由于财务造假而遭受 2.65 万亿日元的损失，东芝股价也受到极大的影响，还被迫进行大规模的业务削减和裁员。

东芝的严重财务造假事件是由多个因素共同导致的，其中包括当期利润至上主义和追求目标的压力、无法违抗上司要求的公司氛围以及高层干预等。虽然东芝是日本早期实施公司治理改革的公司之一，但截至 2014 年 3 月 31 日，东芝董事会成员共有 19 人，其中只有 4 名外部董事，其 15 名董事来自公司内部，他们的工作年限平均超过 20 年。由于董事会规模较大，且大多数董事来自公司内部，这就形成了原上司与部下的关系，使得董事们尤其是外部董事，很难发挥自己的职能和作用，导致董事会的独立性较差。此外，东芝在2013年度报告中披露，4名外部董事可以在3个委员会中交叉任职，其中1名外部董事只在审计委员会任职，而其他3名外部董事则分别兼任两个委员会职位。这种搞数字游戏蒙骗利益相关者的做法，使东芝的专业委员会很难发挥应有的功能，形同虚设。东芝的财务造假事件为日本企业界敲响了警钟，揭示了东芝表面良好的治理结构掩盖其内部董事会作用脆弱和乏力的问题。

（三）独立董事的尴尬与无奈

独立董事制度在全球范围内得到普及，是为了约束大股东的行为，保护中小股东的权益。然而，实践中部分独立董事存在"不懂事"的现象，履职意愿不强，对公司了解不足、影响力有限。例如，东芝引入的3名外部董事虽然被赋予了监督高管行为的权力，但其不具备会计专业技能，监督机制十分低效，同样暴露出独立董事"不懂事"的困境。此外，在瑞幸咖啡事件中，独立董事也没有起到应有的监督作用。

尴尬的是，现在有些上市公司在聘请独立董事时更看重其社会地位和影响力，而忽视其为公司经营和决策发挥"监军"和"参谋"的实际效用，最终导致独立董事"不懂事"的局面。此外，受时间、精力和专业水平等因素的影响，独立董事一般不提出有挑战性的问题，不发表不同的意见，表现得比较"懂事"，这也符合提名人的预期。真正敢发言和提问的独立董事，届满后难以续聘，获得其他公司聘任的机会也大大减少。

中国在完善独立董事制度上进行了不懈的努力。2001年，中国证监会发布《关于在上市公司建立独立董事制度的指导意见》，首次提出上市公司建立独立董事制度的要求。2005年，修订的《中华人民共和国公司法》在法律层面规定上市公司应当设独立董事。2022年，《关于在上市公司建立独立董事制度的指导意见》被修订为《上市公司独立董事规则》。2023年4月14日印发国务院办公厅《关于上市公司独立董事制度改革的意见》，2023年8月4日证监会发布《上市公司独立董事管理办法》，对上市公司独立董事制度进行优化。修订的办法明确了独立董事的定义和职责，即决策、监督、制衡和咨询等角色；同时，进一步细化了独立董事的任职资格和独立性要求，特别注重独立性的判定，明确了八种情形下不得担任独立董事。此外，独立董事被授予了更多的特殊权利，包括独立选择中介机构和召集股东会等。为保证独立董事能够有效履行职责，上市公司需要为其提供必要的工作资源和条件。在法律责任方面，办法设定了明确的处罚措施，并对独立董事的责任进行了明确。为了确保新规定的平稳实施，办法提供了一年的过渡期。

然而，根据最新的《上市公司独立董事管理办法》，我们仍然可以识别出一些不足之处：

第一，独立性判断标准可能过于严格。独立性是独立董事身份的核心，能够确保他们客观、公正地对待公司事务。然而，新办法中对独立性的判断标准的过度细化和严格可能适得其反。尽管目的是确保真正的独立性，但过于严格的标准可能会排除许多合适的候选人，使得上市公司在选择合适的独立董事时遭遇困难。从长远来看，这可能会导致治理机构的单一化，从而削弱公司治理的多样性和效果。

第二，责任和权力之间可能存在失衡。权力和责任应该是平衡的。独立董事需要足够的权力来履行职责，同时也要对其决策承担责任。如果新办法中规定的责任过大，但赋予的权力不足，那么独立董事在面对关键决策时可能变得过于保守，这将影响到公司的决策效率和整体治理质量。

第三，缺乏对科创板和创业板公司的特殊性考虑。科创板和创业板公司往往具有创新性、高成长性和风险性的特征，与主板和中小板公司在资源、技术、资本需求和战略方向上存在显著差异。新办法可能没有充分考虑到这两类板块公司的独特性质和面临的挑战。科创板和创业板的公司在技术研发、市场开拓和资本运营上可能面临更为复杂的环境，如技术更新速度快、融资需求大、市场竞争激烈等，这都可能对独立董事的角色和职责产生特殊的要求与挑战。如果新办法不能有针对性地对待这些公司，就可能影响到独立董事制度在这些公司中的实际效果。

第四，激励与薪酬机制。合适的薪酬和激励机制是确保独立董事工作积极性的关键。如果新办法没有明确规定如何合理设置独立董事的薪酬和激励机制，就可能会出现独立董事缺乏工作动力的情况，从而影响到上市公司的整体治理效果。

第五，与其他监督机构的关系。公司治理涉及多个机构的合作，如董事会、监事会和高级管理层。如果新办法没有明确独立董事与这些机构的关系，就可能会出现职责重叠或遗漏，导致治理效率降低。

（四）内部人控制问题依旧突出

内部人控制问题一直是公司治理领域的一个重要问题。根据学术界的定义，内部人控制包括经理或职工事实上或者依法掌握企业的控制权，并使他们的利益在公司的决策中得到比较充分的体现的现象。内部人控制既可以提高经理人和一般职工的积极性，也可能导致公司治理结构的扭曲和经理人员损害所有者利益的败德行为，造成资源浪费和信息披露不规范等问题。内部人控制的危害可能包括以下表现：经理层过度的在职消费、过度投资和耗用资产；高管薪酬奖金集体福利等收入增长过快、侵占利润；短视行为，不考虑企业的长远利益和发展等；信息披露不规范，报喜不报忧等。

譬如，贵州茅台酒股份有限公司的高管利用职务之便进行钱权交易，批条茅台经销权成为其利用职权获利的一条途径，而这最终也成了他们落马的罪状。此外，为了满足自己对社会地位、安全、权力和收入的需求，经理层可能会盲目追求更大的公司规模，但对公司的长期盈利能力和股东回报关注不够。这一现象被称为"帝国建造"。詹森（1986）根据经理层过度投资扩张发展了自由现金流假说，认为当企业有大量自由现金流时，经理层更可能进行过度投资和更多在职消费。这一假说在全球范围内都得到了有力的实证支持。

（五）重大风险的识别和管理薄弱

在全球范围内，许多公司都曾经遇到重大风险的识别和管理问题。例如，德国大众汽车集团2015年曝出篡改尾气排放数据的丑闻，涉及1 100万辆汽车，导致公司损失数十亿欧元。2018年，英国航空公司因乘客数据遭到黑客攻击，导致数万名乘客的个人信息泄露，被罚款2 040万英镑。同年，美国社交媒体公司脸书也曝出数据泄露丑闻，据称有超过8 700万用户的数据被非法获取和滥用。

重大风险的识别和管理是公司治理的关键方面。但是实践证明，许多公司在识别和管理重大风险方面存在薄弱环节，包括以下方面：部分公司可能没有建立完备的风险识别机制，也缺乏有效的风险识别工具和技术，无法及时发现和评估潜在的风险因素；部分公司的高管可能忽视或低估某些风险因素，或者对风险的认识不够全面和深刻，导致重大风险的发生；即使一些公司已经识别出潜在的风险因素，但如果没有建立有效的风险管理机制，这些风险仍然可能会在公司内部蔓延并最终导致公司的倒闭或经济损失；部分公司可能没有建立独立的监督机制，或者监督机制存在缺陷，导致公司管理层行为不受监督，进一步增加公司风险。

（六）公司治理改革的微观化

在近年的公司治理改革中，我们观察到一个明显的微观化趋势。随着国有企业改革三年行动的落幕，这种微观化趋势更加凸显，意味着从宏观的治理策略转向细节层面的实践。以 2023 年 8 月 4 日由证监会发布的《上市公司独立董事管理办法》为例，这一办法深化了独立董事的职责和权利的具体规定，正是这一微观化趋势的生动体现。然而，微观化的公司治理也带来了一系列挑战。

第一，使命与愿景的淡化。随着公司治理的细化和微观化，管理层可能逐渐沉浸于日常运营的细节，忽视了公司的宏大使命和远景。这种转变常常是因为在追求即时效益和短期成果时，公司的根本使命和长期愿景被边缘化。失去了明确的导向，公司可能会陷入短视的策略选择和策略执行。这不仅可能导致公司战略方向偏离，还可能影响公司在市场上的持续竞争力和稳健发展。

第二，制度的复杂化与管理负担。微观化的治理策略可能会使制度更为复杂，进而增加管理的难度。由于微观化要求对管理和决策过程进行更详细的规范，这意味着公司需要遵循更多的规则。这种复杂性不仅可能对管理层造成更大的压力，还可能增加员工的学习成本、降低决策效率，并可能限制员工的创新潜力。

第三，治理目标的暧昧性。微观化可能会导致公司在日常的细节和流程中迷失，进而偏离公司治理的核心目的——确保公司的长期健康和稳定发展。当公司为了追求完善的制度而忽视这些制度是否真正有助于公司的长远利益时，可能会出现治理目标模糊、流于形式的现象，从而使公司治理失去其真正的意义和价值。

第四，"权责分离"思维的浮现。随着公司治理微观化的深化，一种"权责分离"的管理思维逐渐凸显。在此模式下，各部门和管理层可能过于关注自己的权益和责任边界，而较少考虑公司整体的治理目标和核心价值。这不仅可能导致公司整体治理效益下降，还有可能削弱公司内部的协同性和一致性。这样的管理思维可能会损害公司治理的整体性和连贯性，引发内部各环节间不必要的矛盾。更为关键的是，若各部门仅关注自身利益，则可能会损害公司治理的公正性，使得其他利益相关者的利益被置于次要地位，从而影响公司的整体声誉和长远发展。

第五，对企业文化的潜在冲击。公司治理的微观化对企业文化可能产生非预期的冲击。微观化强调的流程化和制度化，可能导致公司运作变得过于规范和机械，从而对企业的创新文化和核心价值观产生潜在的冲击。这样的变革可能会使员工感觉处处受限，限制其创新潜力和思考自由度，进一步导致企业文化的异化和分裂。因此，公司治理微观化的推进，可能会带来"过度制度化，失去文化本质"的问题。

以《上市公司独立董事管理办法》为例，虽然它为独立董事的职责提供了详细的指引，但独立董事若仅聚焦于这些细节而忽视公司治理的整体理念和目标，则其发挥的作用可能会受到制约。因此，在追求公司治理的细化和具体化时，独立董事仍应当保持对公司治理整体方向的洞察和关注，确保自身的行动始终与公司的长远发展目标一致。

第三章
第一性原理与公司治理

第一性原理是一种强大的思考工具,它要求我们深入理解和挑战问题的本质,推动我们基于最根本的事实或法则进行分析和决策。本章将第一性原理应用到公司治理中,提出以价值创造为目标的公司治理功能的 DES 模式。这个新模式不仅可以帮助我们优化治理和决策,提高董事的履职能力和效果,还可以从根本上推动公司的创新和发展,切实推进公司的高质量发展。同时,第一性原理能为投资者、证券市场和证券监管部门提供深远启示,促使他们以新的视角理解市场规则和公司的创造逻辑,更有效地应对商业挑战,推动公司高质量发展。

第一节 第一性原理的内涵

第一性原理是强调从基本真理出发的分析和思考方式,在哲学、科学以及商业等领域均体现出极其重要的价值。该理念起源于古希腊哲学家亚里士多德,近年来得到 Tesla 和 SpaceX 的创始人马斯克等科技界人士的深度推广和应用。

一、第一性原理的定义和来源

第一性原理通常被称为基本原理或基础真理,它是一种理论框架,强调回归至最基本、最根本的事实或法则进行分析和决策。在哲学领域,亚里士多德在其作品中阐述了第一性原理的观念,提出所有知识都可以追溯至某些基本的、无法进一步简化的真理或法则。在科学领域,尤其是物理学,第一性原理是被广泛使用的一种理论方法。它不依赖于经验,而是从最基本的物理定律出发,通过逻辑推理和数学计算对现象进行解释与预测。举一个具体的例子,量子力学中的薛定谔方程就是基于第一性原理的理论模型。薛定谔方程以最基本的量子力学原理为出发点，预测电子在原子中的行为。这一方程不仅揭示了微观粒子运动的基本规律，而且奠定了现代量子力学的基础，为许多物理和化学现象的深入理解提供了关键框架。

二、第一性原理的实际应用

在现实生活和商业活动中，第一性原理被用于挑战既有观念，催生新的思考和创新。例如，马斯克在创建特斯拉电动汽车公司时，他挑战行业常识——电动汽车制造成本高昂，他采用第一性原理，分析电池单元的原料成本，发现了降低成本的可能，实现了大规模、低成本制造电动汽车的目标。

第一性原理的价值在于，它要求我们从根本上理解和质疑问题，而非盲目接受已有的观点和做法。这种思维方式能帮助我们洞察问题本质，找到真正有效的解决方案，进而在各种领域推动创新和进步。

应用第一性原理并不代表完全抛弃经验和传统。反之，它要求我们在尊重和理解传统的基础上勇于质疑和创新，寻找更优秀的方法和解决方案。这要求我们具备敏锐的洞察力、深厚的知识储备，以及探索和创新的勇气。

在公司治理领域，第一性原理的应用亦展现出巨大的潜力。传统的公司治理模式往往强调规则和程序，但忽视人的主观能动性和创新能力。基于第一性原理的公司治理则要求我们深入理解公司的使命和价值、员工的需求和期望、市场的变化和挑战，从而构建更加公正、高效、创新的治理模式。

第二节　第一性原理对公司治理的启示

一、解析公司治理的原则：从第一性原理的视角

（一）公司治理原则

公司治理的核心理念在于在股东、管理层和其他利益相关者之间建立平衡关系，确保公司的决策与行为尽可能地实现公司目标与价值。这种平衡需要通过公平、透明、责任和效率等原则来实现，我们称之为公司治理原则。公平原则要求决策和行为对所有利益相关者公正无私；透明原则要求决策和行为能被所有利益相关者理解；责任原则要求公司与个人对自己的决策和行为负责；而效率原则要求决策和行为能有效实现公司目标与价值。

（二）第一性原理对治理原则的深度解读

基于第一性原理，公司治理的公平、透明、责任和效率原则得到深度解读。如表 3.1 总结了传统视角和第一性原理视角对这四个原则的解读。公平原则强调权责匹配与利益均衡，特别是提升员工利益。透明原则除强调信息公开，还包含公司愿景、目标、业绩与公司治理的透明度。责任原则主张在追求经济效益时，兼顾对社会、环境及利益相关者的影响。效率原则强调经济效益、社会效益与环境效益的平衡，推动公司全方位、持续发展。这为现代公司治理提供了新的思维导向。

表 3.1　传统视角和第一性原理视角解读公司治理原则的比较

公司治理原则	传统解读	第一性原理的解读
公平原则	权利与义务的均衡分配	更深入地突出权责匹配和利益均衡的重要性，特别是提升员工利益
透明原则	信息公开和决策流程的公开	扩展至包含公司愿景、目标、业绩和公司治理的透明度，促使所有利益相关者对公司治理机制和运作方式有清晰的了解
责任原则	公司对股东的责任	深化和拓宽责任范围，鼓励公司在追求经济效益时，兼顾对社会、环境及利益相关者的影响
效率原则	公司的经济效率	强调经济效益、社会效益与环境效益的平衡，推动公司全方位、持续发展

1. 公平原则

基于第一性原理，公平原则的内涵被赋予更深、更广的解读。这不仅强调权利与义务的均衡分配，更进一步突出公司治理中的权责匹配和利益均衡的重要性。公平原则首先是权责匹配的体现。权利与责任是相辅相成的两个元素，它们共同构成公司治理的核心。随着公司管理层或董事会成员权力的增加，对公司及所有利益相关者的责任也必须同步加重。例如，企业有责任提供良好的工作环境、公平的薪资待遇、合理的工作时间以及充足的发展机会，使员工感受到公平，这样员工才会全身心地投入工作，进一步推动公司的发展。另外，公平原则强调实现各利益相关者的利益均衡。企业应在公司战略制定、重大投资决策、管理政策调整等过程中充分考虑员工等各利益相关者的意见和利益，防止在追求短期经济利益的过程中忽视或牺牲员工等其他利益相关者的利益。

2. 透明原则

在第一性原理的指导下，透明原则的维度被大幅扩展。除了对基础的信息公开和决策流程的公开，透明原则还涵盖了公司愿景、目标、业绩和公司治理的透明度。公司必须明确公开其愿景，传递清晰的长期发展策略；对公司的短期和中期目标实行透明管理，以便所有利益相关者都能够准确评估公司绩效。此外，公司业绩的透明度，包括财务报告和运营数据等信息，也需要进一步提高公开度。在公司治理方面，透明度同样重要，公司治理结构、权利分配和决策流程等信息应公开，让所有利益相关者能对公司治理机制和运作方式有清晰的了解。这种深化和拓展的透明原则，不仅能提升公司治理效率，增强利益相关者信任，提高公司社会声誉，更有助于公司实现长期、可持续的发展。

3. 责任原则

在第一性原理的启示下，责任原则的含义得到深化和拓宽，引导我们回归公司本位，理解公司在追求经济效益过程中的综合责任。在满足所有法规要求的前提下，公司拥有自主决定承担社会责任的形式和程度的权利。这种自主决定基于公司的使命和愿景，充分权衡与考虑其决策和行为对社会及环境，以及所有利益相关者的影响。这种自主权使得公司在追求经济效益的同时，可以更好地实现与社会责任的深度协同，促进公司的健康和可持续发展。具体来说，这可能体现为公司采取更环保的生产方式，提供更优厚的员工福利，更积极地参与社区建设等。

4. 效率原则

受第一性原理的启示，效率原则得到更深层次地诠释。这一原则不只着眼于公司的经济效率，同样强调公司的社会效益和可持续性。短期来看，具有效率的公司治理结构和决策机制有助于推动资源的最优配置，从而提高公司的经济性能。然而，长期视角下的效率原则还强调公司承担社会责任和尊重环境，要求企业在追求经济效益的同时，同等重视社会效益和环境效益，以期实现全方位、持续发展。比如，公司在追求经济收益的同时，也要关注其对环境的影响，对员工福利的投入，对社区的贡献等。这种平衡多元利益的思维方式，不仅有利于提高公司的经济效率，也符合社会责任和环境友好的要求。这种理念不仅拓宽了我们对效率原则的理解，也为现代公司治理提供了重要的思维导向。

二、第一性原理对现有公司治理模式的反思与启示

公司治理模式是公司治理理念在实践中的具体展现,体现为公司治理的具体机制和程序。然而,当前的公司治理模式往往存在一定的局限性,这就需要我们运用第一性原理进行挑战和改进。

(一)对现有公司治理模式的反思

一般来说,现有的公司治理模式过度依赖规则和程序的执行,这种偏重可能导致对员工主观能动性和创新能力的忽视。因此,公司决策和行为可能变得机械与死板,缺乏应对复杂多变环境所必需的灵活性和创新能力。例如,过度固化的规则和程序可能会阻碍员工的创新思维,限制公司的适应能力和应变能力。

此外,现有的公司治理模式常常存在过于内向的倾向,过分聚焦于公司内部治理,而忽视公司与外部环境的交互和影响。这不仅使公司治理视野过窄,缺乏全局视角和长远考虑,还可能导致公司错过适应环境变化的机会,甚至可能因忽视潜在风险而造成不利影响。例如,过于内向的公司治理可能会忽视公司的社会责任,对社区和环境产生负面影响,进而损害公司的声誉和长期利益。

(二)第一性原理的启示

第一性原理为我们提供了一个新的视角以深入理解和改善当前的公司治理模式,其关键在于挑战现有模式的局限性,打破常规思维,并引导我们向更加灵活、创新和全局性的治理模式转型。

首先,第一性原理对于人的主观能动性和创新能力给予了充分重视。它激励所有成员深度参与公司治理,借助他们的积极性和创新性,为公司治理注入新的活力。在这种理念的推动下,公司治理将不再是一种机械化的流程,而是形成一个每个成员都能够发挥作用和价值的环境,从而激活公司治理的经济价值。

其次,第一性原理强调公司与外部环境的互动作用,要求公司治理能够紧密关注并适应环境变化。这意味着公司需要持续审视和调整自身的治理模式以更好地适应外部环境的变化,从而提升公司的适应能力和生存能力。

最后,第一性原理将关注点集中在公司最终目标和价值的实现上,将治理的视角从执行规则和流程转向寻求最优方案以实现公司目标和价值。这种模式将公司治理与公司的战略目标紧密相连,从而提高了公司治理效果。

总的来说，借助第一性原理的新视角，我们有可能构建出一种符合公司治理理念、能够适应环境变化，并能最大化地实现公司目标和价值的新型治理模式。这种模式将有助于公司在复杂多变的环境中保持竞争力，并推动公司的持续发展。

第三节　基于第一性原理的公司治理优化

从基于第一性原理对公司治理的分析中我们可以看出，为了真正发挥公司治理的价值创造作用，需要重新界定公司治理的功能。首先，科学决策挑战传统决策模式，倡导从基础事实出发，强调全员参与和过程的公正性。其次，系统激励重塑激励机制，满足员工内外动机需求，同时平衡短期和长期目标，确保公正性。最后，通过高度监督革新体系，关注公司内部风险控制和合规管理，同时注重员工参与，从而提高透明度和公正性。因此，科学决策（Decision-making）、系统激励（Encouragement）和高效监督（Supervision）应该成为以价值创造为目标的公司治理的关键功能，我们称之为"公司治理功能的DES模型"。表3.2概括了基于第一性原理的公司治理功能创新的主要内容和观点。

表3.2　基于第一性原理的公司治理功能创新

主要内容	公司治理功能	传统解读		第一性原理的解读
决策模式的升级：全员参与决策	决策权分配	偏向高层管理者决策	科学决策	鼓励广大员工参与决策过程，强调从基础事实出发理解新问题本质，确保决策的公正性和透明性
激励机制的重塑：满足员工的内外激励需求	激励机制	偏重物质激励，易引发短视行为和公平性问题	系统激励	深度理解员工需求和动机，设计出能充分激发员工内在动力的激励机制，平衡短期和长期目标，确保公正性和公平性
监督体系的革新：构建公平、透明的监督机制	监督体系	过于严格或形式化，不充分考虑员工的参与	高效监督	深入理解监督的本质和目的，注重公司内部风险控制和合规管理，鼓励员工参与，提高监督的有效性和公正性

一、决策模式的升级：全员参与决策

决策模式是公司运营的核心环节，涉及公司的方向、策略和绩效。然而，在实际运营中，传统决策模式存在诸多挑战，这要求我们从第一性原理的角度进行分析和应对。

（一）对传统决策模式的审视

传统决策模式往往建立在已有的理论、假设和经验之上，这在稳定且规律明确的环境中可能有效。然而，在当今日益复杂和多变的商业环境中，这种决策模式面临严峻挑战。首先，传统决策模式依赖现有的知识和经验，这可能会导致决策者对新的、未知的问题应对不足。其次，传统决策模式通常由少数领导者或个别人士主导，这可能会忽略其他员工的视角和建议，降低决策的质量和效率。最后，传统决策模式过于注重结果，忽视决策过程的重要性。

（二）科学决策

面对传统决策模式的诸多挑战，我们借助第一性原理，对决策模式进行深度优化，从而构建出基于科学原则的决策框架。

首先，传统决策模式常常受制于已有的理论、假设和经验，在应对新的、未知的问题时往往显得力不从心。在这种情况下，基于第一性原理，我们从最基本的事实和规律出发，深入挖掘并理解问题的本质，从而找到并应用最有效的解决方案。通过这种方式，科学的决策制定模式在处理新的、未知的问题时能够显示出超越传统决策模式的力量。

其次，传统决策模式通常由少数领导者或个别人士主导，而科学的决策制定模式则充分认识到每个员工的价值和贡献，强调全员参与。通过第一性原理，我们可以理解到在决策过程中，其他员工的视角和建议也同样重要。这样的决策模式可以提高决策的质量和效率，同时能够激发员工的积极性和创造性，使他们更加主动地参与公司的运营和发展。

最后，相比传统决策模式过于注重结果，科学的决策制定模式在重视结果的同时，也认识到决策过程的重要性。利用第一性原理，我们重新审视决策的目标和方式，不仅追求高质量的决策结果，也强调公正和透明的决策过程。这样既能确保决策的质量，又能提升公司治理的公平性和透明性，对于提升公司的整体运营效率和员工满意度具有深远意义。

二、激励机制的重塑：满足员工的内外激励需求

激励机制是公司治理的关键组成部分，影响员工的行为和态度，从而决定公司的绩效和发展。然而，传统的激励机制存在一些问题和局限性，需要我们从第一性原理的视角进行分析和优化。

（一）对现有激励机制的反思

现有的激励机制常以经济激励为主，旨在通过奖惩措施影响员工的行为。然而，这种激励机制存在问题。首先，现有的激励机制可能忽视员工的内在动机。许多研究表明，员工的满意度和效率并不仅仅依赖于经济激励，而与他们的职业发展、工作环境以及对工作的热情和兴趣等因素紧密关联。其次，现有的激励机制可能诱导短视行为。过度依赖经济激励，可能导致员工过于关注短期目标，而忽视长期的发展和质量。最后，现有的激励机制可能引发公平性问题。如果激励机制的设计和执行不公平，可能引发员工的不满和反抗，从而影响组织的稳定和效率。

（二）系统激励

针对现有激励机制的问题，我们可以借鉴第一性原理，以系统激励为目标对激励制度和措施进行系统性优化。

首先，激励机制忽视员工内在动机的问题，我们需要通过第一性原理深入理解员工的需求和动机。这不仅包括经济需求，还涵盖职业发展、工作环境以及工作热情和兴趣等非经济因素。只有理解了这些基础动机，我们才能设计出一种能够全面触发员工内在动机的激励策略。

其次，为防止激励策略导致的短视行为，我们需要从第一性原理的角度重新定义激励的目标和方式。我们应该同时考虑短期目标和员工的长期发展以及组织的持续利益，在设计激励策略时，应力求在短期目标和长期目标之间实现平衡。

最后，为了解决激励机制可能引发的公平性问题，我们需要利用第一性原理，从根源上理解公平的含义，并重新考虑激励的分配方式。我们应确保激励策略的设计和执行既公平，又能最大限度地激发员工的工作积极性。

三、监督体系的革新：构建公平透明的监督机制

监督体系是公司治理结构的关键组成部分，决定公司决策过程的公正性和

透明性，并对公司内部的风险控制起着至关重要的作用。然而，传统的监督体系受到历史习惯和文化背景的影响，存在一些问题，需要我们借助第一性原理进行优化和改进。

（一）对传统监督体系的反思

传统的监督体系面临一系列挑战。首先，由于过度依赖规程和规定，这种体系在复杂多变的商业环境中可能显得适应性不足，影响公司决策的灵活性。其次，传统监督体系可能过于强调过程，而忽视对结果的关注，从而可能阻碍公司实现长期利益，也难以有效防范潜在风险。再次，传统监督可能忽视公司内部风险控制和合规管理，这可能会损害公司的公信力。最后，如果员工未能充分参与监督过程，就可能会削弱监督的效果，并引发公平性问题。

（二）高效监督

面对传统监督体系的问题，我们可以借鉴第一性原理，以高效监督为目标对监督体系进行优化。

首先，我们需要深入理解监督的本质和目的。监督的本质在于保护公司的长期利益和防止潜在风险，而监督的目的在于推动公司健康发展和创造价值。因此，监督应更加注重结果导向，关注公司治理的实际效果和价值创造。

其次，高效监督应关注公司内部风险控制和合规管理，以提高公司的透明度和公信力。监督者不仅要关注公司的经济效益，还要考虑公司的社会责任和合规问题，确保公司的行为符合法律法规和社会道德。

最后，高效监督还需要注重员工的参与。员工是公司的重要利益相关者，他们对公司的了解和对公司价值观的认同使他们成为公司内部监督的重要力量。因此，公司治理过程中应鼓励员工的参与，以提高监督的有效性和公正性。

第四节　第一性原理对投资者和证券市场的启示

投资者和证券市场是公司发展的重要外部因素，其对公司的认识与理解直接影响公司的资本运作和市场表现。第一性原理作为一种新的思维方式，对投资者和证券市场的影响显而易见。

一、投资者角度：重新理解公司价值

投资者对公司价值的认知，直接决定其投资决策的方向。传统上，投资者往往主要关注公司的财务表现和市场表现，例如盈利能力、市场份额等关键指标。然而，这种评估方法可能会忽视公司的内在价值，比如治理智慧、创新能力和员工满意度等。尽管这些内在因素在短期内可能不会直接反映在公司的财务表现上，但对公司的长期发展具有至关重要的影响。

借助第一性原理这种深度思考方式，我们要从最基本的事实和目标出发，重新审视公司价值。在这个框架下，公司的价值不仅包括财务表现和市场表现，还应包括治理智慧、创新能力、员工满意度等内在价值。

首先，公司的治理智慧体现了公司决策效率和公平性，它是支持公司长期发展的基石。第一性原理强调权责匹配、公平和透明原则，这对提升公司治理效能、确保公司高质量发展具有至关重要的意义。

其次，公司的创新能力体现了公司对市场变化的适应性，它是公司获取竞争优势的关键。第一性原理倡导从最基本的原理出发，挑战现有的思维定式，这对于激发公司创新活力、推动公司商业模式创新有着积极作用。

最后，员工满意度反映了公司的人力资源优势，是公司实现业务目标的关键。第一性原理强调从员工的基本需求出发，设计符合员工期望的激励机制，这对于提升员工的满意度和忠诚度、提高公司的人力资源效率具有重要意义。

二、证券市场角度：发现未被充分认识的价值

证券市场作为价值发现和交易的重要舞台，其扮演的角色至关重要。第一性原理为投资者提供了一种新的思考工具和决策框架，帮助他们更精准地识别市场中被低估的价值，从而提升投资决策的质量和效果。

从公司价值评估角度看，第一性原理引导投资者深度关注公司的战略、竞争地位、创新能力及治理结构等核心因素，而非只是肤浅的财务指标。这将帮助投资者更全面、更深入地洞察公司的内在价值，从而发现被市场忽视的价值点。

从市场行为角度看，第一性原理鼓励投资者避免简单的从众行为，而是基于独立、理性的思考进行投资决策。深度思考市场趋势、风险和机会，将使投

资者更精准地把握投资时机，发现被市场忽视的投资机会。

从行业和宏观经济角度看，第一性原理能帮助投资者理解和预测行业发展趋势与宏观经济环境，从而更好地预测公司的未来表现和价值。这将有助于投资者发现具有长期增长潜力的公司，实现资本的有效配置。

第二篇
构建公司治理新模式

在当今时代，公司治理改革被赋予了高度的期望，但错误的焦点可能导致董事会过于偏重股东或其他利益相关者的利益，误导了整体改革方向。实际上，公司治理的核心目的是引导董事会和管理层明晰与所有利益相关者之间的关系，以实现公司的长期健康发展和价值创造。本篇将深入探讨公司治理新模式的目标、构成及优势，旨在帮助读者从理论和实践的角度全面了解公司治理新模式。

在第四章中，我们将通过对注意力基础观、制度逻辑、资源编排理论和公司健康的理论分析，构建公司治理新模式目标（CGO）：公司健康。我们将从优秀案例出发，探讨如何建立公司治理目标的CGO模型，涉及愿景与战略、创新能力、社会责任、市场地位、财务状况、生产力六个方面。

接下来，在第五章中，我们将详细介绍公司治理新模式的构成：治理基础和治理功能。其中，治理基础涵盖公司高层权力机构，如股权结构和监事会等，这决定了公司的使命、愿景和战略。而治理功能关乎公司价值创造和健康的维护，尤其强调董事会的中心地位，它对公司的长期发展和价值创造起到至关重要的作用。

与此同时，本篇还深入探讨了新旧公司治理模式的差异。新模式更加注重公司的使命、愿景和社会责任，强调公司的整体利益和长期发展，而不仅是短期经济利益。它在战略、价值创造、与外部利益相关者的关系、社会责任、信息披露和治理实践等多个方面均展现出独特的优势。随着公司治理日趋复杂，这一新模式为我们提供了一个更系统、全面和前瞻的治理视角。

阅读本篇章，您将全面了解公司治理新模式的理论依据、构成要素以及优势所在。我们希望通过对公司治理新模式的探讨，引领公司实现高质量发展、持续健康成长。同时，我们也期待这些理论与实践的结合能为您在实际运作中带来实际的帮助和指导。

第四章
公司治理新模式的目标：公司健康

公司治理模式的发展经历了四个阶段。每一种失败或即将失败的模式都体现出一个共同的特点，即在经营管理过程中注重一个或几个群体的利益和平衡，如业主模式和股东价值模式，以单一群体的利益最大化为目标，又如利益相关者治理模式和ESG模式，旨在兼顾所有群体的利益，寻求各个群体的利益平衡。

自20世纪90年代以来，大量企业在多次经济泡沫和金融危机中破产倒闭的原因从表面上看是企业错误的经营管理。然而实质上只有少数企业的经营管理违反法律规定，也只有少数企业高层领导被起诉并受到法律制裁。这恰恰说明了当前公司治理的根本问题不是违反法律法规以及错误的经营管理，而是现行法律法规允许泡沫的存在，默许企业采取错误的经营行为。

当前公司治理涉及的范围存在一个很大问题，即错误确定公司治理的目标和核心任务。一方面，公司治理规范中探讨更多的是微观层面上公司的实际运营和执行，无形中束缚经理层的思想，让经理层越来越远离自己的核心任务；另一方面，公司治理规划中囊括了太多不必要甚至是错误的规定，极度缺少正确的规定。公司治理规范的制定应注重从宏观层面对公司治理的指挥和控制。

在这种背景下，董事会对公司利益的关注越来越少。他们不得不遵守法律法规，甚至在损害公司利益的部分情况下，董事会还不得不去讨好机构投资者和媒体，注重短期的、有害的投资者利益，以防止被追究工作失职。为了符合公司治理规范的规定，经理层在经营管理企业时应具备的广阔视野、勇气、冒险精神和商业头脑等特质正在倒退，甚至是迅速倒退。

当前，人们普遍希望通过改革公司治理模式来改变公司的现状，提高公司的业绩。然而，至今所提出的公司治理改革方案的关注重点可能存在偏差。一方面，过于关注股东或利益相关者的利益，并兼顾企业社会责任和企业公民等因素，可能导致董事会忽视企业本身的利益，从而使公司治理改革越来越脱离实际。另一方面，从引入失败的利益相关者治理模式，到衍生出无效的股东价值模式，再到大力倡导 ESG 模式，公司整体利益被拆分成不同群体的利益，各群体被赋予不同的权力，这造成了利益群体对公司利益的瓜分和掠夺，甚至导致公司治理改革走向"合规"方向的问题。事实上，公司治理模式应以公司的愿景和战略为指引，以公司价值创造为核心，从系统的角度确定治理的基础和功能，界定公司与各利益相关者之间的具体关系，为董事会和经理层提供行动方向与指引。针对当前全球公司治理改革深陷困境的状况，如何使公司治理的核心从合规转向价值创造，如何通过公司治理来创造价值，成为一个亟待探究的问题。

本章通过深入剖析八家典型公司成功的治理逻辑主线，旨在重点回答以下三个问题：第一，不同案例公司在经营过程中主要关注的治理内容有哪些？第二，公司获取有利行业竞争地位的典型模式有哪些？第三，通过多个案例提炼共性治理规律，挖掘从注意力基础理论、资源编排过程到公司活力的内在机制，从而构建新的公司治理模式。自改革开放以来，我国一些公司已经成长为特别优秀的公司，它们不但在国内拥有强大的竞争优势，而且在全球范围内开始引领某些领域的发展。探索这些优秀公司的治理特征，不仅对于推动我国公司整体的健康发展和转型具有重要的现实意义，而且对于公司治理新模式的构建具有重要的理论价值。

第一节　基　础　理　论

一、注意力基础观与制度逻辑

注意力基础观（Attention-based View，ABV）认为，组织行为是企业引导和分配其决策者注意力的结果（Barnett and Florida，2008；Ocasio，2011）。该理论为理解企业、组织结构和战略制定提供了新的整合视角，诠释了个体、社会认知和组织层面的注意力如何交互以塑造企业行为（Ocasio，1997）。

制度逻辑是指社会共享的规则、规范和价值观，能够塑造行为主体的认知及行为，决定组织的目标以及实现目标的方法与行为（Thornton and Ocasio，

2008）。纵观现有文献，已有研究根据不同的研究对象和情境探讨了制度逻辑的所属类别与驱动方式。一是二元分类，主要包括市场逻辑和政府逻辑（Tracey et al.，2011；杜运周等，2020）、市场逻辑和社群文化逻辑（梁强等，2021）；二是多元分类，包括市场、家庭、宗教、职业、企业、社群、政府七大制度逻辑框架（Thornton et al.，2012），混合型组织的市场逻辑、公益逻辑、理性选择逻辑（刘振等，2015）。尽管学界对于制度逻辑的分类和驱动方式尚未达成一致，但均认为社会由多重制度构建，而处于中观层面的组织、个体均受多重制度产生的多元逻辑（往往是矛盾和冲突的）支配（Nigam and Ocasio，2010）。

制度逻辑视角弥补了新制度理论的缺陷，其关注点在于多元制度环境下不同制度逻辑对组织结构和行为的影响（Thornton et al.，2012）。组织场域是由多元制度组成的，每个制度均遵循其核心逻辑，因此组织需要对多元、共存的制度逻辑进行回应（Greenwood et al.，2010；Besharov and Smith，2014）。现有制度研究大多聚焦组织场域层次，极少关注个体响应制度环境（Blomgren and Waks，2015）。发展和完善"制度复杂观"可以为组织能动地响应制度环境提供理论指导（陆亚东，2015）。

注意力基础观与制度逻辑理论相结合，对理解企业如何形成竞争优势的内在机制至关重要。将注意力基础观与现有关于认知、环境和组织内部力量的观点相结合，可以更好地解释组织行为和战略的塑造过程（Nadkarni and Barr，2008；Ocasio，2011）。制度逻辑理论为研究组织变革和组织内部过程提供了富有价值的视角：制度逻辑中的制度因素和市场因素属于影响注意力视角的环境因素，可以解释组织所处环境中各种制度逻辑间的不兼容和冲突导致的组织异质性行为（Ocasio，2011；Ingstrup et al.，2021）。

二、资源编排理论

资源编排是一个综合的过程，其旨在为客户创造价值并为企业创造竞争优势，包括资源结构化、资源整合和资源撬动三大过程，并且这些过程之间相互关联、协同发展。具体来说，资源结构化关键在于企业通过获取、积累有价值资源并剥离无用资源，从而构建企业发展所需的资源池；资源整合是将组合的资源池进行延展或细化来构建或改变企业能力的行为，包括稳定型、丰富型和开拓创新型的资源整合方式,而这三种资源整合方式所形成的能力创新性存在差异性。资源撬动是指利用资源实现价值创造的过程。其中,稳定型资源整合方式能够实现对能力的微小增量改进,保持能力的更新;丰富型资源整合方式有助于创造互补资源之间的协同作用,从而拓展和延展当前能力;开拓创新型资源整合方式指将新资源与企业既有资源进行捆绑创新,从而生成全新的能力,从而为企业创造新的竞争优势(Sirmon et al.,2007;Sirmon et al.,2011)。

资源编排过程是对传统资源基础观的发展,它通过诠释"资源—能力—行动"的转化过程,揭示企业如何编排资源形成能力,从而形成持续竞争优势并实现价值创造的中间过程(Sirmon et al.,2007;Oria et al.,2021)。

因此,资源编排框架能够深入解释公司经营结果的内在复杂过程。一方面,资源编排框架为公司经营中注意力转变和制度逻辑演化提供了理论支持,有助于企业把握关键的经营机会和优化资源配置。资源编排过程不仅是以经理层注意力为中心的组织内部框架,同时也能够纳入组织与供应商、消费者、政府等外部利益相关者的交互过程,从而实现资源的共享和协同,提升企业的整体绩效(Andersén and Ljungkvist,2021)。

然而,已有文献更多地将资源编排过程视为整体,而对企业如何利用资源形成比较竞争优势的过程机制关注不足。与此同时,学者呼吁要更多地关注企业获取和利用资源的能力,因为这种能力往往是企业形成可持续竞争优势的关键所在(Matinaro et al.,2019;Huang and Li,2018)。因此,我们需要更深入地研究企业如何获取和整合资源,以及如何发挥资源的潜力。只有这样才可以为打开公司治理从制度逻辑到企业活力(创造价值)的"机制黑箱"提供新的理论依据(Matinaro et al.,2019;Huang and Li,2018)。

三、公司健康

作为一种独特的社会组织系统,公司也是一个有生命特征的实体。公司在生命周期内会经历生长、成熟、衰退和死亡等阶段,拥有自身的寿命极限和生命周期,也具有自身的健康状态和运动方式。因此,我们可以将"健康"视为公司生命状态和质量的一种测度与反应,即公司健康。正如阿里·德赫斯(Arie de Geus)在《长寿公司》(*The Living Company*)一书中指出的,公司是一个生命体,其中的每个组织都是一个有生命特征的体系,拥有自身的特点和自觉性,同时也是整个公司的组成部分。

公司作为社会生命系统,表现出生命特征。从空间角度看,公司是由有机要素构成的结构性体系,具有生存和活动的能力;从时间角度看,公司组织以自身规律在与环境相互作用中不断运动和变化,以实现自身目标,是生命过程。公司的空间生命特征使其呈现结构性,时间生命特征则表现为过程的功能性和动态性。同样,公司健康包含两个方面:静态健康或结构健康与公司的结构相关,是公司生命力的基础和物质、静态表现,称为健康势能;动态健康或过程健康与公司的功能或过程相关,称为健康动能,反映公司的能力。只有公司的结构健康和过程健康相结合,并在公司与环境的互动中表现出来,才能反映公司的生存、成长和再生水平,体现公司健康的完整。公司是一个可再生的特殊生命系统,虽然遵循"由生到死"的自然规律,但可以实现一个生命周期与另一个生命周期的延续,具有再生能力。

公司是一个特殊的可再生的生命系统。它是社会进步的产物,从某种角度上是一种"人造物",其发展遵循由生到死的自然规律,但也具备实现一个生命周期与另一个生命周期的延续再生能力。美国未来学院前院长扬·莫里森(Lan Morrison)在他的作品《第二曲线》(*The Second Curve*)中指出,公司的发展经历了第一曲线,在熟悉的企业环境中开展传统业务的生命周期;面对未来的新技术、新消费者、新市场,公司将经历一场彻底的、不可逆转的变革,展开一次全新的公司生命周期——第二曲线。这种变化包括许多方面的转换,如社会、市场、个人和公司等。

与此同时,公司又是一个生命运动过程中的矛盾体,公司生死具有相对性、延伸性和转换性。公司健康是指公司作为一个社会组织系统,在生命周期内能够有效地运用资源,保持生命状态和质量的一种测度与反映。研究公司健康,就是研究公司在生与死之间的定位,研究公司的生命质量,研究公司的生存、成长和再生能力。因此,公司治理应该以公司的长寿和长期繁荣为目标来设计治理基础与治理功能,保持公司的静态健康和动态健康。

四、理论分析框架

围绕"治理如何通过创造价值保持健康发展"的研究问题,本书以注意力基础观作为元理论分析框架，将公司的健康发展视为不同制度逻辑对资源编排产生差异影响的结果，并采用注意力基础观为研究企业如何实现健康发展的治理机制提供新颖的整合视角。为了深入剖析企业的健康发展，我们需要在有效链接现有理论的同时实现理论突破。因此，本书旨在探究注意力基础观在公司治理中的应用，从而揭示治理如何通过价值创造来保持公司的健康发展。

本书基于注意力基础观的"前因—过程—结果"的公司治理因果分析框架。需要说明的是，本书重点解释因果机制而非检验因果效应（Nigam and Ocasio，2010）。具体来说，企业决策者的注意力分配方式影响制度逻辑结构，而制度逻辑被视为实现资源整合和价值创造所需的重要驱动因素。尽管不同企业的注意力分配方式和聚焦方向存在差异，但企业决策者会根据环境规制感知的机会和威胁优化资源编排方法。即便企业同时受到多元制度逻辑的影响（Nath et al.，2020），但组织注意力的共性分配方式决定了企业健康发展过程中的主导制度逻辑选择——响应外部规制的政府逻辑和实现顾客信任的市场逻辑。这两种逻辑同时存在且共同驱动企业的治理决策和资源编排过程。因此，本书遵循经典文献观点和本土情境（Tracey et al.，2011；杜运周等，2020），以政府逻辑和市场逻辑为起点，探索企业健康发展中的资源编排过程。此外，不同制度逻辑驱动的企业在资源建构、资源捆绑和资源撬动中会形成差异化的竞争优势，呈现不同的健康发展模式。本书将资源编排全过程纳入理论分析框架，既重视过程内的耦合机制，也重视跨过程的协同机制，分析和提炼优秀公司领导层在对外沟通中关注的内容。

第二节 基于优秀案例的治理目标提炼

一、研究方法

本书采用纵向多案例研究方法。选择此方法的原因有：一是案例研究适合探究现象背后的"Why"和"How"问题，而本书聚焦于公司如何实现健康发展的治理模式和路径选择，本质上是一个聚焦过程的案例研究，因此纵向多案例研究方法较为合适（Yin，2002；毛基业，2020）。二是相比单案例研究，多案例研究可以通过复制逻辑得到更加稳健和普适的结论（许晖等，2020；韩炜等，2021）。多案例研究的本质是复制，是构建理论的有效方法（Eisenhardt，1989），多案例研究将单案例视为数据，在数据中实现逻辑的复制并验证结果，从多来源中推论证据及复查结果的一致性，进而建立事实的趋同迹象（Yin，2002）。三是本书涉及公司一段时间的健康发展的对比，关注公司在不同阶段的经营行为，而纵向案例研究适合研究随着时间推移事物如何及为什么出现、发展、增长或终止的问题（Pucci et al.，2020）。因此，本公司采用纵向多案例研究方法，探究公司健康发展过程中的内在机制，并构建合理的因果链条（李东红等，2021）。

二、案例选择

本书强调公司健康发展结果的"殊途同归"，要求案例分析单元有着相似或相同的结果。根据 Eisenhardt（1989）多案例研究方法的理论抽样原则，本书选择 4—10 个典型案例进行研究。为回答"公司治理如何通过价值创造保持健康发展"的研究问题，所选的典型案例样本应呈现明显的行业竞争优势和领先地位。

本书基于中国行业领先公司的筛选标准，选择了新疆天山水泥股份有限公司（简称天山股份）、江苏苏美达集团有限公司（简称苏美达）、万华化学集团股份有限公司（简称万华化学）、潍柴动力股份有限公司（简称潍柴动力）、宁德时代新能源科技股份有限公司（简称宁德时代）、三一重工股份有限公司（简称三一重工）、江苏恒立液压股份有限公司（简称恒立液压）和隆基绿能科技股份有限公司（简称隆基绿能）八家公司作为研究对象，这些公司的成立时间跨度在 1994—2011 年。其中，2 家公司属于中央国有企业，2 家公司为地方国有企业，4 家公司为民营企业。这些公司的注册资本从 13.05 亿元到 87.27 亿元不等，均值为 52.96 亿元。第一大股东持股比例从 14.08% 到 84.52% 不等，均值为 33.45%。2023 年度营业收入从 81.97 亿元到 4 009.17 亿元不等，均值为 1 548.25 亿元。员工人数从 6 059 到 116 055 不等，均值为 44 503 人。这一样本量足以进行深入的跨案例分析，以确定各样本之间的相似之处和不同之处（许晖和单宇，2019）。这些案例满足了以下 4 个标准：①在细分行业中处于领先地位；②近些年取得较好的经营业绩；③具有良好的市场声誉；④信息披露详细的上市公司。

选择上述八家公司的原因有以下三点：

第一，这八家公司在财务业绩、核心竞争力、市场地位和发展前景方面表现良好，是健康发展的公司。其中，天山股份拥有国家级企业技术中心和博士后工作站，其窑外分解工艺线代表着世界水泥工艺的先进水平；万华化学是一家全球化运营的化工新材料公司，凭借不断创新的核心技术、产业化装置和高效的运营模式为客户提供竞争力强的产品与解决方案；潍柴动力先后荣获国家科学技术进步奖一等奖、全国质量奖、中国机械工业科学技术奖特等奖等荣誉；宁德时代则是全球领先的动力电池系统提供商，专注于新能源汽车动力电池系统和储能系统的研发、生产和销售，致力于为全球新能源应用提供一流解决方案；三一重工凭借技术创新实力，三次荣获国家科学技术进步奖、两次荣获国家技术发明奖，并通过自主创新创造了多项世界纪录；恒立液压的技术水平和生产规模已跻身世界液压领域前列，为全球 2 000 多家顶级客户提供服务，主要市场涵盖 20 多个国家和地区；隆基绿能一直专注于单晶硅棒和硅片的研发、生产和销售，经过十多年的发展，已成为全球最大的太阳能单晶硅光伏产品制造商之一。

第二，这八家公司具有明显的特色和显著的差异性，主要表现在地域分布（包括新疆维吾尔自治区、江苏省、山东省、福建省、北京市和陕西省）、细分行业（包括非金属矿物制品业、批发和零售业、化学原料和化学制品制造业、汽车零部件及配件制造、电气机械和器材制造业、专用设备制造业和通用设备制造业等）和体量规模（2015—2021 年，营业总收入最高额为 2 035.5 亿元，最低额为 8.8 亿元）。来自不同情景的案例支撑了多案例研究的复制与拓展逻辑要求。

第三，这八家公司的数据来源广泛、信息可得性高。它们是上市公司，有丰富的信息可供研究者使用，包括招股说明书、年报、社会责任报告、投资者调研问答和新闻报道等。这些信息的完备性和原始性有助于后续进行三角验证，提高研究结果的可信度。

三、数据收集与三角验证

本书遵循 Ingstrup 等（2021）提倡的案例研究规则，采用实时和回顾性原则收集数据。在数据收集阶段,本书遵循 Eisenhardt(1989)和 Yin(2002)提出的三角验证原则,通过多种渠道和多元化方式收集资料,包括企业提供的内部档案资料、文献查询、手动检索和网络爬虫所得的外部网络资料,以及实地调研得到的一手访谈资料和现场观察资料。

(一)二手数据收集

已有研究中通常使用文本分析方法来衡量董事会、总经理或高管团队的注意力,如年报、公告、致股东信等。本书采用爬虫技术对案例公司的年报、公告、新闻报道和投资者调研问答纪要等进行数据收集与爬取。例如,本书收集了案例公司自 2015 年 1 月 1 日以来的 6 449 篇新闻报道,新闻来源涵盖 219 个主流媒体的财经新闻资讯,例如《证券日报》《证券时报》《上海证券报》《投资时报》、新华网、环球网、巨潮资讯网等。每个案例公司的新闻数据如表 4.1 所示。经分析整理后,输入计算机辅助分析软件的数据量为 493.3 万字。

表 4.1 案例公司的新闻数据

案例公司	新闻报道数量(篇)	百分比(%)	字数(万)
潍柴动力	620	9.61	9.61
天山股份	407	6.31	15.92
宁德时代	2 464	38.20	54.13
三一重工	681	10.56	64.69
万华化学	612	9.49	74.18
苏美达	268	4.16	78.34
隆基绿能	1 167	18.10	96.43
恒立液压	230	3.57	100.00
合计	6 449	100.00	493.30

每家公司平均收集约 806 篇新闻报道,平均约为 61.66 万字。案例公司的基本情况介绍如下。

天山股份隶属于中国建材集团有限公司。公司主营业务为水泥、商品混凝土的生产及销售,已发展成为以水泥、商品混凝土为主体,积极实施循环经济的跨地区企业集团。公司拥有国家级企业技术中心和博士后工作站,先后研制开发多个系列水泥品种,是国内拥有水泥品种最多的企业之一。公司拥有代表世界水泥工艺先进水平的窑外分解工艺线，公司通过了 ISO 9002 质量体系认证，是取得产品质量和质量体系双认证的水泥生产公司，公司生产的油井水泥还通过了美国石油协会的认证。公司"天山"牌水泥、混凝土产品广泛用于工业、农业、水利、交通、民用和市政等各类建设工程。

苏美达隶属于中国机械工业集团有限公司。公司崛起于中国改革开放和全球经济一体化进程之中，致力于打造数字化驱动的国际化产业链和供应链，经过四十多年的探索与实践，成为国内国际双循环相互促进的标杆企业。2021 年，公司位列《财富》杂志中国企业 500 强第 111、中国出口规模百强企业第 44、中国进口百强企业第 56，入选国务院国资委"国有重点企业管理标杆创建行动标杆企业"和"国有企业公司治理示范企业"。面向"十四五"时期，苏美达以打造数字化驱动的国际化产业链和供应链，成为国内国际双循环相互促进的标杆企业为战略定位，坚持多元化发展、专业化经营、生态化共赢，聚焦供应链运营、大消费及先进制造、生态环保与清洁能源等三大业务板块，重点培育孵化医疗健康、数字化产业两大新业务领域，致力于打造一支分则能战、合则能胜的联合舰队，持续推动高质量可持续发展。

万华化学是一家全球化运营的化工新材料公司，依托不断创新的核心技术、产业化装置及高效的运营模式，为客户提供更具竞争力的产品与解决方案。公司业务涵盖异氰酸酯、聚醚多元醇等聚氨酯产业集群，丙烯酸及酯、环氧丙烷等石化产业集群，水性聚氨酯树脂、丙烯酸乳液等功能化学品及材料产业集群。服务的行业主要包括生活家居、运动休闲、汽车交通、建筑工业和电子电器等。在生产领域，烟台、宁波、珠海等地生产基地稳定运营。在研发领域，烟台、北京、佛山、上海等地的研发中心已逐渐成形，北美技术中心在休斯敦正式投入使用。另外，万华化学在欧洲、美国、日本等多个国家和地区均设有公司和办事处。公司将"为客户创造价值"作为第一使命，致力于为客户提供稳定的、高质量的、有竞争力的产品和快速高效的服务，做负责任的供应商和行业领袖。

潍柴动力是中国综合实力最强的汽车及装备制造产业集团之一，始终坚持"产品经营+资本运营"双轮驱动的运营策略，致力于打造最具品质、技术和成本三大核心竞争力的产品，成功构筑起动力总成（发动机、变速箱、车桥、液压)、整车整机、智能物流等产业板块协同发展的新格局。发动机产品远销全球百余个国家和地区,广泛应用和服务于全球卡车、客车、工程机械、农业装备、船舶、电力等市场。目前,公司形成了以潍坊为中心的全系列动力产业基地,以西安为中心的重型汽车和传动系统产业基地,以重庆为中心的大功率发动机和轻型车产业基地,以株洲为中心的汽车电子及零部件产业基地,以扬州为中心的轻微型汽车动力产业基地。同时,公司先后荣获国家科学技术进步奖一等奖、全国质量奖、中国机械工业科学技术奖特等奖等荣誉。

宁德时代是全球领先的动力电池系统提供商,专注于新能源汽车动力电池系统、储能系统的研发、生产和销售,致力于为全球新能源应用提供一流解决方案。公司在电池材料、电池系统、电池回收等产业链关键领域拥有核心技术优势及可持续研发能力,形成了全面、完善的生产服务体系。公司拥有国际一流的研发团队,设立了"福建省院士专家工作站",拥有锂离子电池企业省级重点实验室、中国合格评定国家认可委员会(CNAS)认证的测试验证中心,参与了《电动客车安全技术条件》《电动汽车用动力蓄电池安全要求》《电力储能用锂离子电池》等多个国家、行业规范及标准的制定。

三一重工是全球装备制造业领先企业之一。公司产品包括混凝土机械、挖掘机械、起重机械、桩工机械、筑路机械、建筑装配式预制结构构件。公司拥有 ISO 9000 质量体系认证、ISO 14001 环境管理体系认证、GB/T 28001 职业健康安全管理体系认证以及中国强制性产品认证、美国 UL 认证、德国 TUV 认证、欧盟 CE 认证等国际认证。公司凭借技术创新实力,先后三次荣获国家科学技术进步奖,两次荣获国家技术发明奖。通过自主创新,三一混凝土泵车三次刷新长臂架泵车世界纪录,三一高压力混凝土输送泵多次创造世界单泵垂直泵送世界新高。

恒立液压经过三十多年的专注与创新,从液压油缸制造发展成为集液压元件、精密铸件、气动元件、液压系统等产业于一体的大型综合性企业。在中国、德国、美国、日本、印度分别建有 4 个液压研发中心与 9 个生产制造基地。技术水平和生产规模已跻身世界液压领域前列,为全球 2 000 多家顶级客户提供服务,主要市场涵盖 20 多个国家和地区,产品遍及工程机械、海洋工程、能源开采、隧道机械、工业制造等众多行业。恒立液压建有高压油缸、液压泵阀、精密铸造、气动元件4个国际先进的液压产品制造基地，并通过并购上海立新液压、德国InLine液压、日本服部精工，成功进军全球高端液压元件领域。为不断提升地区服务响应速度和品牌形象，推动海外业务快速增长，恒立负压先后建立日本、美国、印度分公司，完善海外地区营销服务网络。恒立液压将不断提升核心竞争优势，通过技术创新重塑中国制造，并健全、完善全球化供应链体系和销售服务体系，致力于为客户提供高效的液压技术解决方案和产品。

隆基绿能专注于单晶硅棒、硅片的研发、生产和销售，经过十多年的发展，目前已成为全球最大的太阳能单晶硅光伏产品制造商之一。产业覆盖单晶硅、光伏、新能源、清洁能源等全产业链。自创立以来，隆基绿能始终秉承"可靠、增值、愉悦"的企业文化理念，持续为社会提供优质的能源与服务，依托长期积累形成的规模化生产优势、全产业链优势、创新优势、品牌优势和人才优势，促进光伏发电"平价时代"早日到来，从而改变人类利用能源的方式，改变世界能源的格局，改变人类的生活方式，实现世界文明可持续发展。

（二）现场访谈与线上访谈

为了确保数据的可靠性和有效性，本书采用多种数据来源和形式，包括二手数据和一手数据。在二手数据方面，本书使用多种文本分析方法，如公司年报、社会责任报告、投资者调研问答和新闻报道等，从不同角度获取案例公司的经营信息。同时，为了更好地获取一手数据，我们进行了现场访谈和线上访谈，与案例公司的董事和高管进行了深入交流，收集了大量的信息和原始材料，共计形成访谈原始材料16.8万字。

这种多源数据的收集方法符合案例研究的三角验证原则，能够更加准确地反映真实事件且表述妥当。此外，我们还从不同视角（如公司公告、访谈和媒体报道）获取了不同类型的数据，从而弥补了认识问题不足的局限与偏差。基于多种数据收集方法的三角验证有助于本研究构建更坚实和更普适的治理理论，为治理实践提供更有力的支持。

（三）数据分析过程

首先，我们从多个渠道收集到案例公司的资料，并以注意力基础观和制度逻辑作为元理论基础，采用资源编排理论作为分析框架来实现资源向能力和能力价值的转换。通过推进案例公司资料的编码，我们与案例公司持续交流和沟通，梳理存在分歧的编码和观点，并通过迭代的方式不断优化资料编码的方法和逻辑框架，从而初步确定了文字编码的关注范围和重点。

其次，为了提高案例研究的可信度，我们基于理论建构和实际情况，遵循质性研究方法对每个案例公司逐个编码，并引入编码方法作为辅助分析工具。具体的，我们采用了初始编码、聚焦编码、轴心编码和理论编码四种编码方法（Charmaz，2006；肖静华等，2021）。为了提高编码质量，我们从原始资料中抽取相关内容，并使用 NVivo 质性分析软件进行编码和识别构念。同时，我们也基于第三方专家对关键构念和争议部分的修正意见，对多个案例进行编码迭代和初步分析，直至编码内容能够体现关键构念并实现理论饱和。这样做不仅遵循了质性研究方法对案例研究提高可信度的建议，也响应了案例研究对"方法论拼接"的呼吁。

最后，我们采用 Eisenhardt 数据分析方法进行跨案例分析。在配对不同案例公司时，遵循"差别复制"原则，对不同案例公司的健康发展模式进行溯因，从中发现案例之间的共性和差异（许晖和单宇，2019）。通过这种方式，我们能够归纳出不同行业、不同发展阶段、不同规模和不同控制人所有制性质的健康发展的共性公司治理模式和规律。这种方法不仅能够有效提高分析结果的可靠性，也符合科学研究的要求。

四、案例讨论与理论框架构建

基于制度逻辑和公司的愿景与使命，我们选取了八家有代表性的案例公司，从公司领导层的注意力配置对象和聚焦方向的特征入手，剖析这些公司在实现成功发展方面的治理特征和治理模式。通过探索这些优秀公司的共性治理规律，进一步提炼出它们在治理过程中主要关注的事项，并构建公司治理的治理目标（CGO）模型。

（一）制度逻辑

本书界定了公司健康发展的制度逻辑为市场逻辑和政府逻辑（Thornton and Ocasio，2008；Tracey et al.，2011）。市场逻辑是指公司以经营运作为手段，追求经济收益的逻辑，并具有"战略主动性"的特征（刘振等，2015）。例如，当组织以追求利润为导向并通过市场化行为实现目标时，组织是在遵循市场逻辑（Glynn and Lounsbury，2005）。政府逻辑是指公司发展的方向受政府意志的导向，公司通过遵循政府规制获得合法性，并具有"合规遵循性"的特征（杜运周等，2020）。经对案例公司的分析，我们发现市场逻辑逐渐成为主导逻辑，而政府逻辑与市场逻辑的共存和交互则形成复杂的制度环境（Peng，2003）。通过深入探讨市场逻辑和政府逻辑的相互作用，为理解公司的治理结构提供了新的视角和理论支持。

1. 市场逻辑

市场逻辑是公司为满足客户需求，在技术和成本两方面都表现优异，以赢得客户的信任和满意。除了客户，公司还需关注员工、投资者、供应商的利益，以及对环境的保护。在潍柴动力、隆基绿能、宁德时代、恒立液压等企业中，市场逻辑占据主导地位。

潍柴动力以客户满意为宗旨，凭借领先的技术、高品质的产品和完善的网络，在大功率发动机、重型变速器、重型车桥等市场长期保持领先地位。其战略目标是在2030年成为全球领先的新能源动力系统解决方案提供商，为实现目标积极布局新能源动力系统相关业务，投资全球新能源核心零部件企业，并与瑞士飞速主轴集团公司开展战略合作。

隆基绿能以为客户创造价值为出发点，秉承"产品领先、高效运营、唯实协作、稳健经营"的经营方针。通过加大创新投入，推出多款创新性新品，优化业务布局，加强在主要市场的营销能力和渠道网络建设，已发展成为全球最大的单晶光伏制造企业。

宁德时代以自主研发为主，紧密围绕材料创新、结构创新和制造创新，开展对外合作，构建了规范、标准、高效、持续的研发体系。在采购方面，公司通过严格的评估和考核程序遴选合格供应商，并通过技术合作、长期协议、合资合作等方式与供应商紧密合作，以保证原料、设备的技术先进性、可靠性以及成本竞争力。

恒立液压全面实施"走出去"战略，寻找国际优质液压资源不断进行整合。通过加大对机械、电子、液压三位一体高端综合集成设计能力和应用能力的建设，努力成为国内一流、世界知名的高端液压设备供应商和液压技术方案的提供商，特别是加大对机电液综合控制技术的研发和复杂机电液系统智能运动控制技术的应用，提高企业的核心竞争力。

2. 政府逻辑

政府通过制定宏观和微观经济政策以及收入政策等，对国家经济进行管理和引导，对公司的经营产生重要影响。例如，中国的"五年规划"是国家重要的经济计划之一，它规划了国家重大建设项目、生产力分布和国民经济重要比例关系等，为国民经济发展制定了目标和方向。2016年，中国第十二届全国人民代表大会第四次会议通过了《中华人民共和国国民经济和社会发展第十三个五年规划纲要》，其中23个专栏明确了165项重大工程项目，它们相互支撑、有机联系，集中落实了创新、协调、绿色、开放、共享的新发展理念。而2021年，中国第十三届全国人民代表大会第四次会议通过了《中华人民共和国国民经济和社会发展第十四个五年规划和2035年远景目标纲要》，其中19篇具体规定了坚持创新驱动发展、加快发展现代产业体系、推动绿色发展等具体目标和方向，为国家经济发展提供了具体的指导。

政府和相关部门为了推动重要领域的发展，通常会发布专门的规划和政策文件。例如，2021年1月，国务院颁布了《"十四五"数字经济发展规划》，旨在促进企业、行业和产业集群的数字化转型。截至2021年12月31日，包括中央经济工作会议、中国共产党中央网络安全和信息化委员会、国家发展和改革委员会、全国28个省级行政区均发布了数字经济和数字化转型相关政策文件。

在国家加强环保政策的制度背景下，一些企业纷纷响应国家的号召，积极推进绿色、智能化的发展战略。例如，万华化学申报"绿色制造""智能工厂"等项目，并成功获批，不断推动高性能材料应用开发创新高地和产品孵化中心建设。三一重工成立了新能源技术委员会，负责管理新能源技术发展规划、专利布局、前瞻技术研究以及新技术产业孵化等工作，有效保障了公司电动化技术储备优势。同时，各事业部也成立了专门的电动化科研团队和子公司，专注于电动化业务的发展。潍柴动力则依托国家燃料电池技术创新中心，加速燃料电池产业链技术瓶颈的突破和产业化落地。隆基绿能把云南保山打造为首个"零碳工厂"，通过了工信部绿色工厂认定，成为了同时荣获国家级"绿色工厂""绿色设计产品"和"绿色供应链管理企业"三项荣誉的光伏企业。

（二）公司的愿景与使命

"愿景"是企业的核心精神。没有愿景，企业就没有未来；没有成功的愿景，企业就缺乏长久和强大的生命力。建立愿景有助于企业以此为基础制订战略计划，并且为企业确立目标提供一种参照标准。因此，建立一个成功的愿景已经成为现代企业制订战略计划的重要部分。"愿景"在调整组织活动方面具有重要作用。

20世纪80年代提出的愿景概念主要从描述愿景特征的角度进行。Manasse（1986）认为，愿景是发展、传递和执行一个渴望得到的未来；Hickman和Silva（2018）认为，愿景是一个从已知到未知的旅程，它从事实、期望、梦幻的蒙太奇中创建未来和机会。90年代，一些研究者又从价值观的角度继续探索愿景的内涵。彼得·圣吉（Peter Senge）认为，愿景是愿望的景象，是人们心目中的一股令人深受感召的力量，即我们想创造什么，植根于个人的价值观、关切和热望之中。管理学大师彼得·德鲁克认为，企业需要考虑三个问题：我们的企业是什么？我们的企业将是什么？我们的企业应该是什么？实际上，这三个问题都体现在企业的愿景中。

我们研究的所有案例企业都详细阐述了各自秉持的愿景，明确了企业的发展方向，注入了精神信仰。例如，万华化学的愿景是成为"化学，让生活更美好"，公司积极推进可持续发展模式，坚定不移地实施碳减排战略，在中国化工行业中做好碳减排示范工作，紧跟国家政策的发展趋势，不断探索在光伏、风电、核电、余热资源利用等领域的战略机遇。三一重工的愿景是"创建一流产业，造就一流人才，做出一流贡献"，公司注重产品质量和制造工艺，将产品品质视为企业价值和尊严的起点，是唯一不可妥协的事情。天山股份秉承"材料创造美好世界"的使命、"善用资源、服务建设"的核心理念和"创新、绩效、和谐、责任"的核心价值观，聚焦主业，持续推进"水泥＋"业务发展，全面致力于"三精管理"，扎实推进高质量发展，以高品质的产品和高质量的服务回报社会。

根据企业寿命周期理论，制定愿景是跨越S形曲线鸿沟的一种机制。这种机制的作用基于对周围环境和自身资源动态性的观察与引导来建立愿景，从而为公司带来内生动力，也称为驱动力。这些驱动力包括应对未来的竞争、解决面临的困境和调整公司业务等。成功的愿景的基本特征是共享性，也就是组织成员都能够并且愿意共享实现愿景过程中的艰辛和愉悦。当个人、集体和组织学会如何减轻创造性活动的压力时，他们就是在朝着愿景所描绘的目标阔步前进。

根据 Chandler（1962）的定义，战略是确定公司长期目标、行动方案并分配实现目标所需资源的过程。而战略管理则提供公司总体方向，包括制定目标、政策和计划，并分配资源以实施计划（Nag et al., 2007）。制定战略有助于设定方向、集中精力，同时为公司提供指导（Mintzberg, 1987）。公司战略涉及一个投资组合角度的关键问题：我们应该从事什么业务？

我们所研究的案例公司都高度重视对自身发展战略的研究和优化，为确定公司资源的识别、获取和配置提供方向与依据。例如，潍柴动力的战略目标是"2030 年新能源业务要引领全球行业发展"，积极布局新能源动力系统相关业务，战略投资多个全球新能源核心零部件企业，并与瑞士飞速主轴集团公司战略合作，致力于成为全球领先、拥有核心技术的新能源动力系统解决方案提供商。隆基绿能选择了单晶路线作为公司的技术方向，集中资源聚焦长期目标，专注于单晶产品的研发、生产和销售，实现逆转并完成了单晶对多晶的市场替代，已成为全球最大的集研发、生产、销售、服务于一体的单晶光伏制造企业。宁德时代确定了三大战略发展方向：一是以"电化学储能＋可再生能源发电"为核心，实现对固定式化学能源的替代，摆脱对火力发电的依赖；二是以"动力电池＋新能源车"为核心，实现对移动式化学能源的替代，摆脱交通出行领域对石油的依赖；三是以"电动化＋智能化"为核心，推动市场应用的集成创新，为各行各业提供可持续、可普及、可信赖的能量来源。

（三）优秀公司的关注内容分析

为了提高案例研究的可信度，我们采用质性研究方法，并基于理论构建和实际情况，从原始资料中提取与研究相关的内容。我们使用了四种编码方法，即初始编码、聚焦编码、轴心编码和理论编码（Charmaz, 2006），并借助 Nvivo 质性分析软件进行编码和识别构念；同时，结合外部专家对关键构念和争议部分的修正意见，对多个案例进行编码迭代和初步分析，直至编码内容能够体现关键构念并实现理论饱和，以响应案例研究对"方法论拼接"的呼吁。

首先，对每个案例公司进行单独编码，结果如下图所示。

在天山股份（见图 4.1）、万华化学（见图 4.2）和宁德时代（见图 4.3）

三个领导层关注内容示意图中，社会责任是最被频繁关注的内容，在公司的主动披露、投资者实地调研以及新闻报道中都有所体现。从社会责任的不同维度来看，三家公司之间存在明显的差异。例如，在宁德时代，社会责任认知和社会责任释义是最被频繁关注的两大因素，而天山股份则更多关注社会责任释义和社会责任意动。对于万华化学而言，最被关注的两个因素分别是社会责任释义和社会责任认知。这种差异可能反映出公司在社会责任方面的不同关注点和实践。

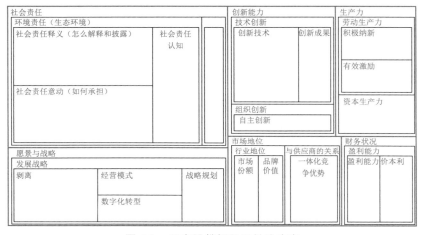

图 4.1　天山股份领导层关注内容

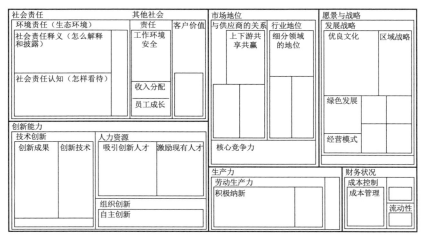

图 4.2　万华化学领导层关注内容

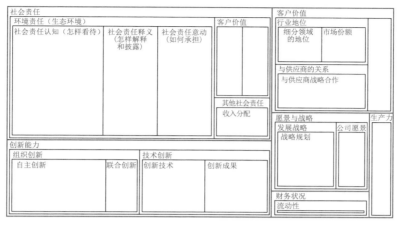

图 4.3　宁德时代领导层关注内容

天山股份、万华化学和宁德时代这三个案例中，除社会责任外，其他被频繁关注的因素存在显著的差异。在天山股份，排在社会责任之后的内容为愿景与战略、创新能力、市场地位、生产力和财务状况。从中可以看出，愿景与战略是天山股份在对外沟通中关注度较高的内容，显示公司和投资者都重视此方面。相对而言，财务状况在公司对外宣传和沟通中被关注的频率较低，作为公司经营成果的一种表现形式，其重要性相对较小。

在万华化学和宁德时代，社会责任是被关注最多的内容，其后紧随其后的是创新能力、市场地位、愿景与战略、生产力和财务状况等方面。这两家公司都高度重视创新能力，其中万华化学涉及技术创新、人力资源、优良文化、绿色发展和区域战略等方面，而宁德时代则主要关注组织创新、技术创新、行业地位和与供应商的关系等方面。另外，愿景与战略在这两家公司中也受到重视，但具体内容存在差异，万华化学主要关注发展战略，而宁德时代关注发展战略和公司愿景两个方面。相较之下，生产力和财务状况的被关注频率较低。

在苏美达（见图 4.4）、潍柴动力（见图 4.5）和隆基绿能（见图 4.6）这三个领导层关注内容示意图中，最频繁关注的内容是公司的愿景与战略，但在具体内容上存在显著的差异。在苏美达，数字化转型、战略规划、优良文化、并购、投资以及专业化发展等方面的内容被更多关注。潍柴动力则更多地提到了区域战略、经营模式、并购、投资、绿色发展、双碳智能化等方面的内容。而隆基绿能则更多地关注战略规划、绿色发展、双碳、专业化发展及区域战略等方面的内容。这表明三家公司对于愿景与战略的理解和实践存在显著的差异，反映了不同公司在战略规划和落实方面的差异性与多样性。

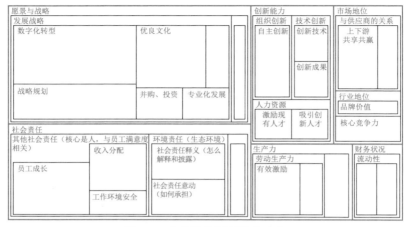

图 4.4　苏美达领导层关注内容

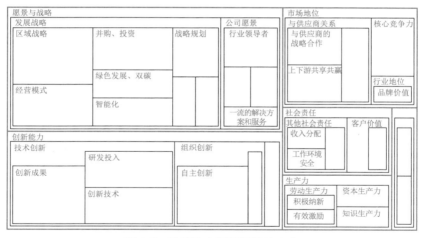

图 4.5　潍柴动力领导层关注内容

在苏美达、潍柴动力和隆基绿能三个案例中，除社会责任之外，被频繁关注的内容因素存在明显差异。在苏美达，社会责任是第二个被频繁关注的内容，员工满意度是其中最受关注的内容之一。创新能力是第三个被频繁关注的内容，其中组织创新和技术创新被关注最多。在技术创新方面，创新成果和创新技术等内容凸显；在组织创新方面，则主要突出自主创新。市场地位排被频繁关注内容的第四位，其中与供应商的关系最受关注。而生产力和财务状况的被关注频率较低，这与万华化学的情况相似。在潍柴动力的案例中，创新能力是第二个被频繁关注的内容，其中技术创新和组织创新是最受关注的内容。在技术创新方面，创新成果、研发投入和创新技术受到了突出的关注；在组织创新方面，自主创新是重点。第三个被频繁关注的内容是市场地位，其中与供应商的关系和核心竞争力是被关注最多的内容。

在隆基绿能的案例中，创新能力是沟通中第二个被频繁关注的因素，其中技术创新、人力资源和组织创新是被关注最多的三个方面。社会责任是第三个被频繁关注的内容，其中环境责任和其他社会责任是被关注最多的两个方面。第四个被频繁关注的内容是市场地位。生产力和财务状况是被关注频率最低的两个因素，与其他案例公司的情况相似。

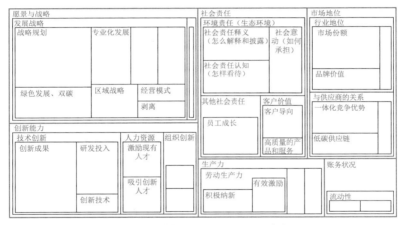

图 4.6　隆基绿能领导层关注内容

三一重工（见图 4.7）和恒立液压（见图 4.8）两家公司在沟通中最被频繁关注的内容均为创新能力，然而相对而言，三一重工对技术创新方面的关注更加突出。这一点可以从公司沟通中频繁关注的创新内容得到体现，三一重工关注技术创新、产品创新和工艺创新的频率高于恒立液压。

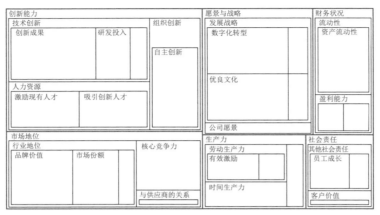

图 4.7 三一重工领导层关注内容

在三一重工和恒立液压两家公司的案例中，创新能力是最被频繁关注的因素。在三一重工中市场地位排第二位，而在恒立液压中则是愿望与战略。在三一重工中关于市场地位的信息主要有关行业地位和核心竞争力；恒立液压则更多地关注生产力方面的内容，包括劳动生产力和知识生产力等。相对而言，在三一重工中被关注较少的内容为生产力和社会责任，而在恒立液压中则是市场地位和社会责任。

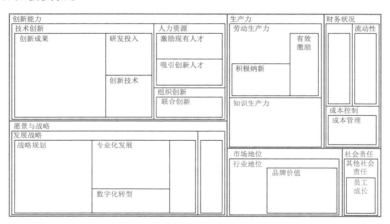

图 4.8 恒立液压领导层关注内容

第三节 公司治理新模式的目标要素

八家公司在地域分布、细分行业和营业收入等方面存在显著差异。这些公司分别位于新疆维吾尔自治区、江苏省、山东省、福建省、北京市和陕西省等不同地域，涉及的细分行业包括非金属矿物制品业、批发和零售业、化学原料和化学制品制造业、汽车零部件及配件制造业、电气机械和器材制造业、专用设备制造业、通用设备制造业等。尽管存在这些差异，但这些公司均取得了显著的成功。它们在各自的细分行业中处于领先地位，取得了优异的经营业绩和良好的市场声誉。

根据前文研究的结论，优秀公司在愿景与战略、创新能力、社会责任、市场地位、财务状况和生产力等六个方面的关注具有共同特征。这六个方面既描述了公司的经营方向和发展战略，又阐述了公司资源利用策略，明确了处理公司与重要利益相关者关系的原则，规定了经理层的绩效考核方向和指标，在公司经营中发挥了指南针作用。

通过对八家公司董事会关注内容的分析，可以发现这些成功公司在与外部沟通和交流的过程中，关注的内容存在明显的差异，这些关注点的构念可以通过编码技术进行识别，公司领导层关注的三级编码关键构念如表4.2 所示。

表4.2 公司领导层关注的三级编码关键构念

一级编码	二级编码	三级编码
1-愿景与战略	发展战略	并购、投资
		剥离
		合规体系
		经营模式
		绿色发展、双碳
		区域战略
		数字化转型
		优良文化
		战略规划
		智能化
		专业化发展
	公司愿景	百年老店
		行稳致远

续表

一级编码	二级编码	三级编码
		行业领导者
		全球领先、受人尊敬、可持续发展的智能化工业装备跨国集团
		品质改变世界
		全球视野
		让生活更美好
		一流的解决方案和服务
		世界一流科技公司
2-创新能力	技术创新	创新成果
		创新技术
		研发投入
	人力资源	激励现有人才
		吸引创新人才
	组织创新	联合创新
		自主创新
3-社会责任	发布社会责任报告	发布社会责任报告
	环境责任（生态环境）	社会责任认知（怎样看待）
		社会责任释义（怎么解释和披露）
		社会责任意动（如何承担）
	客户价值	优质客户
		高质量的产品和服务
		客户导向
		客户关系管理
		与客户深度合作
	其他社会责任（核心是人，与员工满意度相关）	工作环境安全
		收入分配
		员工成长
4-市场地位	行业地位	品牌价值

续表

一级编码	二级编码	三级编码
		市场份额
		细分领域的地位
	核心竞争力	核心竞争力
	与供应商的关系	低碳供应链
		上下游共享共赢
		一体化竞争优势
		与供应商战略合作
5-财务状况	成本控制	成本管理
		成本领先的理念
	流动性	负债流动性
		其他应收款
		资产流动性
	盈利能力	价本利
		净资产收益率
		盈利能力
		增效益
6-生产力	劳动生产力	积极纳新
		有效激励
	时间生产力	时间生产力
	知识生产力	知识生产力
	资本生产力	资本生产力

进一步的研究表明，不同案例公司的领导层关注内容存在明显的交叉性，主要涵盖六个方面：愿景与战略、创新能力、社会责任、市场地位、财务状况和生产力。这些内容构成了公司领导层关注的理论模型，揭示了成功公司在运营过程中所关注的事项类别及其重要性程度。这一模型为公司董事会在战略决

策和外部沟通中提供了重要的参考与指导。

通过对八家公司领导层关注内容的分析，我们可以看出董事会最关注的是公司的愿景与战略，尤其是发展战略方面的内容。这体现了公司领导层和外部利益相关者对公司的发展方向、目标以及发展策略的高度关注。排名第二的是技术创新、组织创新和人力资源方面的创新能力，这表明公司对于创新的高度重视，并注重从人力、技术和组织三个层面采取系统化的措施来提升企业的创新能力。排名第三的是对环境、员工和其他利益相关者所承担的企业社会责任。不论是国有企业还是民营企业，都体现出对社会责任的高度关注，有些公司的使命就明确表达了强烈的社会责任担当。例如，万华化学在 2019 年发布的愿景中强调"化学，让生活更美好"，宁德时代致力于"为全球新能源应用提供一流的解决方案和服务"，等等。

排名第四的是市场地位，其中行业地位、与供应商的关系以及核心竞争力是公司在对外沟通与交流过程中被频繁涉及的内容。这些成功公司不仅注重整合自身的资源和能力，更将经营视野拓展到与供应商建立战略合作关系，从产业链的角度夯实和提高公司的核心竞争力，进而巩固和提高自身的行业地位。这表明公司董事会对市场地位的关注和重视。

排名第五的是财务状况，涉及盈利能力、流动性和成本控制等方面，从中可以看出公司和利益相关者对公司短期经营状况的关注日趋理性，对公司的长期可持续发展愈发重视。此外，公司对财务状况的关注也反映了其对风险管理和合规性的高度重视，以确保公司在市场竞争中保持稳健的财务状况。

排名第六的是生产力，尤其是劳动生产力。人才是公司发展的基石，而生产力水平是衡量人才贡献的重要指标。因此，生产力的提高对公司具有重要意义，它不仅可以履行对员工、股东和政府（如税收和监管等方面）的义务，还可以保持竞争力甚至提高市场竞争力。

实际上，这六个方面也正是公司治理应该服务的目标。这六大类指标直观地描绘了公司的健康状况，在传统的公司治理模式基础上，为了更好地表述公司治理新模式下的主张，我们把基于这六个方面所构建的公司治理目标称为公司治理目标 CGO 模型（Corporate Governance Objectives，CGO），如图 4.9 所示。

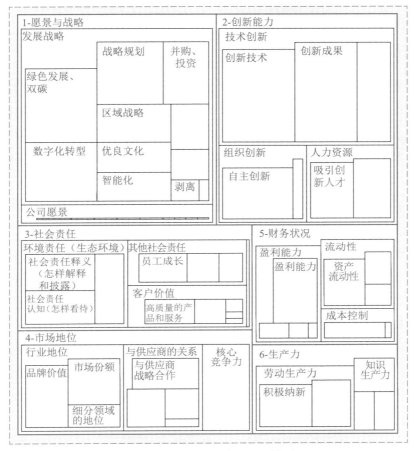

图 4.9　公司治理目标 CGO 模型

董事会是治理功能的组织核心，针对上述六个方面的具体内容进行研究和审议，自然也就成为董事会的核心任务。这六大类指标为董事会有效履行回顾和预见职能提供了具体思路及有力工具。董事会应根据公司的愿景与战略，明确其他五项指标（创新能力、社会责任、市场地位、财务状况和生产力）应达到的具体水平区间，以确保公司健康经营。这为董事会的运作和经理层的管理提供了明确的方向与目标。同时，当市场发生重大变化时，董事会还应对公司的愿景或发展战略进行必要调整，进一步优化公司治理目标 CGO 模型中其他指标的具体设定。

通过公司治理 CGO 模型，董事会能更有效地关注公司的关键领域，始终保持敏锐的洞察力和适应能力，制定合适的战略和政策，并适时做出动态优化，从而实现公司的健康和可持续发展。

一、愿景与战略

"愿景"是公司的灵魂，决定了公司的未来和生命力。没有明确的愿景，公司难以拥有持续的生命力和成功的未来。愿景在组织活动中起着调整作用，是公司文化的核心，贯穿公司的各个角落和环节，展示组织精神。通过建立愿景，公司能够在此基础上制订战略计划，为公司提供明确的方向和目标参照。

管理学大师彼得·圣吉（1998）将愿景定义为愿望的景象，它是一种能激发人们深刻情感的力量。简单来说，愿景回答了"我们想要创造什么"的问题。它根植于个人的价值观、关切和渴望。彼得·德鲁克（2012）提出公司需要回答的三个问题：（1）我们的公司是什么？（2）我们的公司将是什么？（3）我们的公司该是什么？这三个问题都体现在公司的愿景中。公司寿命周期理论指出，建立愿景是跨越 S 形曲线之间鸿沟的一种机制。

因此，愿景为公司带来一种内生动力，也称驱动力。这些驱动力包括应对未来竞争、解决当前困境和调整公司业务等。成功的愿景具有共享性，意味着组织成员愿意共享实现愿景过程中的艰辛和喜悦。当个人、团队和组织学会应对创新性挑战，他们正朝着愿景所描绘的目标迈进。

二、创新能力

公司的创新能力主要体现在技术创新和人力资源两方面。

技术创新能力是指企业在产品、服务、内部结构等方面的创新能力，是评价企业长期经营效果的重要预警信号。技术创新能力下降是最高级别的警示信号，其预警能力远胜于财务指标。公司通过传统财务手段发现公司衰退的迹象，然后采取措施加以纠正，可能为时已晚。但公司在财务指标显示公司开始下滑之前，通过技术创新能力来判断公司的经营效果，如果发现公司停止创新活动或者技术创新能力下降，就意味着公司已经走下坡路了，但经理层还有弥补的时间，还可以采取措施帮助公司渡过难关。

创新源于人的奇思妙想，公司的创新能力源于公司吸引优秀人才、留住人才、正确使用人才的能力。众所周知，人才是一个组织最重要的资源，但在现实中，总是有很多领导者对人力资源不够重视。招聘启事对优秀人才的定义过于常规，企业在评价人力资源时，不应当只围绕特定的标准和所谓的社会能力（如团队合作能力、沟通能力等），而应当一方面围绕公司的特点，另一方面围绕应聘者的个人擅长进行综合评价与选择。公司领导者必须清晰认识到没有抽象意义上"优秀"的人才，而只有"某个特定方面优秀"的人才。此种优秀人才的评价标准只有采取由上而下的顺序才能得以实施，因此公司高层领导一定要予以重视，并由董事会负责组织论证和实施适合公司具体需要的人才战略，以提高公司创新的水平和质量。

三、社会责任

公司领导层应综合确定公司经营的多元化目标。公司的经营目标除了获得盈利，还应包括对社会应承担的责任。社会责任并不是独立于公司整体战略之外的存在，而是要把社会责任作为公司战略框架的重要组成部分。

社会责任分为环境责任和其他社会责任。环境责任的核心是生态环境，侧重于气候变化、森林砍伐、空气和水污染、土地开发和生物多样性丧失等问题。而其他社会责任的核心是人，与员工满意度相关，包括与性别政策、人权保护、劳工标准、工作场所和产品安全、公共卫生和收入分配等相关的方面。

一些研究揭示了环境责任对公司经济绩效的正面影响。例如，积极履行环境责任、自身环保能力强、走绿色发展道路的公司越容易实现可持续发展。其他社会责任投资对公司经济和非经济层面都会产生一定的积极影响。在经济层面，践行社会责任有利于提高公司绩效，降低公司的非系统性风险等。在非经济层面，公司承担社会责任会提高员工对组织的满意度和归属感、工作积极性、企业文化认同感和自豪感等（Valentine and Fleischman，2008），还会给消费者留下良好印象，增强消费者的认同感，吸引消费者购买产品（Murray and Vogel，1997）。

四、市场地位

市场地位不仅体现公司的生存能力和发展潜力，也是衡量公司经济实力和市场适应能力的重要因素。公司的市场地位及其随时间的变化，作为一个关键指标，能够衡量公司业务效率，并适用于各种类型、行业和规模的公司。公司成功与否与市场地位的变化紧密相关，持续提高市场地位或保持有一定弹性的市场地位是公司成功的基石。市场份额和供应链管理是反映公司市场地位的两个核心方面。

市场份额作为一个关键指标，可以衡量公司相对于竞争对手的市场竞争力。市场份额是指公司在特定时期内某一产品（服务）在市场同类产品（服务）中的占比。通常情况下，通过满足市场主要需求来实现销售增长，相较于从竞争对手那里争夺市场份额，成本更低且利润更高。相反，市场份额的减少可能暗示着可能需要进行战略调整的长期严重问题。

供应链管理是一种综合性的管理理念和方法，负责对供应链中从供应商到最终用户的物流进行规划和控制等职能。从公司的角度看，供应链管理意味着改善与上下游供应链伙伴的关系，整合和优化供应链中的信息流、物流和资金流，从而赢得竞争优势。通用电气前 CEO 韦尔奇曾指出，如果你在供应链运作上没有竞争优势，就不要去竞争。英国管理学者马丁·克里斯托弗（Martin Christopher，1999）进一步强调供应链的重要性，认为市场上只有供应链，没有独立的企业。21 世纪的竞争是供应链与供应链之间而非企业与企业之间的竞争。供应链管理作为一种先进的管理理念，以顾客和最终消费者为核心导向，以满足他们的需求进行生产和供应。

然而，在现实中，即使是一些知名公司，也很少对市场地位进行系统的分析、总结和持续跟踪。公司市场地位问题通常由公司的计划部门或业务负责人关注，而很少成为董事会的常规议题。实际上，市场地位这一指标应该成为高层领导者最应关注和监管的重要范畴之一。

五、财务状况

公司财务状况的评估需要兼顾支付能力（即流动性）和盈利能力，并在两者之间寻求平衡。面对流动性和盈利困境，公司往往会做出不同的决策。通常情况下，公司在遇到盈利困难时能够做出正确的决策——放弃不利业务，快速改善状况。然而，在流动性困境中，公司常常被迫做出错误的决策——舍弃优质业务，因为只有优质业务才能以好的价格迅速售出，帮助公司尽快度过流动性困境，但这往往会导致后续的困境。

公司流动性和支付能力的重要性可类比为汽车的油量和压力，一旦出现警示信号就必须立即采取行动。保持适度的支付能力和流动性对公司而言是至关重要的。只要具备良好的支付能力和流动性，一家公司即使暂时未实现盈利，也能维持长期经营，相反，如果缺乏支付能力和流动性，那么公司将无法持续经营。

在评估公司财务状况时，盈利能力的变化和质量通常被认为是首要因素。然而，要实现高盈利，公司实际上不能仅关注盈利。通常，公司领导者会从利润最大化的角度规划生产和运营，但关注利润最小化才是更为正确的途径。追求利润最大化意味着寻求可观的商业回报，而关注利润最小化则是为了保证公司的生存和持续经营。

公司应该思考：为了保持明天的经营，至少需要多少利润或流动资金？这是因为利润最大化关注过去的财务表现，以实现的财务成果为目标；而利润最小化则面向未来，即回答公司需要赚取多少利润才能确保未来的发展。

六、生产力

生产力是指以某种衡量标准表示的商品或服务的生产效率。通常，生产率用总产出与生产过程中使用的单一投入或总投入的比率表示，即在特定时间段内每单位投入产生的产出。生产力有多种定义，选择不同的定义取决于生产力测量的目的和可用数据。

生产力增长对公司至关重要，因为这意味着公司可以履行其对员工、股东和政府（税收和监管）的（可能不断增长的）义务，同时保持竞争力，甚至提高市场竞争力。在公司或行业层面，生产力增长的好处可以通过多种方式加以分配。提高劳动力的薪酬和待遇；增加股东和养老基金的利润和股利；向客户提供更低的价格；采取更严格的环境保护措施；向政府缴纳更多税款（用于资助社会和环境项目）。

通常来说，生产力取决于将资源转化为产出的可用技术或专有技术，以及组织资源来生产产品和服务的方式。历史上，生产力得以提高是因为低效的生产流程被淘汰，同时新的生产方式涌现。这些改进可能包括组织结构（如核心职能和供应商关系）、管理系统、工作安排、制造技术以及不断变化的市场结构。

英国国家统计局认为有五个影响长期生产力表现的驱动因素：投资、创新、技能、企业和竞争。投资指的是实物资本，如机器、设备和建筑物。工人拥有的资源越多，通常他们就能更好地完成工作，生产出更多更高质量的产品。创新是对新思想的开发，新想法可能表现为新技术、新产品或新公司结构和工作方式。创新传播的加速有助于提高生产力。技能被定义为一个经济体中不同类型劳动力的数量和质量。技能是物质资本的补充，是利用新技术和组织结构投资的必要条件。企业被定义为新创企业和现有企业共同抓住新的商业机会。新创企业通过新思想和新技术与现有企业竞争，从而提高竞争力。企业家能够将生产要素和新技术结合起来，迫使现有企业适应或退出市场。竞争激励创新，提高生产力，确保资源分配给最有效率的企业，同时推动现有企业学习和模仿其他企业的组织结构和技术，从而更有效地组织工作。

此外，生产力的提升还能为团队和个人带来显著的好处。例如，当团队或个人遇到优秀的经理时，他们的反应会更为积极，从而提高整体效率；拥有强大的经理或领导者，个人和团队会获得更大的信心，进而提高生产力；信任经理或领导者的员工能够营造更好的整体工作氛围并提高生产力；工作环境中的正面道德行为有助于提升组织的生产力；拥有优秀的经理或领导者可以降低员工流失率，建立一支更强大、知识更丰富的员工队伍，从而推动生产力的持续发展。

第五章
公司治理新模式的构成：治理基础和治理功能

在传统公司治理模式面临挑战的背景下，本章提出一种全新的公司治理模式，着重于"公司健康"这一核心目标。正如人体健康是人们追求梦想的基石，公司健康也被视为公司实现愿景和长远目标的关键。新模式由"治理基础"和"治理功能"两部分构成。其中，治理基础涵盖公司最高层权力机构，如股权结构和监事会等，决定了公司的使命、愿景和战略。治理功能关乎公司价值创造和健康的维护，尤其强调董事会的中心地位，它对公司的长期发展和价值创造起到至关重要的作用。

与此同时，本章深入探讨了新旧公司治理模式的差异。新模式更加注重公司的使命、愿景和社会责任，强调企业的整体利益和长期发展，而不只是短期经济利益。新模式在战略、价值创造、与外部利益相关者的关系、社会责任、信息披露和治理实践等多个方面均展现出独特的优势。随着全球经济、社会形势日趋复杂，新模式为我们提供了一个更系统、全面和前瞻的治理视角。

第一节 公司治理新模式的构成和组态逻辑

一、公司治理新模式的目标

在传统的公司治理模式中，公司价值最大化一直是治理目标的核心。然而，关于公司价值最大化的定义存在多种解读和实践上的困扰，如股东价值最大化、公司市值最大化、利益相关者利益最大化等。例如，Lazonick（2012）认为，股东价值最大化的目标可能会导致公司的短期主义和风险规避行为；Stout（2012）则批评了股东优先原则的合理性，强调了公司在社会中的角色和责任；Freeman 等（2010）则提出了利益相关者理论，强调了公司应该关注和平衡所有利益相关者的利益。这些不同的观点都在探讨如何更好地实现公司治理的目标，反映了对传统治理模式的反思和质疑。然而，这些目标的具体测量方式往往存在一定的片面性或操作困难，这些问题已经在本书前面的内容中详细阐述过，包括股东价值最大化的片面性和利益相关者价值最大化的实践困扰。

一般而言，公司价值最大化是指通过合理的财务经营，采用最优的财务政策，考虑资金的时间价值和风险与报酬的关系，在保证公司长期稳定发展的基础上，使公司总价值达到最大（Fama and Jensen，1983）。其基本思想是将公司的长期稳定发展置于首位，并强调在公司价值增长中需要考虑各方利益关系。然而，这一目标存在局限性。其一，公司价值最大化虽然给出了明确的经营方向和目标，但对于公司价值的估值方法主要侧重于与财务相关的指标，且需要对企业自身发展状况和行业运行规律等做出假设，并对财务会计方面的信息依赖较重；其二，没有回答企业如何在价值最大化目标下有效权衡各利益相关方的利益，从而使公司的实践经营陷入利益相关者利益最大化所面临的相同困境——在不同时间点如何有效平衡不同利益相关者的利益（Jones，1995）。因此，我们需要探索新的公司治理模式，以更好地实现公司治理的目标。

为了解决已有治理模式的弊病，本书提出了一种新的公司治理模式，并重新定义了公司治理的目标——公司健康，类似于人体健康的概念。人体健康是人们追求梦想和实现自我价值的重要基础与保障，同样，公司健康也是实现公司愿景的重要基础和保障。虽然不同的公司愿景可能对应不同的商业模式，从而在健康指标上表现出差异，但对公司的健康运营而言存在一些共性的特征和规律。因此，公司治理新模式是以公司健康为目标重新构建的治理逻辑和治理框架。

二、公司治理新模式的构成：治理基础和治理功能

公司治理新模式是公司治理的一种新的理念和方法，包括公司治理基础和公司治理功能两个主要部分。公司治理新模式的成功实施只有在公司治理基础和公司治理功能两个方面实现协同与统一，才能实现公司价值的最大化和公司健康的可持续发展。公司治理新模式是当前公司治理改革的一个重要方向，可以为公司的长期发展和可持续性增长提供坚实的基础与支持。如图5.1所示，治理基础包括公司最高层权力机构的设置和运作，如股权结构、党委会和监事

会等。这些因素在公司决策和运营中起着至关重要的作用，它们与公司的使命、愿景和发展战略紧密契合，共同确定公司的发展方向和目标。公司治理基础是公司治理的基础性因素，它对于公司治理的有效性和效率至关重要。治理功能是指领导公司创造价值和维护公司健康的功能，是公司治理的核心。治理功能的组织核心是董事会，董事会通过公司领导层关注、董事会职能和资源管理为公司价值的创造进行指引和控制，实现和保持公司的健康。

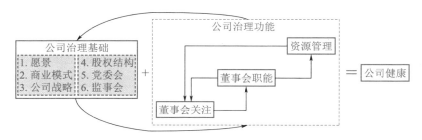

图 5.1 公司治理新模式的内容框架和治理组态逻辑

三、治理的组态逻辑

在传统研究中，整体论和复杂论被视为超越还原论的范式。相较于主流的还原论过分关注边际效应，组态理论更注重从整体论角度分析组态效应。组态理论中的"并发因果关系"取代了单一原因对结果产生影响的假设，并打破了因果关系的对称性（Ragin 和 Fiss，2017）。作为一种基于整体论分析多要素组态效应的范式，组态理论已被广泛应用于数字转型、信息系统（Park and Mithas，2020）、战略管理（Fiss，2011；Du and Kim，2021）、营销管理（Woodside，2017）、创业研究（Douglas et al.，2020）、商业模式（Täuscher，2018）、营商环境生态系统（杜运周等，2020）、创新生态系统（Bacon et al.，2020）、人力资源（Meuer，2017）、国际商务（Fainshmidt et al.，2020）、公共管理（谭海波等，2019）、旅游管理（许娟和程励，2020）等多个管理学领域。同时，2020 年 Academy of Management Review、Journal of International Business Studies、Journal of Business Venturing 和 Management Information Systems Quarterly 等国际主流期刊也呼吁利用组态理论来更好地解释管理领域的复杂现象。

将组态理论应用于公司治理，可以推导出治理组态逻辑。对于新型公司治理模式，这意味着由治理基础和治理功能组合而成的多种不同方式可以产生等效的公司健康效果，突破了研究单一治理基础和治理功能对公司价值和绩效影响的范式与思考逻辑。公司健康是多个复杂条件同时作用的综合结果，不同的治理组态（由治理基础和治理功能要素组成的多种组合形态）中，单一治理基础或治理功能要素的变化都会影响该组态对公司健康的影响。以 Gupta et al.（2020）的研究为例，他们分析了利益相关者参与战略与公司绩效之间的关系。研究指出，公司应根据所处的不同环境，采取平衡股东和员工利益的相应参与战略，而非寻求单一的最优解。在特定的制度环境下（如自由市场经济、协调市场经济），公司采用与之相匹配的利益相关者参与战略（如互补利益相关者参与战略、替代利益相关者参与战略、最小利益相关者参与战略、广泛利益相关者参与战略）可以实现等效的高绩效。

治理组态逻辑不仅为我们提供了全新的视角来科学理解公司治理与公司健康之间的因果关系，而且更为真实地描绘了公司治理的实践情况。这样的思维方式有助于为公司提供具体可操作的科学治理方法，根据公司的独特特征设计个性化的治理基础和治理功能。在公司愿景的指引下，我们可以确定股东权利结构和发展战略，通过董事会的回顾和预见功能，监控公司的经营状况，从而实现并保持公司的健康发展。

在这一新的公司治理模式下，我们不再将公司治理准则视为绝对标准，也不盲目模仿公司治理的最佳实践。在评估一个公司的治理水平时，我们需要根据治理组态逻辑，对治理基础和治理功能的多种类型、多层次因素进行综合评估。例如，不同公司在愿景和商业模式方面的差异需要相应的治理基础与之匹配；在相同的治理基础下，实现和维护公司健康的治理功能组合也存在多种实现途径。这种思考方式为公司提供了更为灵活的公司治理选择，有助于公司根据自身实际情况制定最适宜的治理策略，从而推动公司健康、可持续发展。

第二节 治理基础

公司治理基础是指公司最高层权力机构的设置和运作，包括股权结构、党委会和监事会等因素。公司治理基础是公司治理的基础性因素，对于公司的发展方向和目标的确定以及公司治理的有效性和效率至关重要。公司治理基础的设置和运作需要考虑到股东利益的平衡、治理结构的合理性以及公司使命、愿景和发展战略的明确性等因素。只有建立健全的公司治理基础，才能为公司治理功能的有效发挥提供坚实的基础和支撑，从而实现公司治理的目标。

首先，股权结构是公司治理基础的重要组成部分，对公司治理的有效性有着直接的影响。股权结构决定了公司所有权和控制权的分配方式，直接关系到公司的决策制定和实施。股权结构不仅影响公司内部治理的运作，还会对公司外部利益相关者产生重要的影响（Jensen and Meckling，1976）。例如，股权集中度较高的公司往往更容易受到股东利益冲突和内部腐败问题的困扰，需要在股权结构的设置和运作中考虑到股东权利的保护和不同利益相关者利益的平衡（La Porta et al.，1999）。同时，股权激励机制也是股权结构的重要组成部分，可以有效激发管理层的积极性和责任心，促进公司治理的有效性（Bhagat and Bolton，2019）。

其次，党委会和监事会等治理结构的设置也是公司治理基础的重要组成部分。党委会作为党组织在企业中的组织形式，在公司决策和运营中发挥着重要作用（强舸，2019），它能够为公司提供思想政治保障，推动公司发展和经营管理。监事会则是公司治理的重要机构之一，它的主要职责是对公司的经营管理情况进行监督和检查，保护股东利益，维护公司治理的有效性和公正性。

最后，公司的使命、愿景和发展战略的确定对公司治理基础也至关重要。有研究指出，公司的使命和愿景能够激发员工的工作热情和归属感，推动公司的创新和发展，从而提高公司的绩效和竞争力。例如，Bartkus et al.（2000）的研究表明，公司的使命和愿景对公司绩效，有显著的正向影响。同样，Damanpour and Schneider（2006）的研究也发现，公司的使命和愿景与企业绩效存在显著的正相关关系。此外，公司发展战略的确定也是公司治理的重要组成部分。发展战略是公司在市场环境和竞争对手等外部因素的影响下，根据自身资源和能力制订的长期发展计划。战略创新对公司绩效具有重要意义（Schlegelmilch et al.，2003），而战略创新的实现需要公司管理层在治理上具备良好的决策能力和实施能力。有效的公司治理需要对公司战略进行评估和优化，以确保公司能够在市场竞争中保持竞争优势和长期盈利能力。在公司治理的基础上，使命、愿景和发展战略相互作用，共同决定了公司的发展方向和目标。使命和愿景是公司治理基础的价值导向与目标导向，发展战略则是公司治理基础的实施路径与手段。在公司治理中，我们应该注重使命、愿景和发展战略的制定与落实，加强各方面的沟通与协调，确保公司的治理基础具有明确的价值取向和发展方向，为公司的长期发展提供有力的保障。

特别值得注意的是，不同公司的股权结构、治理结构和发展战略等因素对公司治理基础具有重要影响。例如，上市公司和非上市公司在股权结构方面的差异很大，上市公司的股权结构通常更加复杂，存在大股东和小股东、内部人和外部人等不同的利益相关者。在治理结构方面，不同公司有不同的监管机制和决策流程，有些公司会设立党委会、监事会等机构，有些则不会。在发展战略方面，不同公司根据自身的资源、竞争环境和市场需求等因素，选择不同的发展战略，有些公司强调快速增长，有些则注重稳健发展。因此，不同公司治理基础的构建应因公司而异，不能一概而论。公司应根据自身情况，制定适合自己的治理结构和发展战略，以实现公司长期发展的目标。同时，公司治理也应不断优化和改进，以适应不断变化的市场环境和公司内部的发展需求。

第三节 治理功能

在新的公司治理模式下，治理功能是指对公司价值创造的领导和公司健康的维护。董事会作为公司治理的核心，通过管理董事会的注意力、功能和资源来引导与控制公司价值的创造，从而实现和维护公司的健康。总体而言，公司治理的功能主要分为董事会的回顾和预见两类。董事会的回顾功能是指对公司过去的经营绩效和决策的评估与反思，以便更好地了解公司的优势和劣势。而董事会的预见功能是指根据公司的愿景、战略和市场趋势，预测与规划未来的发展方向和目标，以便及时采取行动并做出正确的决策。董事会的回顾和预见两大功能互为补充，有助于确保公司的可持续发展和创造最大的股东价值。

董事会的回顾功能是对公司过去的表现进行总结分析。这要求董事会分析公司在一段时间内的经营结果，判断结果的质量，并对公司整体和各个重要业务领域做出评估，如公司的市场地位、创新能力和财务状况等方面。此外，董事会还要关注公司经营现状是否符合治理基础所确定的发展方向，关注公司战略的执行情况，关注公司既定目标的达成情况。为了提高董事会回顾功能的履行效果和效率，可以采用公司治理目标的 CGO 模型来构建专门的分析框架。

CGO 模型可以帮助董事会更全面地分析公司过去的表现，从而为制定更优秀的公司治理策略提供指导。

董事会的预见功能是对公司未来可能的变化过程及大致结果进行评估与预测，并根据具体情况及时优化与动态调整治理层面的决策、激励和监督制度，以确保公司的资源识别、资源组合以及资源的获取与剥离符合公司的发展战略，促进公司健康发展。具体而言，公司治理的预见功能主要包括以下三个方面。

第一，作为公司治理的核心，董事会需要对公司的健康状况进行全面的关注和监测。这包括对公司当前和过去的健康状况的判断，以及对未来潜在的健康状况进行预测。在进行这方面的工作时，董事会需要审查经营计划、人力资源开发计划和员工培训计划的预算，以确保公司的资源能够有助于公司愿景的达成和维持。同时，董事会还需要避免受到疯狂追捧的错误观点和自作聪明思想造成的时间浪费与资源分散。这是因为这些错误观点和自作聪明思想在实践中往往难以验证，导致公司浪费了宝贵的时间和资源。因此，董事会应保持清醒的头脑，审慎地评估各种计划和决策，确保公司的资源的合理利用，以推动公司健康、可持续发展。

第二，在公司治理中，价值创造是非常重要的目标。董事会需要确保公司的各个部门在执行决策、激励和监督机制时能够有效地促进价值创造。在不稳定的经济环境下，董事会需要采取预测性、预防性措施，以确保公司能够应对外部环境的变化，并朝着既定的方向和目标奋力前进。同时，董事会需要审视公司价值创造的决策机制、激励机制和监督机制的有效性，以确保这些机制能够在未来的环境下继续有效地促进价值创造。董事会需要确保公司的决策机制能够适应不断变化的市场需求和技术发展趋势，包括确保公司能够及时制订新的战略计划，对风险和机遇做出正确的判断，并调整公司的组织结构和资源分配以支持价值创造。此外，董事会还需要审视公司的激励机制，以确保公司的激励机制能够吸引和留住高素质人才，并激励他们为公司的成功做出贡献。最后，董事会还需要审视公司的监督机制，以确保公司能够遵守法规和道德准则，并及时发现和纠正不当行为。

第三，在指引和监督公司的资源管理方面，董事会需要关注公司的战略与计划，包括经营战略、公司架构和制度、公司文化等，并积极参与决策，拥有最终决策权或决策建议权。从执行与实施层面来看，董事会还应该检查经理层的工作情况，确保汇报信息的真实性和工作内容的重要性，并给予适当的反馈和支持。此外，董事会还需要关注公司基础设施条件的变化趋势和突变情况，确保基础设施数量和水平与公司发展相适应。例如，如果公司计划扩大业务规模，董事会需要确保基础设施能够支持这一计划的实施，如生产设备、物流网络、员工培训计划等。在不断变化的市场环境中，董事会需要保持敏锐的洞察力以及预测和预防的能力，确保公司能够在不断变化的环境中稳健发展。

在当今复杂不确定的时代，公司面临各种不可预测的风险和危机。因此，作为公司治理功能组织核心的董事会必须认真履行回顾功能和预见功能，以确保公司能够在任何极端和突发情况下都能够为客户创造价值，并成为一家具有韧性和活力的健康组织。

第四节 公司治理新模式与传统模式的比较

在公司治理绩效低、公司丑闻屡现的时代，已有很多公司走在了公司治理模式变革的前沿。例如，华为坚持以客户为中心、以奋斗者为本、以价值为导向，通过充分识别公司危机，不断激发公司活力；海尔强调"激发个人创造力"，实施"自主经营体"和"创客机制"，打破原有金字塔式的官僚组织，采取事业部制，公司内部组成多个创新团队，打破与最终用户之间的壁垒，将整个公司变成一个可循环成长进步的生态系统。

公司治理新模式就是在回顾公司治理模式的发展历程，总结已有公司治理模式困境的基础上，尝试为公司治理的进一步改革提供新的思路。因此，公司治理新模式不仅是对已有公司治理模式的延续和发展，更是为突破已有公司治理困境提出的一个创新性解决思路。

一、新模式与传统模式比较的七个维度

为了便于读者轻松了解公司治理新模式与传统模式的不同之处，下文从七个维度进行比较分析。这七个维度包括治理目标与原则、战略与价值创造、董事会与治理文化、对外部利益相关者的关系与影响、社会责任与环境保护、信息披露与沟通、治理实践与自主性，如表 5.1 所示。

表5.1　公司治理新模式与传统模式的比较

维度	包含的比较项目
治理目标与原则	治理原点、治理目标、治理职能、治理根基
战略与价值创造	公司健康、价值创造的路线图、公司治理与战略的关系、公司治理与管理的关系
董事会与治理文化	董事履职重点、视野范围、利益核心、治理文化、董事的胜任力
对外部利益相关者的关系与影响	客户的地位、媒体对的公司影响、机构投资者对公司的影响、投资者关系管理的目的、投资者关系管理的难度
社会责任与环境保护	对企业社会责任的态度、环境保护策略
信息披露与沟通	信息披露的目的、信息披露的时间导向
治理实践与自主性	对公司业务的政策、对经理层的影响、治理的自主性、对公司治理实践的指导性

治理目标与原则为公司治理提供了基本框架，战略与价值创造关注公司治理如何为实现战略目标提供支持，董事会与治理文化关注公司治理的核心组织和价值观，对外部利益相关者的关系与影响则强调公司治理在维护各方利益方面的作用，社会责任与环境保护体现了公司治理在现代企业中应承担的社会和环境责任，信息披露与沟通关注公司治理在提高透明度和有效沟通方面的作用，治理实践与自主性则着重于公司治理在实际运作中的有效性和灵活性。

（1）治理目标与原则。这个指标涵盖了公司治理的基本出发点和目标，为整个公司治理体系提供了方向和原则。治理职能和治理根基决定了治理体系的核心内容和基本框架。

（2）战略与价值创造。这个指标关注公司治理如何与战略发展相辅相成，以及如何在管理层面实现公司战略目标。公司治理需要与公司的战略和管理紧密结合，共同推动公司实现价值创造。

（3）董事会与治理文化。董事会作为公司治理的关键组织，需要关注其履职重点、视野范围、利益核心和治理文化等方面。董事的胜任力直接影响到公司治理的有效性，治理文化则体现公司治理在实践过程中的价值观和行为规范。

（4）对外部利益相关者的关系与影响。这个指标关注公司治理如何平衡和满足外部利益相关者的利益。公司治理需要关注外部利益相关者（如客户、媒体、投资者等）的需求和利益，并通过投资者关系管理等手段维护公司与利益相关者的关系。

（5）社会责任与环境保护。这个指标关注公司治理如何在实践中践行社会责任，以及如何制定和执行环境保护策略。作为现代企业的基本要求，公司治理需要关注企业的社会责任和环境保护。

（6）信息披露与沟通。这个指标关注公司治理如何实现有效的信息披露，以及如何与各利益相关者进行沟通。透明度和信息披露是公司治理的重要内容，信息披露的目的和时间导向决定了信息披露的效果与公司治理的可信度。

（7）治理实践与自主性。这个指标关注公司治理在实践中如何平衡自主性与强制性要求，以及如何在业务决策和经理层管理中实现治理的有效性。通过对公司治理实践的指导，可以提高公司治理的实践水平和成效。

这七个综合指标系统揭示了公司治理新模式和传统模式之间的差异。新模式更注重价值创造、战略与管理的融合、社会责任和环境保护，以及与外部利益相关者的沟通和关系维护。相较于传统模式，新模式更具现代化特征，能够更好地满足企业发展的需求。

二、新模式与传统模式的差异分析

下文对公司治理新模式与传统模式进行全面比较。新模式注重企业使命、愿景和社会责任，强调整体利益和长远发展，在战略与价值创造、董事会与治理文化、对外部利益相关者的关系与影响、社会责任与环境保护、信息披露与沟通以及治理实践与自主性等方面，新模式均表现出优势。相比之下，传统模式主要关注短期经济利益，治理实践较为形式化。新模式在多个方面优于传统模式，有助于企业实现可持续发展和长远竞争优势。在未来公司治理实践中，新模式将更具指导性和针对性，有望提高公司治理效果。表 5.2 概括了两种模式在 26 个方面的具体差异。

表5.2 公司治理新模式与传统治理模式的差异

序号	比较项目	传统治理模式	传统治理模式的释义	公司治理新模式	公司治理新模式的释义
1	治理原点	利润和ESG	一方面，通过向客户出售产品、服务，创造利润，为出资人提供投资回报。利润是创立和运营公司的主要目的；另一方面，在ESG的压力下，需要表现出对ESG各个方面的关注和重视。这两种出发点导致治理理论上的重点模糊，治理实践上的游移不定，管理上的冲突目标，资源配置上的低效率	愿景和商业模式	公司运营所服务的目标，通常体现在精神而非物质方面。愿景是公司的灵魂，是公司文化的主体，是贯穿于公司每个角落以及公司的每个环节的一种组织精神。建立愿景有助于公司以此为基础制订战略计划，并为公司提供确立目标的参照标准。把建立一个成功的愿景作为制订战略计划过程的重要组成部分。商业模式是一个由客户价值、公司资源和能力、盈利方式构成的三维立体模式，是综合考虑公司愿景和商业逻辑的智慧成果
2	治理目标	单个群体利益最大化或多个群体的利益平衡	股东价值最大化。公司在为股东创造价值的同时也要积极承担社会、环境等方面的责任	公司健康	以公司健康为治理目标，类比人体的健康，为公司愿景的实现提供机体保障
3	治理职能	监督，制度（决策、激励和监督）	以监督为核心，为公司设计顶层制度，通过决策、激励和监督制度为公司的董事和高管等制定行为规则	价值创造，制度（决策、激励和监督）	以价值创造为核心，为公司设计顶层制度，通过决策、激励和监督制度为公司的董事和高管等制定行为规则
4	治理根基	利润增长、股东价值、盈利能力等	利润是公司治理的主要追求，该指标只能体现出公司新近的财务经营状况，对判断公司未来发展前景所提供的信息非常有限	客户满意，客户信任	客户是公司收入的唯一来源，不仅决定了公司的利润水平，更决定了公司的市场地位、创造能力和承担社会责任的能力

续表

序号	比较项目	传统治理模式	传统治理模式的释义	公司治理新模式	公司治理新模式的释义
			对股东价值的追求往往与股价紧密关联，而影响股价的因素纷繁复杂，并且常常过度偏离公司基本面		
5	公司健康	财务状况，市场价值，社会责任等	利润、股票价格、市值、环境保护和社会责任等	公司治理目标的CGO模型六大维度	关注愿景与战略、市场地位、创新能力、生产力、财务状况和社会责任等六大维度
6	价值创造的路线	模糊	治理结构和治理机制的治理框架主要侧重于公司顶层决策、激励和监督制度的设计，议事规则的制定和监事会的泛泛监督，治理的价值主要体现为合规，尚不重视价值的创造	明确	通过治理基础和治理功能两个模块，既确定公司顶层权力的配置和行使方式，又明确公司领导层关注的六个维度、公司资源管理的CIA模型和董事胜任力SELM模型，明确公司治理创造价值的途径和方法
7	公司治理与战略的关系	治理与战略相对独立	在越来越严密和细化的公司治理监管制度和文件的丛林中，合规逐步演化成为公司治理的主要目标；公司战略与公司治理之间存在明显的距离和隔阂；公司治理对战略的实施和战略目标的实现贡献较小	治理服从于战略	艾尔弗雷德·钱德勒（Alfred Chandler）提出，组织结构服从于战略，公司治理新模式下的治理基础和治理功能均以实现公司愿景和战略为目标；当愿景或战略调整时，公司的治理也需要相应改变
8	公司治理与管理的关系	重视决策的制定，轻视经营的过程控制和结果管理	股东会和董事会重视重大决策的制定，轻视对决策实施过程的动态监督和管理	决定重大决策，指引和监督公司的经营	在重大决策需要提交股东会或董事会进行表决的情况下，借助公司治理健康指标，实现对经营的过程控制和结果管理，能够从公司整体层面对经营事项做出评判和管理

续表

序号	比较项目	传统治理模式	传统治理模式的释义	公司治理新模式	公司治理新模式的释义
9	董事履职重点	制定决策、激励和监督政策；以个体视角审议议案	制定和完善股东大会、董事会、监事会等治理主体的议事规则；为公司高管制定激励和约束政策；对提交董事会的每项议案逐项审议，主要关注议案自身的科学性、合理性和可行性	监测六大指标，并择机优化；制定决策、激励和监督政策；从整体视角审议议案	关注愿景与战略、市场地位、创新能力、生产力、财务状况和社会责任等六大维度，并根据自身、同行和环境的变化进行优化；以公司愿景为治理方向，以公司健康为目标，关注公司健康指数，从公司整体视角审议议案
10	视野范围	短期为主，长期为辅	以利润和股价为主，兼顾环境保护和企业社会责任的承担，在治理视野的范围上，体现出了短期为主，长期为辅的特征	长期为主，短期为辅	既铭记公司愿景，又关注公司健康状况，以公司的长期可持续发展为主，同时关注短期经营的效率和效果
11	利益核心	一个或多个利益群体	以股东利益为核心，兼顾其他利益相关者（如客户、供应商、销售商、社会等）的利益；以多个利益群体的利益为核心，尽可能照顾到多方的利益	公司	以公司利益为核心，兼顾其他利益相关者的利益
12	治理文化	监督为主，信任为辅；自上而下的权力和自下而上的报告	自上而下的权力和自下而上的报告。大部分决策权掌握在公司的股东会和董事会手中，由它们负责配置资源，当部门之间发生矛盾时，主要由它们进行协调。中下层员工的决策权限和范围小，主动性较弱，组织活力不足	信任为主，监督为辅；自上而下的目标和自下而上的能动	股东会和董事会只负责组织的长远战略、与组织长远利益有关的重大事项；大部分决策权下放给中下层，当部门之间发生争执时，主要由部门自己协调解决；向核心员工分享所有权或剩余收益权，激发他们内心的积极性；员工不仅是任务执行者，还是问题提出和解决的推动者。把更多的决策权下放给中下层，充分发挥中下层的积极性、主动性和创造性，组织充满活力

续表

序号	比较项目	传统治理模式	传统治理模式的释义	公司治理新模式	公司治理新模式的释义
13	董事胜任力	含混	《公司法》《独立董事工作指引》、各公司的章程和董事会议事规则等法律、规定和文件中均未对履行董事职责需要具备什么样的知识和技能做出说明	清晰	构建了胜任董事工作的SELM模型，从义务、技能、行为和基础设施四个方面构建了做好董事工作所需的自身条件和外部环境。为董事个人、董事会、出资人、投资者、监管机构提供了新的工作思路和参考工具
14	客户地位	服从于投资者	以回报投资者为第一目标，客户的满意和利益被置于附属位置。当投资者与客户的利益发生冲突时，优先保障投资者的利益	核心	客户是公司收入的唯一来源，客户满意、客户信任是为投资者提供回报的必要条件，是达成公司愿景的前提条件，在新的公司治理模式下，客户处于核心地位
15	媒体对公司的影响	较大	公司不仅高度关注媒体的观点和评论，甚至主动迎合媒体的主张	较小	在公司愿景和战略的指导下，公司的决策和运营具有高度的计划性，并经过严谨的科学论证，关注媒体的声音，但是不会受其左右
16	机构投资者对公司的影响	较大	机构投资者凭借在资本、专业知识和人员上的优势，通过行业研究、公司研究、投资策略发布、实地调研、盈利预测等方式，对公司的治理和管理产生明显影响，甚至出现披露公司业绩迎合机构业绩预测的极端情况	较小	在公司愿景和战略的指导下，公司的决策和运营具有高度的计划性，并经过严谨的科学论证；关注机构投资者的声音，并与其积极沟通和交流，但是不受其左右
17	投资者关系管理的目的	尊重投资者、回报投资者、保护投资者	由于投资者对股价、ESG等高度关注，致使公司的经营重点模糊，资源配置效率低，过多关注短期业绩，长期发展潜力受损	沟通价值、强调与特定类型投资者的关系管理	不以所有投资者满意为投资者关系管理的目的，注重与认同公司愿景、发展战略的投资者的关系管理，重视公司长期价值的沟通和投资者回报

续表

序号	比较项目	传统治理模式	传统治理模式的释义	公司治理新模式	公司治理新模式的释义
18	投资者关系管理的难度	难度大	不同类型投资者的需求存在明显差异，甚至相互矛盾，公司无法在某一个时间点上满足不同投资者的所有需求，投资者管理的难度大、效果差、满意度低	难度小	强调与特定类型投资者的公司长期价值的沟通，有利于公司从长计议，提高公司资源的配置效率和效果，为投资者带来可期和稳定的回报，投资者关系管理的难度变小，投资者满意度高
19	对公司社会责任的态度	被动性、策略性	为了回应社会、媒体和部分投资者等对公司应承担社会责任的呼吁，公司开始承担社会责任，但是主要表现为一种被动的策略性行为	主动性、战略性	在公司治理新模式中，社会责任是公司治理健康指标中的一个，承担社会责任被有机嵌入公司发展战略。承担社会责任服务于公司健康的总目标，是公司主动的战略性行为
20	环境保护策略	以末端策略为主	对于生产过程中排出的废物，通过污染控制设施进行净化处理，譬如过滤、脱硫和分解等	以前端策略为主	通过创新技术、新材料、新工艺、低消耗等方式主动承担社会责任
21	信息披露的目的	以合规为主	按照相关部门的规定和文件要求，按部就班地披露信息，合规是信息披露的主要目的	以传播价值为主	披露公司愿景和战略信息，与向外部积极披露公司治理的健康指标状况，让投资者充分了解公司，吸收认同公司愿景和发展战略的投资者相伴而行、共筑未来
22	信息披露的时间导向	历史导向	以合规为信息披露的目的，按照相关规定，对内容进行披露，较少从公司愿景和发展战略的角度考量，披露的信息以历史情况为主，较少涉及未来发展信息	未来导向	以传播价值为信息披露的目的，在披露公司过去经营信息的基础上，采用未来导向的主导策略，向投资者披露公司未来"向何处去""如何去"等方面的战略和策略性内容，披露的信息以未来为导向，战略性地披露未来发展的内容

续表

序号	比较项目	传统治理模式	传统治理模式的释义	公司治理新模式	公司治理新模式的释义
23	对公司业务的政策	不关注、不干预	对公司业务采取不关注、不干预的态度，由经理层相关人员自主管理	关注而不干预	借助公司治理健康指标，实现对公司业务的过程监控，但不会干预业务的开展和管理
24	对经理层的影响	治理对管理的影响较小，甚至产生负面影响。	董事会对议案的审议方法和程序因人而异、因公司而异，没有一套统一的基本方法可参考；同时，同一公司董事会在不同时期审议程序和方法也会有所改变。董事会的这种议事风格对经理层的科学决策和管理产生消极影响	治理提升管理的科学化	借助科学的决策思维方法，董事会议案审议过程不仅能够培育董事会的科学决策文化，还敦促经理层在拟定议案和制定决策时也遵循科学的流程、采用科学的方法
25	治理的自主性	以强制性治理为主，自主性治理为辅	在以合规为主要目的的传统治理模式下，公司治理主要按照监管要求搭建治理组织、制定治理制度、召开股东会和董事会、依法按章履行相关职能。随着治理文件的日益丰富和不断升级，这些强制性的治理要求已经成为公司治理的主要内容，甚至让公司董事会疲于应付，自主性治理的动机薄弱，自主治理的行为更是微乎其微	以自主性治理为主，强制性治理为辅	新治理模式实现了从合规向公司健康理念的换换，把治理的强制性规定和要求纳入服务于公司愿景达成的自主性治理的麾下，在治理的底层逻辑上实现了为我所用的效果，把强制性治理与自主性治理都纳入为公司创造价值的同一个治理和决策逻辑
26	对公司治理实践的指导性	通用型、原则性的规定使公司治理形式化	"公司治理准则"与"公司治理最佳实践"在传统公司治理模式下的盛行和倍受推崇，使全球公司治理模式的趋同化越来越严重，使公司治理实践的统一化越发盛行，然而，治理为	提供明确的行动方向和路线	治理功能模块为公司治理创造价值提供具体的路径和方法，董事会关注和监控公司治理的健康指标，通过决策、激励和监督三大功能，实现对公司资源

续表

序号	比较项目	传统治理模式	传统治理模式的释义	公司治理新模式	公司治理新模式的释义
			公司创造价值的途径、逻辑和效果越来越模糊，为治理而治理的形式化愈演愈烈		的有效管理，保持公司的健康发展，达成公司的愿景

（一）治理目标与原则

公司治理新模式与传统模式在治理原点、治理目标、治理职能和治理根基方面存在显著差异。新模式更注重公司的使命、愿景和社会责任，强调整体利益和长远发展，以价值创造为核心。传统模式主要关注利润和ESG，以监督为核心。新模式以客户满意和信任为基础，倡导以客户为核心的发展理念。相比之下，传统模式以追求短期经济利益为主要目标。新模式在价值观、目标导向、战略规划、组织文化以及对社会责任和环境保护等方面有着显著优势，有助于公司实现可持续发展和长远竞争优势。

1. 治理原点

在治理原点上，公司治理新模式更注重公司的使命、愿景和社会责任，有助于公司实现可持续发展。而公司治理传统模式主要关注利润和ESG，可能导致治理重点的模糊和资源配置的低效。这些差异反映了两种模式在价值观、目标导向、战略规划、组织文化和精神以及对社会责任和环境保护关注方面的不同。公司治理新模式以更高的使命感和愿景为基础，能够在公司内部形成更强大的凝聚力，推动公司实现可持续发展。相比之下，公司治理传统模式在追求利润与关注ESG之间可能面临较大的矛盾和挑战，这些挑战可能导致公司在治理实践和资源配置方面的困难。因此，公司治理新模式更具可持续性和长远竞争优势。

（1）价值观和目标导向。公司治理新模式强调使命和愿景，关注公司运营所服务的目标，这些目标通常体现在精神而非物质方面。公司的愿景是公司文化的主体，有助于激发员工的工作热情和凝聚力。相比之下，公司治理传统模式主要以追求利润为核心，同时在ESG的压力下关注环境、社会和治理等方面。这两种模式在价值观和目标导向上存在显著差异。

（2）战略规划。公司治理新模式的企业愿景有助于制订战略计划，并为公司提供确立目标的参照标准。公司治理新模式的商业模式综合考虑公司愿景和商业逻辑，使公司能够更好地服务于社会和环境。而公司治理传统模式可能受制于利润和 ESG 之间的权衡，导致治理理论上的重点模糊和资源配置的低效。

（3）组织文化和精神。公司治理新模式注重公司的使命和愿景，以此为基础培育公司的组织文化和精神。这种文化和精神可以提高员工的工作积极性，有利于公司的长远发展。相反，公司治理传统模式以利润为核心，可能在一定程度上忽视公司文化和精神的建设。

（4）对社会和环境责任的关注：公司治理新模式在追求利润的同时，强调公司在服务社会和环境方面的责任，有助于实现可持续发展和提高公司的社会声誉。而公司治理传统模式虽然在 ESG 压力下关注环境、社会和治理方面，但可能因为追求利润和关注 ESG 之间的矛盾，导致治理实践上的游移不定和管理上的冲突目标。

2. 治理目标

在治理目标上，公司治理新模式关注公司健康，强调整体利益和长远发展，有利于实现公司与社会的共同发展。而公司治理传统模式主要关注股东价值最大化或多个群体的利益平衡，可能导致其他利益相关者的利益被忽视和公司发展的不可持续。这些差异反映了两种模式在治理目标和利益相关者关注方面的不同取向。

（1）治理目标的本质：公司治理新模式关注公司健康，为公司愿景的实现提供机体保障。这种模式强调公司整体的稳定和发展，注重公司长期的可持续发展。而公司治理传统模式关注单个群体利益最大化或多个群体的利益平衡，主要以股东价值最大化为核心，可能在短期内追求利润，忽略公司的长远发展。

（2）利益相关者的关注：公司治理新模式以公司健康为核心，关注各利益相关者的共同发展，强调整体利益和长远发展。相反，公司治理传统模式主要关注股东价值最大化，可能导致其他利益相关者的利益被忽视或牺牲，从而引发潜在的利益冲突。

（3）社会责任：公司治理新模式关注公司健康，这意味着公司在追求发展的同时会充分考虑社会、环境等方面的责任，实现公司与社会的共同发展。而公司治理传统模式虽然在为股东创造价值的同时也承担一定的社会和环境责任,但这种责任往往是基于法律和道德的要求,而非公司治理的核心目标。

(4)组织战略和资源配置:公司治理新模式将公司健康作为治理目标,有利于公司制订长期的战略计划和优化资源配置,以实现可持续发展。相比之下,公司治理传统模式关注利益最大化或多个群体的利益平衡,可能导致战略规划和资源配置过于注重短期利润,忽视公司的长远发展。

3. 治理职能

在治理职能方面,公司治理新模式以价值创造为核心,关注公司的长期发展和全面价值最大化,强调通过制度(决策、激励和监督)激发公司创新和价值创造的动力。相比之下,公司治理传统模式以监督为核心,主要关注监管和制度执行,以确保公司的合规性和减少风险

(1)治理核心。公司治理新模式以价值创造为核心,强调公司应该关注经营活动给内部和外部利益相关者带来的价值。这种模式更注重企业在追求经济利益的同时兼顾社会和环境效益。而公司治理传统模式以监督为核心,主要关注监管和制度执行,以确保公司的合规性和减少风险。

(2)治理目标。公司治理新模式关注价值创造,强调在制度设计和实施过程中考虑公司的长期发展和各利益相关者的共同利益。这有助于实现可持续发展和全面价值最大化。而公司治理传统模式主要关注监督,重点在于确保公司遵守法规和内部规定,防范潜在风险。

(3)治理手段。虽然公司治理新模式和传统模式都依赖制度(决策、激励和监督)实现治理目标,但新模式更注重通过制度激发公司创新和价值创造的动力。例如,新模式可能会设计更加灵活和激励性的薪酬制度,以鼓励员工追求公司价值的提升。而传统模式可能更注重制度的约束作用,以确保公司行为的合规性。

4. 治理根基

在治理根基方面,公司治理新模式强调客户满意和客户信任,关注公司与客户的长期合作关系,以实现可持续发展和保持长期竞争优势。相比之下,公司治理传统模式以追求短期经济利益为主要目标,可能会忽视客户需求和客户满意,从而影响公司的长期发展

(1)价值取向。公司治理新模式关注客户满意和客户信任,强调公司应以客户为中心,致力于提供优质的产品和服务以满足客户需求,从而赢得客户

的信任。这种模式认为，客户的信任和满意是公司长期发展与持续成功的关键。而公司治理传统模式更注重利润增长、股东价值和盈利能力等指标，以追求短期经济利益为主要目标。

（2）成功标准。公司治理新模式将客户满意和客户信任视为衡量公司成功的重要标准，认为这两个因素是推动公司持续发展的关键。而公司治理传统模式主要关注财务指标，如利润增长、股东价值和盈利能力等，这些指标往往只能反映公司短期的财务状况，而不能全面评估公司的长期竞争力。

（3）发展理念。公司治理新模式倡导以客户为核心的发展理念，强调在追求经济利益的同时关注客户需求，提高客户满意度和信任度，有助于企业实现可持续发展和长期竞争优势。而公司治理传统模式主要关注短期经济利益，可能会忽视客户需求和客户满意，从而影响公司的长期发展。

（二）战略与价值创造

本部分比较公司治理新模式和传统模式在战略与价值创造方面的差异。新模式通过公司治理目标的 CGO 模型六大维度全面评估公司健康状况，强调创新能力、生产力、社会责任、财务状况、市场地位等多方面因素。传统模式主要关注财务状况、市场价值、社会责任等方面。新模式提供了明确的价值创造路径和方法，有利于实现公司健康和可持续发展。传统模式关注合规性，对价值创造的具体实施路径缺乏明确指导。新模式强调治理服从于战略，将公司愿景与战略作为治理的核心目标，有助于推动公司战略的实施和战略目标的实现。传统模式将治理与战略相互独立，主要关注合规性。在公司治理与管理的关系方面，新模式强调在决定重大决策的同时，关注指引和监督公司的经营；传统模式主要关注重大决策的制定，较少关注决策实施过程的动态监督和管理。

1. 公司健康

在公司健康方面，公司治理新模式通过公司治理目标的 CGO 模型六大维度全面评估公司健康状况。相比之下，公司治理传统模式主要关注财务状况、市场价值和社会责任等。

（1）评价维度的全面性。公司治理新模式通过公司治理目标的 CGO 模型六大维度来评估公司健康，这些维度包括愿景与战略、市场地位、创新能力、生产力、财务状况、社会责任等。新模式从多个角度全面评估公司的健康状况，有助于揭示公司潜在的问题和优势。而公司治理传统模式主要关注财务状况、市场价值和社会责任等方面，可能无法全面反映公司的健康状况。

（2）创新能力和生产力的关注：公司治理新模式强调创新能力和生产力，认为这两个方面是公司可持续发展的关键。这有助于公司在激烈竞争和不断变化的市场环境中保持竞争力。相比之下，公司治理传统模式可能过于关注财务状况和市场价值，忽视创新能力和生产力在维持公司健康发展中的重要性。

（3）社会责任的地位。公司治理新模式将社会责任纳入公司健康的评估维度，强调公司在追求经济利益的同时要承担起对社会和环境的责任。这有助于实现公司与社会的共同发展。而公司治理传统模式虽然也关注社会责任，但这种责任往往是基于法律和道德的要求，而非公司治理的核心目标。

（4）战略规划和愿景的重视。公司治理新模式将愿景与战略作为评估公司健康的重要维度，认为一个明确且可实现的愿景以及有效的战略规划是公司成功的关键。而公司治理传统模式更注重公司的财务状况和市场价值，可能较少关注公司愿景和战略规划。

2. 价值创造的路线

在价值创造路线方面，公司治理新模式提供了明确的路径和方法，有利于实现公司健康和可持续发展。而公司治理传统模式关注合规性，对于价值创造的具体实施路径缺乏明确指导，可能影响公司治理的效果和公司的长远发展。

（1）价值创造的明确性。公司治理新模式通过治理基础和治理功能两个模块，明确了公司顶层权力的配置和行使方式，同时关注董事会的六个维度、公司资源管理的 CIA 模型和董事胜任力 SELM 模型，为公司治理创造价值提供了清晰的途径和方法。而公司治理传统模式较为模糊，主要关注治理结构和治理机制，侧重于公司顶层决策、激励和监督制度的设计，但对于价值创造的具体实施路径并没有明确的指导。

（2）价值观念。公司治理新模式强调价值创造，以公司健康和可持续发展为目标，关注公司整体价值。而公司治理传统模式主要关注合规性，治理价值主要体现在遵守法规、规章制度等方面，较少关注价值的创造。

（3）治理效果。由于公司治理新模式明确了价值创造的途径和方法，因此在实际运作中，新模式更有利于提高公司的治理效果，实现公司的长远发展。而公司治理传统模式由于缺乏明确的价值创造路线，可能导致公司治理过程中的资源配置和决策方向较为模糊，影响公司治理的效果。

3. 公司治理与战略的关系

在公司治理与战略的关系方面，公司治理新模式强调治理服从于战略，将公司愿景和战略作为治理的核心目标，有助于推动公司战略的实施和战略目标的实现。而公司治理传统模式将治理与战略相对独立，主要关注合规性，可能导致治理过程中对战略实施的关注不足，对战略目标的实现贡献较小。

（1）治理与战略的关系。公司治理新模式强调治理服从于战略，即治理基础和治理功能均以实现公司愿景与战略为目标。在这种模式下，公司治理与公司战略紧密相连，当公司愿景或战略发生调整时，公司治理也需要相应的调整。而在公司治理传统模式下，治理与战略相对独立，公司治理主要关注合规性，与公司战略之间存在较大的距离和隔阂，公司治理对于战略的实施和战略目标的实现贡献较小。

（2）治理目标。公司治理新模式将公司愿景与战略作为治理的核心目标，关注公司的长远发展和战略实现。相比之下，公司治理传统模式主要关注合规性，将合规作为公司治理的主要目标，这可能导致公司治理过程中对战略实施的关注不足。

（3）治理与战略的一致性。公司治理新模式强调治理与战略的一致性，治理基础和治理功能都围绕公司愿景与战略展开，有助于公司战略的实施和战略目标的实现。而公司治理传统模式中，治理与战略相对独立，治理过程中对战略实施的支持和推动作用相对较弱。

4. 公司治理与管理的关系

在公司治理与管理的关系方面，公司治理新模式强调在决定重大决策的同时，关注指引和监督公司的经营，实现对经营过程的有效控制和结果管理。而公司治理传统模式主要关注重大决策的制定，较少关注决策实施过程的动态监督和管理，可能导致公司治理过程中对经营过程控制和结果管理的关注不足，影响管理效果。

（1）决策与经营的关系。公司治理新模式强调在决定重大决策的同时，关注指引和监督公司的经营。在需要将重大决策提交股东（大）会或董事会表决的情况下，公司治理新模式借助公司治理健康指标，实现对经营的过程控制和结果管理，从公司整体层面对经营事项进行评判和管理。而公司治理传统模式主要关注重大决策的制定，对决策实施过程的动态监督和管理关注较少，公司整体评估相对薄弱。

（2）管理层面的关注。公司治理新模式注重从公司整体层面对经营事项进行评判和管理，以实现对经营过程的有效控制和结果管理。相比之下，公司治理传统模式主要关注决策制定，较少关注决策实施过程中的动态监督和管理，可能导致公司治理过程中对经营过程控制和结果管理的关注不足。

（3）管理效果。由于公司治理新模式在决策与经营的关系上更加平衡，关注经营的过程控制和结果管理，因此在实际操作中可以实现更好的管理效果。而公司治理传统模式由于较为重视决策制定，相对忽视决策实施过程的动态监督和管理，可能导致公司治理过程中的管理效果不尽如人意。

（三）董事会与治理文化

本部分主要讨论公司治理新模式与传统模式在董事履职重点、视野范围、利益核心、治理文化和董事胜任力五个方面的差异。新模式下董事更注重公司整体发展，关注愿景、战略、创新等六大维度，强调以长期为主、短期为辅的原则，并将公司利益作为核心。治理文化上强调以信任为主、监督为辅，鼓励员工主动性。新模式明确董事胜任力要求，有助于提升个人能力和公司治理水平。相比之下，传统模式下董事关注内部管理和具体事务，以短期为主、长期为辅，关注特定利益群体，治理文化以监督为主、信任为辅。传统模式对董事胜任力的要求含混，可能导致董事能力不足以胜任职责。总体而言，新模式在多个方面优于传统模式，有助于公司健康和可持续发展。

1. 董事履职重点

在董事履职重点方面，公司治理新模式下董事更注重从整体视角出发，关注公司的愿景与战略、市场地位、创新能力、生产力、财务状况和社会责任等六大维度，以实现公司健康发展。而公司治理传统模式下董事更多地关注内部管理和运营的具体事务，从个体视角审议各项议案。

指标关注点：公司治理新模式的董事关注愿景与战略、市场地位、创新能力、生产力、财务状况和社会责任六大维度，以公司健康为目标，从公司整体视角审议议案。而公司治理传统模式的董事在制定决策、激励和监督政策时，关注的重点在于议案本身的科学性、合理性和可行性，从个体视角审议议案。

决策角度：公司治理新模式下董事在履行职责时，更注重从整体视角出发，以公司愿景为治理方向,关注公司健康指数,全面审议各项议案。而公司治理传统模式下董事在履行职责时,更倾向于从个体视角审议议案,关注各项议案的具体细节和执行可行性。

调整优化策略:公司治理新模式下董事在监测六大指标的过程中,会根据自身、同行和环境的变化,择机调整优化策略,以实现公司愿景和健康发展。而公司治理传统模式下董事在制定决策、激励和监督政策时,可能较少关注外部环境的变化,更多地关注内部管理和运营的具体事务。

2. 视野范围

在视野范围方面,公司治理新模式强调以长期为主、短期为辅的原则,关注公司愿景和健康状况,以实现公司的可持续发展。而公司治理传统模式则以短期为主、长期为辅,更关注利润和股价等短期指标,可能忽视长期发展战略和社会责任。

重点关注:公司治理新模式在视野范围上以长期为主、短期为辅,这意味着新模式更注重公司的长期可持续发展,关注公司愿景和健康状况。而公司治理传统模式则以短期为主、长期为辅,更多地关注利润和股价,兼顾环境保护和社会责任的承担。

目标导向:公司治理新模式强调以长期为主、短期为辅的视野范围,这有助于公司在实现短期经营效率和效果的同时保持对长期发展目标的关注,以实现公司可持续发展。而公司治理传统模式在以短期为主的视野下,可能过度关注利润和股价等短期指标,导致忽视长期发展战略和社会责任。

决策风格:公司治理新模式在决策时,更注重从长期角度出发,权衡各项利益和风险,为公司的长期可持续发展提供保障。而公司治理传统模式的决策者往往在面临利润和股价的压力时,可能偏向于短期利益,忽视长期发展的重要性。

3. 利益核心

在利益核心方面,公司治理新模式将公司利益作为核心,兼顾其他利益相关者的利益,有助于平衡各方利益,实现公司健康和可持续发展。而公司治理传统模式关注一个或多个利益群体的利益,可能导致某些利益相关者的利益受损或者被忽视,从而影响公司的长远发展

利益优先级:公司治理新模式更注重公司整体发展,以公司的长远利益为

出发点，平衡各方利益。而公司治理传统模式则关注一个或多个利益群体的利益，如以股东利益为核心，兼顾其他利益相关者的利益；或者以多个利益群体的利益为核心，力求照顾到多方的利益。

利益分配：在公司治理新模式中，公司利益作为核心，这有助于在决策时更加全面地考虑公司发展，以实现公司健康和可持续发展。而公司治理传统模式关注特定利益群体或者多个利益群体，可能导致某些群体的利益受损或者忽视。

利益协调：公司治理新模式以公司利益为核心，兼顾其他利益相关者的利益，这有助于平衡各方利益，实现利益协调。而公司治理传统模式的利益核心可能导致某些利益相关者的利益得不到充分保障，进而影响公司的长远发展。

4. 治理文化

在治理文化方面，公司治理新模式强调以信任为主、监督为辅，以及自上而下的目标和自下而上的能动，有利于提高组织活力和员工主动性。而公司治理传统模式以监督为主、信任为辅，以及自上而下的权力和自下而上的报告，可能导致组织活力不足，员工主动性较弱。

信任与监督的关系：公司治理新模式强调以信任为主、监督为辅，这意味着在治理过程中更加注重对员工的信任和赋权，而不是过度依赖监督来保证公司治理的有效性。相反，公司治理传统模式以监督为主、信任为辅，公司治理更侧重于对中下层员工的监督和管理，而较少关注对员工的信任和赋权。

权力和决策的分布：公司治理新模式强调自上而下的目标和自下而上的能动，大部分决策权下放给中下层，当部门之间发生争执时，主要由各自协调解决。这有利于充分发挥中下层员工的积极性、主动性和创造性，使组织充满活力。而公司治理传统模式以自上而下的权力和自下而上的报告为主，大部分决策权掌握在股东会和董事会手中，中下层员工的决策权限和范围较小，这可能导致组织活力不足，员工主动性较弱。

员工角色：公司治理新模式鼓励员工不仅是"指令"的执行者，还是问题提出和解决的推动者，通过向核心员工分享"所有权"或"剩余收益权"，激发他们内心的主动意识。而在公司治理传统模式下，员工主要是执行者，对问题的提出和解决较为被动，这可能导致公司治理过程中的创新和灵活性不足。

5. 董事胜任力

在董事胜任力方面，公司治理新模式注重明确董事胜任力要求，有助于提升董事个人能力和公司治理水平。而公司治理传统模式对董事胜任力的要求相对含混，可能导致董事能力不足以胜任职责，从而影响公司治理效果。这两种模式在董事胜任力方面具有明显的差异。

胜任力要求的清晰度：在公司治理新模式中，董事胜任力要求较为清晰。构建了胜任董事工作的 SELM 模型，从义务、技能、行为和基础设施四个方面构建了做好董事工作所需的自身条件和外部环境。SELM 模型为董事个人、董事会、出资人、投资者和监管机构提供了新的工作思路和参考工具。而在公司治理传统模式中，董事胜任力要求较为含混，《公司法》《独立董事工作指引》和各公司的章程及董事会议事规则等法律、规定和文件中均未对履行董事职责需要具备什么样的知识和技能做出明确说明。

董事能力的提升：在公司治理新模式下，由于对董事胜任力的要求较为清晰，有助于董事个人在职责、技能、行为和基础设施方面进行有针对性的提升。同时，这种模式也使得公司更加关注董事的能力和素质，从而更有可能选拔出具备高度胜任力的董事。相比之下，在公司治理传统模式下，由于对董事胜任力要求含混，很难确保董事具备履行职责所需的知识和技能，进而影响到公司治理的有效性和高效性。

（四）与外部利益相关者的关系及影响

公司治理新模式与传统模式在客户地位、媒体与机构投资者对公司的影响、投资者关系管理的目的与难度等方面存在显著差异。新模式以客户为核心，关注长期价值和特定类型投资者，致力于提高客户满意度和企业竞争力。传统模式则可能忽视客户需求，过度关注短期业绩和股价表现。新模式在媒体和机构投资者对公司影响方面表现出较小的波动，有利于公司稳定发展；而传统模式易受外部影响，导致战略实施波动。在投资者关系管理方面，新模式降低了管理难度，提高了投资者满意度；传统模式则难以同时满足不同投资者的需求，投资者满意度较低。总体而言，新模式更有利于实现公司愿景、战略目标和可持续发展。

1. 客户地位

在客户地位方面，公司治理新模式注重以客户作为核心，以提高客户满意度为目标，从而实现公司可持续发展和投资者长期回报。而公司治理传统模式主要关注投资者回报，可能忽视客户需求，导致公司发展受阻。这两种模式在客户地位方面存在明显差异。

对客户地位的重视程度：在公司治理新模式中，客户被认为是核心。这是因为客户是公司收入的唯一来源，客户满意和客户信任是为投资者提供回报的必要条件，也是达成公司愿景的前提条件。在新模式下，公司更注重客户需求和满意，致力于为客户提供优质服务和产品。而在公司治理传统模式中，客户的地位相对较低，主要服从于投资者。在这种模式下，公司以回报投资者为第一目标，客户的满意和利益被置于附属位置。当投资者与客户的利益产生冲突时，公司往往优先保障投资者的利益。

对公司发展的影响：在公司治理新模式下，将客户置于核心地位有助于提高客户满意度和忠诚度，进而带来稳定的收入和良好的口碑。这有助于公司实现可持续发展，为投资者创造长期价值。相反，在公司治理传统模式下，客户利益的次要地位可能导致客户满意度下降，影响公司声誉和市场地位，进而影响公司长期发展和投资者回报。

2. 媒体对公司的影响

在公司治理新模式下，媒体对公司的影响较小，能够保持企业发展的稳定性，有利于实现公司愿景和战略目标。而公司治理传统模式受媒体的影响较大，可能导致战略实施和决策的不连贯性，影响企业的发展。这两种模式在媒体对公司影响方面存在明显差异。

对媒体声音的态度：在公司治理新模式下，虽然公司会关注媒体的声音，但由于公司愿景和战略的指导以及决策和运营过程中的高度计划性和严谨的科学性论证，公司不会受媒体声音的左右。这意味着公司在面对媒体的压力时，能够坚持自己的战略方向和核心价值观，保持稳定发展。而在公司治理传统模式下，公司高度关注媒体的观点和评论，甚至主动迎合媒体的主张。这使得公司容易受外界舆论的影响，导致决策和战略方向的不稳定。

对公司发展的影响：在公司治理新模式下，公司对媒体声音的较小影响有助于保持公司发展的稳定性，更好地实现公司愿景和战略目标，提升企业竞争力。同时，公司通过自身的稳定发展和良好的社会责任表现，可以赢得媒体和公众的信任与支持。相反，在公司治理传统模式下，受媒体影响较大的公司可能在战略实施和决策的不连贯性，导致公司发展受阻，也可能降低公司的市场竞争力。

3. 机构投资者对公司的影响

在公司治理新模式下公司受机构投资者的影响较小，能够保持公司发展的稳定性，有利于实现公司愿景和战略目标。而公司治理传统模式受机构投资者的影响较大，可能导致战略实施和决策的不连贯性，影响公司的发展。这两种模式在机构投资者对公司影响方面存在明显差异。

对机构投资者声音的态度：在公司治理新模式下，公司会关注机构投资者的声音，并与其积极沟通和交流，但由于公司愿景和战略的指导，以及决策和运营过程中的高度计划性和严谨的科学性论证，公司不会受机构投资者声音的左右。这意味着公司在面对机构投资者的压力时，能够坚持自己的战略方向和核心价值观，保持稳定发展。而在公司治理传统模式下，公司受机构投资者的影响较大，可能在决策和治理过程中迎合机构投资者的期望，导致公司战略方向和决策出现的不连贯性。

对企业发展的影响：在公司治理新模式下，公司对机构投资者的影响较小，有助于保持公司发展的稳定性，更好地实现公司愿景和战略目标，提升公司竞争力。同时，公司通过自身的稳定发展和良好的社会责任表现，可以赢得机构投资者的信任和支持。相反，在公司治理传统模式下，受机构投资者影响较大的公司可能在战略实施和决策过程的不连贯性，导致公司发展受阻，也可能降低公司的市场竞争力。

4. 投资者关系管理的目的

在投资者关系管理的目的方面，公司治理新模式关注沟通价值、与特定类型投资者的关系管理，以实现长期价值和投资者回报。而公司治理传统模式主要以尊重、回报、保护投资者为目的，可能过于关注短期业绩，影响企业长期发展潜力。这两种模式在投资者关系管理的目的方面存在明显差异。

投资者关系管理的重点：在公司治理新模式下，投资者关系管理的重点是沟通价值和强调与特定类型投资者的关系管理。新模式关注与认同公司愿景、发展战略的投资者的关系管理，以促进公司长期价值的实现和投资者回报。而在公司治理传统模式下，投资者关系管理的主要目的是尊重投资者、回报投资者、保护投资者，可能过于关注短期业绩和股价表现，导致公司长期发展潜力受损。

资源配置效率：在公司治理新模式下，公司注重与认同公司愿景、发展战略的投资者的关系管理，这有助于提高资源配置效率，使公司能够更好地实现长期发展战略。而在公司治理传统模式下，由于投资者高度关注股价、ESG等，公司可能过多关注短期业绩，导致资源配置效率低，影响公司的长期发展。

公司与投资者的关系：在公司治理新模式下，公司重视与特定类型投资者的关系管理，以实现长期价值和投资者回报。这有助于吸引更多认同公司愿景、发展战略的投资者，形成稳定的投资者群体。而在公司治理传统模式下，公司尊重、回报、保护所有投资者，可能导致投资者群体过于关注短期利益，不利于公司实现长期发展目标。

5. 投资者关系管理的难度

在投资者关系管理的难度方面，公司治理新模式强调与特定类型投资者的关系管理和长期价值沟通，降低了投资者关系管理的难度，并提高了投资者满意度。而公司治理传统模式由于要满足不同类型投资者的需求，投资者关系管理的难度较大，投资者满意度较低。这两种模式在投资者关系管理的难度方面存在明显差异。

投资者类型和需求：在公司治理新模式下，公司强调与特定类型投资者的关系管理，这些投资者往往更加关注公司的长期价值和发展战略。这有助于降低投资者关系管理的难度，因为公司可以更加集中地满足这些投资者的需求。而在公司治理传统模式下，由于不同类型投资者的需求存在明显差异，甚至相互矛盾，公司难以在某一个时间点上满足不同投资者的所有需求，因此投资者关系管理的难度较大。

企业战略和资源配置：在公司治理新模式下，公司强调与特定类型投资者的长期价值沟通，有利于提高公司资源的配置效率和效果。这有助于降低投资者关系管理的难度，因为公司可以在满足投资者需求的同时，实现长期发展战略。而在公司治理传统模式下，公司可能过度关注短期业绩和股价表现，导致资源配置效率低下，投资者关系管理的难度加大。

投资者满意度：在公司治理新模式下，由于公司更注重与认同公司愿景和发展战略的投资者关系管理，投资者满意度相对较高。而在公司治理传统模式下，由于公司无法在某一个时间点上满足不同投资者的所有需求，投资者管理的效果差、投资者满意度低。

（五）社会责任与环境保护

公司治理新模式和传统模式在社会责任与环境保护方面也存在显著差异。新模式强调公司社会责任的主动性和战略性，将其融入发展战略，实现和谐共生；传统模式在承担社会责任时则表现为被动性和策略性。在环境保护策略方面，新模式注重前端策略，通过创新技术、新材料等方式减少对环境的影响，显示出较强的主动性；传统模式则侧重末端策略，主要对生产过程中产生的废物进行处理，表现为被动性。总之，新模式在社会责任和环境保护方面更具主动性、战略性和可持续性，有助于提升公司品牌形象、社会声誉和竞争优势。

1. 对企业社会责任的态度

在对企业社会责任的态度方面，公司治理新模式强调主动性和战略性，将社会责任融入企业发展战略，实现企业、社会和环境的和谐共生。相反，公司治理传统模式在对待企业社会责任时，表现为被动性和策略性，缺乏战略性考虑。

主动性与被动性：公司治理新模式强调公司在承担社会责任方面要具有主动性，将社会责任作为公司发展战略的一部分，使其成为公司健康发展的一个组成部分。这有助于提高公司的品牌形象和社会声誉，为公司创造可持续发展的优势。相反，公司治理传统模式在承担公司社会责任方面主要表现为一种被动的策略性行为，往往是在外部压力下才开始关注公司社会责任，缺乏主动性。

战略性与策略性：公司治理新模式将社会责任有机地融入公司发展战略，使之成为公司长远发展的战略考虑。这有助于公司在追求经济效益的同时，关注社会和环境效益，实现公司、社会和环境的和谐共生。而公司治理传统模式在对待公司社会责任时，更多地表现为策略性行为，可能只是为了回应社会舆论、媒体关注和投资者要求，而不是基于公司战略发展的需要。

2. 环境保护策略

在环境保护策略方面，公司治理新模式注重前端策略，通过创新技术、新材料、新工艺等方式减少对环境的影响，表现出较强的主动性。而公司治理传统模式以末端策略为主，主要对生产过程中产生的废物进行处理，表现为被动性。这两种模式在环境保护方面的效果和影响具有明显的差异。

前端策略与末端策略。公司治理新模式强调以前端策略为主，通过创新技术、新材料、新工艺以及减少资源消耗等手段，在生产过程中主动承担社会责任，减轻对环境的不良影响。这种策略有助于提高公司的可持续发展能力，同时在一定程度上降低了环境治理成本。相反，公司治理传统模式主要采用末端策略，将在生产过程中产生的废物经过污染控制设施处理（如过滤、脱硫和分解等）后再进行排放。这种策略虽然能够在一定程度上减轻对环境的不良影响，但往往无法从根本上解决环境问题。

主动性与被动性：公司治理新模式在环境保护策略方面表现出较强的主动性，公司积极采用绿色生产方式，关注环境保护，努力减少对环境的破坏。这有助于提升公司形象，树立良好的社会声誉，同时为公司创造可持续发展的竞争优势。相比之下，公司治理传统模式在环境保护方面表现为被动性，往往是在生产过程中产生了污染后才采取措施进行处理，这种方式对环境的保护效果有限。

（六）信息披露与沟通

公司治理新模式与传统模式在信息披露与沟通方面有显著差异。新模式注重传播价值，积极披露公司愿景、战略和治理健康状况，有助于建立稳定的投资者关系，促进可持续发展。传统模式以合规为主，可能无法充分传达公司价值观和发展战略。在时间导向上，新模式关注未来发展，有利于投资者了解公司潜力，对决策更有依据；传统模式以历史为主，可能忽略公司未来发展。总之，新模式在信息披露与沟通上更具前瞻性和价值导向，有助于提升公司品牌形象和市场竞争力。

1. 信息披露的目的

在信息披露的目的方面，公司治理新模式注重传播价值，通过积极披露公司愿景和战略信息以及公司治理的健康指标状况，吸引认同公司价值观的投资者共同发展。而公司治理传统模式以合规为主，主要关注满足法律法规要求，可能无法充分传达公司价值观和发展战略。这两种模式在信息披露的目的方面存在明显差异。

信息披露的核心价值观：在公司治理新模式下，信息披露的核心价值观是传播价值，即披露公司愿景和战略信息，向外部积极披露公司治理的健康指标状况。这种做法有助于投资者充分了解公司，认同公司愿景和发展战略，共同推进公司的发展。而在公司治理传统模式下，信息披露的核心价值观是合规，即按照相关部门的规定和文件要求，按部就班地披露信息，以确保公司符合法律法规要求。

投资者关系的建立：在公司治理新模式下，信息披露以传播价值为主，有助于吸引和留住与公司价值观一致的投资者，实现长期稳定的投资者关系，促进公司可持续发展。相反，在公司治理传统模式下，信息披露以合规为主，虽然能满足法律法规要求，但可能无法充分传达公司的价值观和发展战略，导致投资者关系较为疏远和不稳定。

2. 信息披露的时间导向

在信息披露的时间导向方面，公司治理新模式注重未来导向，关注公司未来的战略和发展方向，有助于投资者了解公司的发展潜力和价值。而公司治理传统模式以历史导向为主，主要披露过去的业绩信息，可能无法充分传达公司未来的发展计划和战略目标。这两种模式在信息披露的时间导向方面存在明显差异。

信息披露的焦点：在公司治理新模式下，信息披露的焦点是未来导向，即在披露公司过去经营信息的基础上，重点向投资者披露公司未来的战略和策略性内容，以及"向何处去"和"如何去"的方向。这种做法有助于投资者更好地了解公司的发展计划和战略目标。而在公司治理传统模式下，信息披露的焦点是历史导向，即按照相关规定披露过去的经营信息，较少关注公司愿景和发展战略，导致投资者对公司未来的发展方向和计划了解不足。

投资者决策的依据：在公司治理新模式下，信息披露以未来导向为主，有助于投资者在决策时考虑公司的长远发展和潜在价值，从而更加理性地评估投资价值。而在公司治理传统模式下，信息披露以历史导向为主，投资者在决策时可能主要依据过去的业绩表现，忽略了公司未来的发展潜力。

公司品牌形象和市场竞争力：在公司治理新模式下，信息披露的未来导向有助于塑造公司的品牌形象和市场竞争力，吸引更多投资者的关注和支持。而在公司治理传统模式下，信息披露的历史导向可能无法充分展现公司的发展潜力和竞争优势，影响公司在市场上的竞争地位。

（七）治理实践与自主性

公司治理新模式强调关注业务发展，科学决策，以自主性治理为主，使公司治理更具针对性和有效性。公司治理传统模式则以合规为主，强调强制性治理，容易导致公司治理与业务发展脱节。新模式鼓励公司根据自身战略目标制定治理实践，从而实现公司资源的有效管理，保持公司的健康发展。相比之下，传统模式通常较为形式化，缺乏针对性，影响公司治理的实际效果。总之，新模式在治理实践与自主性方面具有更高的指导性和针对性，有助于提高公司治理效果。

1. 对公司业务的政策

在对公司业务的政策方面，公司治理新模式强调关注而不干预，通过公司治理健康指标实现对业务的过程监控，以确保公司战略目标得以实现，同时尊重经理层的自主权。相反，公司治理传统模式在对公司业务方面采取不关注、不干预的态度，将业务管理交由经理层相关人员自主处理，可能导致公司治理与业务发展的脱节和战略目标偏离的风险。这两种模式在对公司业务的政策方面存在明显的差异。

关注程度：公司治理新模式强调借助公司治理健康指标，实现对公司业务的过程监控，关注业务的发展状况，以确保公司的战略目标得以实现。相比之下，公司治理传统模式在对公司业务方面采取不关注、不干预的态度，将业务管理交由经理层相关人员自主处理，可能导致公司治理与业务发展脱节。

干预程度：公司治理新模式虽然关注公司业务，但不会干预业务的展开和管理，尊重经理层在业务运营中的自主权。这有助于激发经理层的积极性和创造力，提高公司的业务发展效率。而公司治理传统模式对公司业务采取不关注、不干预的态度，虽然也尊重经理层的自主权，但由于缺乏必要的关注和监控，可能导致公司业务出现偏离战略目标的风险。

2. 对经理层的影响

在对经理层的影响方面，公司治理新模式强调通过科学的决策方法提升管理的科学化，有助于提高公司整体的管理效率和效果。而公司治理传统模式中，由于治理对管理的影响较小，甚至可能产生负面影响，导致管理效果受限，并对经理层的科学决策和管理产生消极影响。

决策科学化：公司治理新模式借助科学的决策思维方法，使得董事会议案审议过程能够培育董事会的科学决策文化。这样的决策文化不仅体现在董事会层面，还敦促经理层在拟定议案和制定决策时遵循科学的流程、采用科学的方法。相比之下，公司治理传统模式中董事会对议案的审议方法和程序因人而异、因公司而异，缺乏统一的基本方法，这对经理层的科学决策和管理产生消极影响。

管理效果：公司治理新模式强调通过科学的决策方法提升管理的科学化，这有助于提高公司整体的管理效率和效果。而在公司治理传统模式中，由于治理对管理的影响较小，甚至可能产生负面影响，导致管理效果受到限制。

稳定性和连续性：公司治理新模式强调在决策和管理过程中遵循科学的流程，有助于实现公司治理的稳定性和连续性。相反，在公司治理传统模式下，董事会审议程序和方法在不同时期可能会有所改变，这使得公司治理的稳定性和连续性较差，对经理层的科学决策和管理产生消极影响。

3. 治理的自主性

在治理的自主性方面，公司治理新模式强调以自主性治理为主，将强制性治理纳入服务于公司愿景达成的自主治理之下，提高了公司治理的效果。而公司治理传统模式以合规为主要目的，强制性治理占据主导地位，可能导致治理效果受限。这两种模式在治理的自主性方面存在明显差异。

治理理念：公司治理新模式强调以自主性治理为主，将强制性治理要求纳入服务于公司愿景达成的自主性治理之下。这种模式将合规与公司健康相结合，实现了为我所用的效果。而传统模式下的公司治理以合规为主要目的，强制性治理成为主要内容，自主性治理的动机相对薄弱。

治理组织和制度：在新模式下，公司会根据自身愿景和战略目标，搭建治理组织和制定治理制度，既满足监管要求，又能推动公司价值创造。而在传统模式下，公司主要按照监管要求搭建治理组织和制定制度，可能导致治理结构和制度过于烦琐，缺乏针对性。

决策逻辑：在公司治理新模式下，公司将强制性治理与自主性治理纳入同一个治理和决策逻辑，有利于公司在满足监管要求的同时，发挥自主治理的优势，提高公司治理效果。而在公司治理传统模式下，由于强调强制性治理，可能导致公司董事会疲于应付，自主治理的行为较有限。

4. 对公司治理实践的指导性

公司治理新模式在对公司治理实践的指导性方面，提供了明确的行动方向和路线，强调治理功能和效果，鼓励治理实践的多样性。而公司治理传统模式则强调通用性和原则性，使得公司治理实践形式化、统一化，影响治理效果。这两种模式在对公司治理实践的指导性方面存在明显差异。

行动方向与路线：公司治理新模式为公司提供了明确的行动方向和路线，通过治理功能模块提供具体的路径和方法，使公司治理更有针对性。而在公司治理传统模式中，通用性、原则性的规定使得公司治理实践往往较为形式化，缺乏针对性。

治理功能与效果：在新模式下，董事会通过决策、激励和监督三大功能，关注和监控公司治理的健康指标，有效管理公司资源，从而保持公司的健康发展，并实现公司的愿景。相比之下，在传统模式下，全球公司治理模式的趋同化导致治理的价值创造途径、逻辑和效果变得模糊，使得形式化治理问题日益突出。

治理实践的多样性：公司治理新模式鼓励公司根据自身发展战略和愿景制定具体的治理实践，提高治理的针对性和有效性。而传统模式下，治理实践的统一化越来越盛行，导致治理实践多样性减弱，影响公司治理的实际效果。

第三篇
公司治理新模式的解析：治理基础

治理基础关乎公司领导层（如股权结构、党委和监事会）的构建与运行，在公司的决策与运作中占据中心位置，因为它们决定了公司的使命、愿景和发展战略。作为公司治理的根本要素，治理基础对于保障公司治理的有效性和效率具有至关重要的意义

第六章集中探讨了公司治理基础的现代化。首先，本章强调了公司使命、愿景和战略在塑造公司文化和战略中的中心地位。其次，本章针对全球化与数字化的挑战，深入探讨了股权结构的变迁，特别强调了透明性、多样性以及对股东权益的尊重。最后，本章还对监事会在现代商业环境中的新角色进行了详细分析，尤其是其在战略、风险管理和履行社会责任上的职责。

第七章从战略统领观的角度出发，探究了如何更好地融合战略、治理和管理。战略统领观为公司高管提供了更清晰和更有效的指导，有助于提高公司的竞争力、创新力和决策效率，增加公司社会责任，并使公司利益相关者的利益更加一致。

第八章在回顾党委在治理中的历史规定和实践的基础上，对党委在公司治理新模式下的职权进行了新的探讨，提出了党委和董事会在决策过程中新的分工建议，还探索了党委委员的治理胜任力。

总体来说，本篇旨在为读者提供一种深入且全面的视角，理解治理基础的变革，从而更有目标性地推动公司治理的现代化改革。

第六章
公司治理基础的现代化构建

本章主要探讨了公司治理基础的现代化构建。第一节重点阐述了公司使命、愿景与发展战略的现代化构建,强调其对于公司长期成功的重要性,并以特斯拉为例,揭示使命、愿景与发展战略对整体文化和策略定位的意义。第二节讨论了全球化和数字化背景下股权结构的重要转变,呼吁更加透明、多元的股权结构,以及其在公司发展中的核心作用,尤其重视对股东权利的保护和权责平衡。第三节集中探讨了监事会在现代化公司环境中的角色转变,突出了其对公司战略、风险管理和社会责任的监督职责,并强调了现代监事会应有的独立性、多元化和持续学习的精神以确保公司治理的高效与合规。

第一节　使命、愿景与发展战略的现代化构建

本节主要阐述公司在治理基础上如何构建和理解其使命、愿景与发展战略。使命和愿景被视为公司文化的核心,不仅指导公司的方向和目标,还表达了其核心价值观和存在的意义。例如,特斯拉的使命和愿景不仅聚焦于汽车制造,更强调其在推动全球可持续能源转型的角色。发展战略的构建和实施是一个复杂过程,涉及对市场和行业的深入分析,公司应结合自身的资源和能力制定策略并确保有效执行。现代公司环境中的挑战和机遇,如全球化、技术进步、社会责任和创新思维,都对公司的发展战略制定和执行提出了新的要求。总体而言,本节强调了在动态和多变的商业环境中,使命、愿景与发展战略的现代化构建对公司的长期成功至关重要。

一、理解现代化的使命与愿景

在公司治理新模式中,我们特别强调使命、愿景与发展战略在现代公司中的关键作用。它们是公司文化的核心,定义了组织的方向、目标和价值观。在动态的商业环境中,这些元素必须随着时间而逐步适应和演变,以确保公司持续保持与市场和利益相关者的恰当关系。

(一)使命:核心价值与公司存在的意义

使命是公司的核心,它定义了公司存在的根本原因。在大多数情况下,它不仅仅关于盈利,而更多地涉及如何为社会、客户和员工创造价值。它回答了"我们是谁?"和"我们为什么而存在?"这样的基本问题。一个好的使命声明捕捉到公司的精髓,并为所有的决策和行动提供一个指导框架。

例如,Google 的使命是"整合全球信息,使人人都能访问并从中获益"。这不仅仅是一个简单的声明,而是对公司真正目标的体现:不仅仅是为了创造一个搜索引擎,而是为了使所有信息对所有人都有用。

(二)愿景:未来方向与长远目标

如果说使命是公司的核心,愿景则是公司的灵魂。它描述了公司希望达到的未来状态,为组织提供了一个明确的、有吸引力的未来方向。愿景声明应该是鼓舞人心的,能够激发员工的激情,使他们为一个共同的目标而努力。

(三)使命与愿景在现代公司中的角色

在当今快速变化的商业环境中,使命与愿景的作用比以往任何时候都更为重要。首先,它们为公司提供了一个稳定的基础,在经济不确定、技术进步和竞争压力下为公司指明了方向。其次,它们确保所有的战略决策、业务操作和日常活动都与公司的核心价值和长远目标保持一致。最后,明确且有意义的使命和愿景有助于吸引和留住人才。员工不仅仅是为了工资而工作,他们希望自己的工作有意义,能够对社会产生积极的影响。一个清晰且鼓舞人心的使命和愿景可以帮助员工看到自己工作的更大意义,从而增强归属感和忠诚度。

总的来说,使命和愿景是现代公司中不可或缺的组成部分。它们为公司提供了方向,确保所有的决策和行动都与公司的核心价值和目标保持一致,从而确保公司在动态和竞争激烈的商业环境中获得成功。

（四）特斯拉：使命、愿景与长期决策

特斯拉已经在全球范围内名声大噪，成为电动汽车制造的先锋。然而，这家公司的目标远不止于生产电动汽车。创始人马斯克为特斯拉设定了清晰的愿景和使命，这两者都对公司的决策和长期成功产生了深远的影响。

特斯拉的宏伟使命是"加速世界向可持续能源的转变"。这强调了特斯拉不只是将自己视为一个汽车制造商，更是一个致力于推动可持续能源转型的创新者。更为明确的，特斯拉的愿景是"推动世界向电动汽车转型，打造 21 世纪最引人注目的汽车公司"。

在全球经济一体化的背景下，特斯拉明白自己需要如何整合其股权结构与国际化战略。从最初的高端 Roadster 电动跑车到如今的 Model S、Model 3 和 Model Y，特斯拉的产品线策略从高端市场开始，逐步向中低端市场渗透。这种策略使得特斯拉可以先通过高端产品获得利润，再利用这些利润资助更大规模的生产，从而更好地推动世界向电动汽车转型。

特斯拉不仅关注汽车制造，考虑到公司使命，它还进入家用和工业能源存储市场，并收购了光伏发电公司 SolarCity，进一步扩展其在可再生能源领域的版图。这一决策加强了特斯拉在推进可持续能源转型的整体策略中的地位。

为了应对电动汽车的充电问题，特斯拉建立了 Supercharger 快速充电站网络。这个快速充电站网络旨在缩短电动汽车的充电时间，提高用户体验，同时也体现特斯拉愿景中"打造 21 世纪最引人注目的汽车公司"的部分内容。此外，特斯拉对自动驾驶技术的高度重视，也与其长期愿景紧密相连，展望未来，特斯拉期望创造一个完全自主的、可持续的交通生态系统。

总体而言，特斯拉的决策深受使命和愿景的影响。这家公司已经通过创新的产品和策略，在全球汽车和可再生能源市场上取得了显著的成功，证明了公司对未来的承诺不仅仅是口头上的。

二、发展战略的构建与实施

（一）市场与行业分析：确定策略方向

在公司治理新模式中，对市场和行业进行深入、系统的分析是确立策略方向的第一步。这种分析能够帮助公司识别当前市场的主要趋势、潜在机会、存在的威胁，以及主要竞争对手的战略和行为。只有深入了解自己所处的市场和行业环境，公司才能够制定出真正有针对性的、能够适应市场变化的战略。

（二）策略制定：结合公司资源与能力

策略制定不仅仅是基于外部环境的分析，更要深入了解公司自身的资源和能力，包括公司的核心竞争力、技术能力、人才和资本等。策略制定的关键是要确保公司能够利用自身独特的优势，同时应对外部环境中的挑战。这要求公司进行自我反思，识别自己的长处和短处，并据此确定自己在市场中的定位和竞争策略。

（三）策略执行：确保战略的有效实施

策略的制定只是第一步，更重要的是策略的执行。许多优秀的策略因为执行不当而失败。公司应确保其组织结构、流程、文化和激励机制都支持策略的实施。同时，策略执行过程中还需要对外部环境进行持续的监测，确保策略始终与市场和行业的变化保持一致。

三、现代公司环境下的挑战与机遇

现代公司所面临的环境充满了挑战和机遇，全球化、技术进步、社会责任、创新思维都对公司的战略制定和执行提出了新的要求。

（一）全球化与技术进步对战略的影响

全球化意味着公司不仅要面对本土市场，还要面对国际市场的竞争和机会。技术进步使市场变得更加动态和不确定，公司需要确保其战略能够适应这些变化，同时利用全球化和技术进步带来的机会。

（二）社会责任与公司的使命愿景

在现代社会，公司不仅仅是为了盈利，还需要承担社会责任，为社会的可持续发展做出贡献。这要求公司在制定策略时，不仅要考虑经济效益，还要考虑社会和环境效益。

（三）创新思维在战略制定中的作用

在快速变化的市场环境中，创新思维成为公司获得竞争优势的关键。公司需要不断地创新产品、服务、流程和模式，以适应市场的变化和满足客户的需求。这要求公司在制定策略时，将创新思维融入其中，确保策略的前瞻性和领先性。

第二节　股权结构的现代化构建

在全球化和数字化的背景下，公司治理和股权结构面临巨大的变革。股权结构是公司治理的基石，关系到权力、责任的分配以及决策的效率。合理的股权结构可以平衡各方利益，促进公司长期健康发展。与传统的股权结构相比，现代化的股权结构更强调透明性、多元性和股东权利保护。为了适应市场的变化和满足公司发展的需求，公司需要不断地调整和优化股权结构，包括面对外部挑战的策略调整、内部变革、股权结构的适应，以及股权结构的定期评估与修正。总体来说，构建现代化的股权结构是提高竞争力、确保公司长期稳定和健康发展的关键。

一、股权结构的基础知识

股权结构是公司治理的基石，决定了权力和责任的分配，影响到决策效率和公司的长期竞争力。

（一）股权结构的定义与重要性

股权结构，简而言之，是描述公司股份如何分配和持有的方式，包括大股东、小股东、机构投资者和其他相关方的持股比例和关系。股权结构的重要性在于它决定了公司决策的方式和效率，影响到公司的策略方向和执行力度。一个合理的股权结构可以平衡各方的利益，确保决策的效率和公正性，从而促进公司长期健康发展。

（二）传统股权结构的特点

传统的股权结构往往以家族企业、国有企业或少数大股东控股为主。这种结构在一定程度上可以确保决策的迅速和稳定，但也可能导致权力过于集中，缺乏有效的监督和制衡。在这种结构下，小股东的权利可能会被忽视或侵犯，公司的透明度和公开度也可能受到限制。

（三）股权与公司治理的关系

股权结构与公司治理存在紧密的联系。首先，股权结构决定了公司治理的权利分配和决策流程。合理的股权结构可以确保决策的效率和公正性，促进公司长期稳定。其次，股权结构与公司的策略方向和风险承受能力有关。例如，高度集中的股权结构可能导致公司过于保守或冒险，而分散的股权结构则可能导致决策混乱和缺乏方向。最后，股权结构也影响到公司的透明度和公开度，与外部投资者和监管机构的关系。

综上所述，股权结构是公司治理的核心组成部分，现代化构建对于公司的长期稳定和健康发展至关重要。在全球化和数字化时代，公司治理结构正在经历深刻的变革，股权结构的现代化构建应该成为公司治理改革的重要方向。恰当的股权结构可以为公司的长期稳定和健康发展提供坚实的基础，确保公司决策的效率和公正性，促进公司与外部投资者和监管机构的良好关系，从而提高公司的竞争力和市场价值。

二、现代化股权结构的特点与优势

随着全球经济的高度整合和信息技术的快速发展，公司治理面临前所未有的挑战和机遇。在这样的背景下，股权结构的现代化构建显得尤为重要。现代化的股权结构不仅要满足法律和监管要求，更要适应市场变化，以确保公司的长期稳定和持续增长。

与传统的股权结构相比，现代化的股权结构更加注重透明性、多元性和股东权利的保护。这样的结构不仅能够提高公司的决策效率和透明度，还能够更好地保护股东权利，确保公司的长期稳定和健康发展。

（一）透明性与多元性

透明性是现代化股权结构的核心特点。在这样的结构下，公司的决策流程、股东权利和财务状况都会被公开、透明地展现给公众，从而提升公司的公信力和市场竞争力。同时，多元性也是现代化股权结构的一个重要特点。这意味着公司的股东结构更加多样，不仅有大股东，还有小股东、机构投资者和其他利益相关方。这样的结构能够平衡各方的利益，确保决策的公正性和效率。

（二）股东权利的保护与平衡

现代化的股权结构更加注重股东权利的保护和平衡。这意味着公司的决策不仅要考虑大股东的利益，还要考虑小股东和其他利益相关方的利益。为了实现这一目标，许多公司都设立股东大会和董事会，并不断优化运行，促进决策的公正性和透明性。此外，现代化的股权结构还强调股东的知情权和参与权，确保股东能够及时了解公司的经营状况和参与公司的决策。

（三）股权激励：管理层与股东利益相容

股权激励是现代化股权结构的一个重要组成部分。通过股权激励，公司可以吸引和留住优秀的管理团队，激发他们的工作热情和创新能力，确保公司的长期稳定和持续增长。同时，股权激励也能够对齐管理层和股东的利益，确保他们朝着相同的目标努力。为了实现这一目标，许多公司都拟制了详细的股权激励计划，明确了激励的条件和标准，确保激励的公正性和透明性。

总之，股权结构的现代化构建是公司治理改革的一个重要方向。恰当的股权结构可以为公司的长期稳定和健康发展提供坚实的基础，确保公司决策的效率和公正性，促进公司与外部投资者和监管机构的良好关系，从而提高公司的竞争力和市场价值。

三、股权结构的调整与优化

随着全球经济的日益整合和市场环境复杂性的增加，股权结构不再是一个固定不变的框架。为了适应这些变化和保持公司的竞争力，现代公司需要不断地调整和优化股权结构。在这方面，公司需要考虑外部挑战、内部变革的需求，定期评估和修正股权结构。

（一）面对外部挑战时的调整策略

在全球化的背景下，公司面临的外部挑战日益加剧，包括国际竞争、技术进步和政策变革。为了应对这些挑战，公司需要灵活地调整股权结构，以便更好地吸引投资、降低资本成本和增强风险管理能力。其中，多元化和灵活性成为两大核心原则，帮助公司应对不断变化的外部环境，从而维护其长期稳定和可持续发展。

首先，随着全球化时代的到来，公司不只是面对本国的竞争，更是参与全球的竞争。这就要求公司将股权结构与国际化战略紧密结合。例如，为了进入新的国际市场或获取新的技术和资源，公司可能会考虑引入海外战略投资者。同时，为了获得更广泛的投资和更高的国际曝光，公司也可以考虑在国外的主要交易所上市或发行全球存托凭证。这样不仅可以实现资本的国际化，还可以大大提高公司的国际竞争力。

其次，技术革命已经深刻改变了公司的运营模式和业务环境，特别是数字技术和人工智能，它们为公司带来了前所未有的机会，但同时也带来了巨大的挑战。在这样的背景下，公司必须重新评估股权结构，以确保有足够的资本和资源投入关键的技术研发和创新。这不仅仅是为了跟上技术发展的步伐，更是为了确保公司在激烈的市场竞争中保持领先地位。只有那些愿意不断创新、勇于拥抱变革的公司，才能在技术革命中立于不败之地。

最后，政策环境是每家公司都必须面对和适应的外部因素。随着全球经济的变化，各国政府都可能对外资进行调整，这无疑对公司的股权结构提出了新的要求。例如，一些国家可能会出台鼓励外资进入的政策，为公司提供税收优惠或其他政策支持；另一些国家则可能加强对外资的监管，要求公司满足更高的合规标准。在这种情况下，公司应当及时调整股权结构，确保其符合当地的法律和政策要求。同时，公司还应该学会捕捉和利用政策红利，这样不仅可以降低运营成本，还可以为公司带来新的增长机会。

总的来说，股权结构的调整策略是公司应对外部挑战的关键。无论是国际化布局、技术革命还是政策环境的变化，公司都需要有一个清晰的战略和灵活的执行策略，确保其股权结构始终与长远的发展目标相一致。

（二）内部变革与股权结构的适应

公司在持续的成长和发展中，往往伴随着一系列的内部变革，无论是业务的扩张、管理层的调整，还是公司文化的演进。这些变化不仅影响到公司的日常运营，更对其股权结构提出新的要求和挑战。

首先，业务的扩张，尤其是并购和跨界合作，往往伴随着资金和资源的需求。在这种情况下，公司可能会考虑增发股票或引入新的策略投资者。这不仅为公司带来了急需的资金支持，还可能引入新的技术、市场和管理经验，帮助公司提高市场竞争力和应对新的市场挑战。

其次，管理层的稳定性和连续性是公司长期发展的关键。随着公司规模的扩大和市场环境的变化，管理团队的更替和调整是不可避免的。为了确保新的管理团队的决策能够与公司的长期目标和战略一致，股权结构的调整成为一个有效的工具。通过股权激励计划，公司不仅可以吸引和留住关键的管理人才，还可以确保管理团队的决策与股东利益高度对齐。

最后，公司文化的连续性和稳定性是公司长期成功的基石。随着公司的发展，公司文化可能会面临诸多挑战，如跨文化融合、新技术的引入和新一代员工的加入。在这种背景下，股权结构的调整可以为公司提供一个稳定的基础，确保各方利益相关者——无论是老员工还是新员工，都能与公司的文化和价值观高度一致。

（三）股权结构的定期评估与修正

股权结构不应是一成不变的，公司应当定期评估股权结构，确保其适应市场和公司的变化。这包括对股权结构的有效性、效率和公正性进行评估，以及对股东权利、决策流程和风险管理机制进行审查。基于这些评估结果，公司需要及时修正股权结构，确保其满足公司的长期目标和市场的需求。

总之，股权结构的现代化构建是一个持续的过程，公司必须不断地调整和优化以应对外部的挑战和内部的变革需求。只有这样，公司才能确保其股权结构的适应性、灵活性和有效性，从而实现长期成功和可持续增长。

第三节　监事会的现代化监督

随着公司全球化的深入和市场复杂性的增加，监事会需要进行现代化改革以增强监督能力。监事会在公司治理中处于重要位置，独立于日常管理，确保公司决策合法并保护利益相关者权益。与此同时，它还要监督公司财务、内部控制和合规性。现代化的监事会不仅关注财务和合规，还涉及公司战略、风险管理和社会责任。监事会与其他治理机构的关系复杂，需平衡合作与独立监督。现代化监事会的特点包括独立性、多元化，持续教育与培训，并且对公司整体治理、风险、伦理和文化进行监督。为了提高效果，监事会应进行绩效评价，并通过反馈和沟通优化工作。总之，监事会的现代化监督是一个持续的进程，需要不断自我评估和提升，确保其在公司治理中的核心作用得以发挥。

一、监事会的核心职责与功能

监事会在现代公司治理中的作用不容忽视。为了提高监督效果和效率，监事会需要进行现代化的变革，建立一套完善的制度和机制。只有这样，监事会才能确保公司的长期成功和可持续性增长。

（一）监事会在公司治理中的位置

监事会在公司治理结构中占据重要的位置。它是一个独立于公司日常管理的组织，负责对公司管理层进行监督和审计，其主要职责是确保公司的决策和行动符合法律、法规和公司章程，保护股东和其他利益相关者的权益。此外，监事会还负责对公司的财务状况、内部控制和合规性进行监督，确保公司的透明度和公正性。

（二）传统监督职能的回顾

传统上，监事会主要负责对公司的财务报告和内部控制进行审计，确保其真实性和合法性。此外，监事会还负责对公司高层管理人员的行为进行监督，确保其符合公司的利益和策略。然而，随着市场环境的变化和公司治理的发展，监事会的职责也在不断扩大和深化。现代的监事会不仅要对公司的财务和合规性进行监督，还要对公司的战略、风险管理和社会责任进行监督，以确保公司的长期成功和可持续性增长。

（三）监事会与其他治理机构的关系

监事会与其他治理机构（如董事会和管理层）之间的关系是复杂的。一方面，监事会需要与这些机构进行合作，共同确保公司的成功和健康发展。例如，监事会需要与董事会共同制定公司的治理策略和政策，与管理层共同确定公司的风险管理和内部控制策略。另一方面，监事会还需要独立监督这些机构，确保其决策与行动符合公司的利益和策略。

为了平衡上述两种关系，监事会需要建立一套有效的制度和机制。首先，监事会需要确保其独立性，避免受到外部压力或影响。这可以通过选择独立的监事、设立独立的审计和风险管理委员会等方式来实现。其次，监事会需要与其他治理机构建立清晰的沟通机制，确保信息的及时性和准确性。最后，监事会还需要明确其职责和权力，确保其能够有效地进行监督和审计。

二、现代化监事会的特点与要求

在全球化和技术快速进步的背景下，现代公司的运营与治理的复杂性不断提高，这给监事会带来了前所未有的挑战。因此，对监事会进行现代化改革以满足当前公司治理的需求，已成为当务之急。

（一）独立性与多元化

现代化的监事会应具备强烈的独立性，确保其能够公正、客观地对公司的治理进行监督。独立性意味着监事会能够免于公司内部和外部的不当干涉，从而为股东和其他利益相关者提供真实、公正的信息。

除了独立性，多元化也是现代监事会的显著特点。多元化的监事会成员组成可以确保监事会从不同的视角和背景去审视公司的治理，从而更全面地识别风险并提出建设性的建议。这包括不同的性别、年龄、种族、教育背景和行业经验等。

（二）持续教育与培训

随着商业环境的快速变化，监事会面临的问题也在不断变化和发展。为了有效应对这些挑战，监事会成员需要进行持续的教育和培训。这不仅包括了解最新的行业动态和治理实践，还包括学习最新的技术、风险管理方法和合规要求。

通过持续教育，监事会能够保持自身专业知识和技能的领先地位，从而更好地为公司提供有价值的指导和建议。此外，培训还能够帮助监事会成员增强团队合作能力，提高决策效率。

（三）对公司整体治理、风险管理、伦理和文化的监督

现代化的监事会不仅要关注财务报告和合规性问题，还要监督公司的整体治理、风险管理、伦理和文化。

首先，对公司的整体治理进行监督意味着监事会需要确保公司的治理结构和制度是透明的、公正的，并且符合股东和其他利益相关者的利益。这包括对董事会的决策、高层管理团队的行为及其与利益相关者的沟通进行审查。

其次，监事会还需要对公司的风险管理进行监督，确保公司能够识别、评估和控制各种风险，从而保护公司的资产和声誉。

最后，监事会还需要对公司的伦理和文化进行监督，确保公司的行为是道德的、合法的，并且与公司的使命、愿景和价值观一致。

综上所述，监事会的现代化监督是企业治理中的关键组成部分，它对于保护股东和其他利益相关者的权益，提高公司的治理效果和效率，确保公司的长期成功和可持续增长起着至关重要的作用。因此，公司需要认识到监事会现代化的重要性，并投入必要的资源和精力进行改革，以满足当前公司治理的需求。

监事会作为公司治理体系中的关键组成，起到了对公司经营和管理活动的监督作用。在当今充满变革和挑战的商业环境中，监事会的作用愈发凸显，其现代化监督的要求也随之提高。为了满足这些要求，监事会需要不断进行自我评估和提升，以确保其监督工作的有效性和及时性。

（四）监事会绩效的评估方法

评估监事会的绩效是现代化监督的关键步骤。首先，需要确定评估的目标和标准，如监事会的决策质量、决策速度、与其他公司治理机构的合作效果等；其次，可以使用问卷调查、深度访谈、案例分析等方法收集数据；最后，还可以参考行业标准和最佳实践，对监事会的绩效进行基准对比。

（五）通过反馈与沟通提升监督效果

在完成评估后，监事会需要对评估结果进行深入分析，找出存在的问题和不足；然后通过反馈和沟通，与公司其他治理机构、股东、管理层等利益相关者进行交流，了解他们对监事会工作的看法和建议。基于这些反馈，监事会可以制订改进计划，调整监督策略，提升监督效果。

（六）面对现代挑战，监事会如何自我革新

在现代商业环境中，公司面临的挑战和机遇日新月异。为了适应这些变化，监事会需要持续自我革新。首先，监事会需要定期进行培训和学习，了解最新的公司治理理念和实践，提高自己的专业能力；其次，监事会需要对自己的组织结构和工作流程进行审查和调整，以确保其能够快速、准确地响应外部变化；最后，监事会需要建立与其他公司治理机构的紧密合作关系，形成协同效应，共同推进公司治理工作。

总之，监事会的现代化监督不只是一个形式，更是一个持续的过程。只有不断地进行自我评估和提升，才能确保监事会在公司治理中的关键作用得到充分发挥，为公司的长期成功和可持续发展提供坚实的支撑。

第七章
公司治理基础的战略统领观 *

关于公司战略、公司治理和公司管理之间的关系，本书提出了新的观点——战略统领观，重新定位公司战略、公司治理和公司管理的相互关系。与流行观点（本书称之为战略联结观，即公司战略是公司治理和管理的纽带）相比，战略统领观强调公司治理应服务于公司战略，公司管理应服务于公司治理，同时公司治理还需要对公司战略进行评估和优化。战略统领观为公司高管提供了更加清晰和有效的指导，有助于提高公司的竞争力、创新力和决策效率，增加公司社会责任，并使公司利益相关者的利益更加一致。本部分可以帮助公司高管更好地理解公司治理、公司管理和公司战略之间的关系，并制定更有效的战略规划和管理实践，从而实现公司长期健康和可持续发展。

第一节　公司治理和公司管理面临的共同挑战

当前公司治理和公司管理面临一些共同挑战，包括公司治理有效性低、战略实施不力、缺乏协同性、缺乏创新和竞争力。

一、公司治理有效性低

公司治理是指管理和监督公司的程序和机制，是确保公司合法、合规运营的重要保障。然而，当前许多公司面临公司治理的挑战和问题，其中最明显的是公司治理有效性低。一些公司的治理不完善，缺乏有效的内部控制和监管机制，导致管理混乱、风险高企和不当行为频发。例如，一些公司的董事会缺乏多元化和独立性，监管不到位，导致管理层的过度自由和行为不端。此外，一

---

* 部分内容发表于：牛建波.战略统领观：驱动公司长期发展的新理念和实践[J].董事会，2023，（03）:42-45。

些公司在内部控制和监管机制方面投入不足，导致公司存在财务风险、信息泄露等问题。这些问题不仅会损害公司的声誉和利益，还会对公司员工、客户和其他利益相关者造成负面影响。因此，提高公司治理的有效性和透明度是一个重要的挑战与问题，需要不断加强监管和改进治理结构与程序。

二、战略实施不力

在现代商业环境下，战略制定和实施是公司成功的关键因素之一。然而，许多公司制订了优秀的战略规划，却无法有效地实施。这可能是因为缺乏有效的管理手段和措施，如无法在公司内部有效地沟通、协作和落实战略等。此外，公司还存在其他的挑战和问题，如战略缺乏前瞻性、过于保守、缺乏资源和能力等，这些因素都会影响战略实施的有效性。

三、缺乏协同性

公司治理和管理中缺乏协同性已成为当前许多公司面临的一个严重问题。在许多组织中，不同的职能部门和团队之间往往存在独立的目标与利益，缺乏有效的沟通和合作机制。这会导致决策效率低下、资源浪费和业务目标难以达成。缺乏协同性的根本原因是公司治理和管理中的职责与责任划分不够明确，缺乏有效的协调机制。此外，公司内部的文化和价值观也会影响到部门之间的合作与沟通。

四、缺乏创新和竞争力

当前，在全球化和数字化的背景下，公司面临激烈的市场竞争和日益复杂的业务环境，其中最大的挑战之一是缺乏创新和竞争力。一些公司缺乏创新意识和创新能力、灵活性和敏捷性，无法及时调整和适应市场变化与新技术发展，导致产品和服务缺乏差异化与创新性。此外，一些公司的管理方式也存在问题，如创新不足的管理模式、过于保守的企业文化、缺乏跨部门协作和知识共享等，这些因素都会制约公司的创新和竞争力。缺乏创新和竞争力不仅会导致公司失去市场份额与盈利能力，还会影响公司的长期发展与生存。

第二节　公司治理与公司管理的关系的流行观点：战略联结观

关于公司治理与公司管理的关系的流行观点认为，两者相互交织，公司战略是联结公司治理和公司管理的因素。我们把这种观点称为战略联结观，如图7.1 所示。

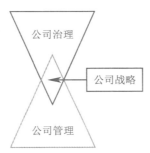

图 7.1　公司战略、公司治理和公司管理关系的战略联结观

公司战略是一种全面性的计划和决策，包括公司愿景、目标、战略方向和行动计划等方面。在流行观点中，公司战略是联结公司治理和公司管理的因素。公司治理负责监督与指导公司的决策制定和执行，确保公司达到长期的经济、环境和社会目标，同时保护股东和利益相关者的利益。公司管理负责执行公司的决策和计划，包括具体的业务操作和人员管理等方面。公司战略是公司治理和公司管理的桥梁，它确保公司治理和公司管理的协同与一致性，保证公司决策制定和执行的有效性与效率，使公司能够在长期内实现可持续发展。

第三节　战略联结观的局限性

在流行观点中，公司治理和公司管理被视为相互交织的要素，这意味着它们是紧密联系和相互依赖的。然而，这种观点在理论和实践中均存在重要缺陷。

首先，公司治理的目的是为管理团队提供监督和指导，确保公司以负责任和道德的方式运营，并保护股东和员工等利益相关者的利益；管理层则负责执行公司的战略并实现运营目标。这两个职能是截然不同和独立的，重要的是要在它们之间保持明确的划分，以确保治理结构有效，管理层承担责任。

其次，公司治理和公司管理未能与公司整体战略保持一致。这可能会导致目标错位，公司缺乏对关键优先事项的关注，无法有效分配资源来支持长期目标。

再次，公司治理从属于公司管理，被视为次要或辅助功能。这可能导致缺乏问责制和透明度，无法及时发现和解决重要的公司治理问题。

最后，公司治理和公司管理可以结合在一个角色或部门中。这可能导致利益冲突并破坏治理结构的完整性。例如，如果一名高级管理人员同时负责公司治理和公司管理，他可能会将自己的利益置于公司或其利益相关者的利益之上。

第四节 探讨公司战略、公司治理和公司管理间关系的原点

公司战略是一家公司在长期内为实现使命和愿景而制订的行动计划，是指导公司整体运营的长期规划，是公司为达成长期目标和利益而制定的一系列决策和行动的总和。

在公司中存在控股股东的情况下，控股股东通常持有公司的大部分股份并拥有对公司的控制权，在公司战略的制定过程中拥有最大的影响力，即公司战略主要是控股股东确立的公司使命和愿景的体现。控股股东在确定公司的发展战略时，通常会考虑公司的长期可持续发展。这意味着公司不仅要为客户提供满意的产品和服务，为股东们创造满意的回报，还要考虑环境和社会的发展，实现公司的社会责任。这一战略追求可以推动公司在市场竞争中获得更好的地位，同时有助于保护公司的声誉和品牌形象，增强其可持续发展的能力。通过实现经济效益、社会效益和环境效益的平衡，公司可以获得更好的财务绩效和社会认可，从而获得更好的发展机会和竞争优势。此外，控股股东的长期视角和发展战略也有助于稳定公司的内部环境与管理体系，提高公司的运营效率和管理效果。

控股股东在对公司的发展战略上进行初始的规划和设计之后，就会进行具体的治理设计，聘任董事和高管，搭建董事会，组建经理层团队。随后，公司治理就会开始运行并发挥作用。董事会要对公司战略进行评估和优化，并通过

经理层具体实施公司战略。此后的公司运行才是大家所谈论公司战略、公司治理和公司管理间关系涉及的阶段。

第五节　公司战略、公司治理和公司管理间的新型关系：战略统领观

公司治理服务于公司战略，公司管理服务于公司治理，同时公司治理还担负着评估和优化公司战略的重要职责，我们把这种新型关系称为战略统领观，如图 7.2 所示。

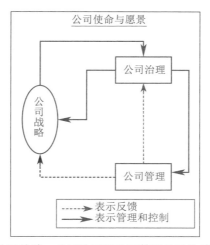

图 7.2　公司战略、公司治理和公司管理关系的战略统领观

首先，公司治理服务于公司战略。公司战略决定了公司治理的治理目标、治理结构和治理机制。公司治理是为了实现公司使命与愿景而设计的一系列规则、流程和制度的实施，并使公司的管理与决策符合道德、法律和商业标准。它包括了公司的权力配置、股权关系、董事会运作、公司管理制度等。

其次，公司管理服务于公司治理。公司治理（控股股东和董事会）为公司设定方向和战略的总体框架，而公司经理层负责执行这一战略。公司管理通过规划、组织、领导和控制等活动，协调和管理公司各项资源，从而实现公司的战略，包括公司的组织结构、业务流程、人力资源管理、财务管理等。

最后，公司治理需要对公司战略进行有效评估和适时优化。公司治理在设

定公司战略方向并确保公司以符合其使命、价值观和长期目标的方式运营方面发挥重要作用。

第六节 战略统领观的核心价值

按照战略统领观，公司治理通过确保公司的运营符合使命与愿景来服务于公司战略。公司治理作为指导公司决策和行动的总体框架，确保它们符合公司的长期利益。反过来，公司经理层通过执行日常运营和实施治理结构制定的政策为公司治理服务。通过建立清晰的层次结构，其中公司战略引领公司治理，公司管理服务于公司治理，公司就可以做出更明智的决策，并避免因优先级冲突而经常出现的混乱。这种新观点有利于提高公司绩效、改进决策过程、增强问责制和透明度，并使公司利益相关者的利益更加一致。

一、提升公司财务绩效

这种新型关系的第一大好处是提高公司绩效。当公司清楚了解公司治理、公司管理和公司战略之间的关系时，就能更好地协调与整合不同的决策和资源，从而实现更有效的资源配置和更明智的决策。这可以帮助公司取得更好的业绩和绩效，增强公司的竞争力和可持续发展能力。例如，一个清晰的战略方向可以帮助公司更好地分配资源和规划未来的发展方向；同时，一个明确的治理结构可以帮助公司更好地管理公司的风险和机会，提高决策的质量和效率。通过这种方式，公司能够实现更好的业绩和绩效，同时增强公司的竞争力和市场地位，从而实现可持续发展目标。

二、增强公司市场价值

公司战略、公司治理和公司管理三者之间的协同作用，能够有效地提升公司的市场价值和市场地位。良好的公司治理能够提高公司的透明度和信任度，从而增加股东与投资者对公司的信任和忠诚度，促进股票市场的健康发展。同时，优秀的公司管理和战略评估与反馈能够提高公司的经营效率和业务效益，增加公司的竞争优势和市场份额。有效的公司战略、公司治理和公司管理还能够提升公司的品牌价值和企业声誉，吸引更多的客户和投资者，提高公司的市场地位和价值。最终，这些因素的协同作用将提高公司的整体价值和市场地位，为股东和投资者带来更多的回报。

三、强化问责制和透明度

这种新定位的另一个重要好处是加强问责制和透明度。通过将公司治理服务于公司战略，公司可以确保每个人都对公司目标负责，从而增强公司的问责制。公司治理可以通过监督和审查公司的决策，以确保它们与公司的战略目标一致。同时，公司管理可以负责监控和执行公司治理的规则与标准，以确保公司遵守法律和伦理标准。这种新定位还可以通过提高公司透明度来增强公司的问责制。公司可以通过公开财务报告、公司治理和公司管理实践、社会责任和可持续性报告等方式，向外界传递关于公司经营状况、战略方向和长期价值的信息。这些信息可以帮助外部利益相关者更好地了解公司，并对其决策和行动提出问题。同时，透明度还能帮助公司内部更好地了解公司的运作情况，从而更好地了解公司的战略目标，并将其纳入自己的工作。

四、增强公司创新力

在战略统领下的公司治理和公司管理可以提高公司的创新力与竞争力，促进新产品和新服务的开发与推出。有效的治理机制可以确保公司在制定及执行战略方面具有协同性和一致性，从而更好地鼓励员工的创造性思维和创新。公司管理实践可以帮助公司识别和解决业务及生产过程中的瓶颈与挑战，提高生产效率和效益。此外，公司通过投入更多的研发和创新资源来，开发新产品和新服务，更好地满足市场和客户需求，提高产品和服务的质量和创新性，从而增强公司的创新力和竞争优势。

五、提高决策效率

当公司战略、公司治理和公司管理的角色与职责被清晰明确后，决策的制定和实施过程就变得更加高效。公司治理和公司管理的主次定位可以加强公司内部的协作与沟通，减少决策过程中的阻力与障碍，有助于更快地得出决策。公司战略的明确和贯彻可以使管理实践更加有针对性，从而减少决策方案的选择范围，加快决策速度。

六、强化公司社会责任

在这种新定位下,公司战略、公司治理和公司管理三者之间的相互关系得到明确,公司不仅要实现经济效益,还要承担起社会责任,有利于公司向可持续发展方向转型。通过制定和执行符合社会与环境责任的公司战略、公司治理和公司管理实践,公司可以提高对员工、消费者、投资者、社会和环境的尊重与关注,增强公司的社会形象与信誉,获得社会认可与支持。此外,公司社会责任的履行还可以促进社会和环境的可持续发展,与公司的长期利益和战略目标相符,有助于公司建立可持续的竞争优势。因此,增加公司社会责任是这种新型关系定位下的一个重要好处,不仅有助于公司的长期发展,还能够带来积极的社会影响。

第八章
公司治理基础的党委有机融入

本章深入探讨了国有企业党委在公司治理中的关键角色。首先回顾了党委在治理中的相关规定与实践，强调其在决策中的前置作用，其中明确了"先党委后董事会"的决策原则。接着概述了《国企改革三年行动方案（2020—2022年）》，突出了党的领导在国有企业改革中的核心地位，进而明确了党委在公司治理中的三大职责——把方向、管大局和保落实，并强调了党委在2023年新的三年行动中的中心作用。同时还列举了部分党委在公司治理中发挥核心角色的实践案例，展现了党委在国有企业治理中的中心地位，强调了党的领导在公司治理全过程的关键作用。

随后，本章深入探讨了党委在公司治理中职权的新思路，提出了在公司治理新模式下党委和董事会在决策中的各自主导角色建议，目的是激发公司活力、确保健康发展。末节探索了党委成员应具备的五大胜任能力，确保党委在国有企业决策中起到关键领导作用。

第一节　党委融入治理的现行规定和实践

《中国共产党章程》明确了国有企业党委（党组）和党的基层组织的功能定位，是党的领导融入公司治理的具体行动指针。2010年7月15日中共中央办公厅、国务院办公厅印发的《关于进一步推进国有企业贯彻落实"三重一大"决策制度的意见》，以及2019年12月30日中共中央印发的《中国共产党国有企业基层组织工作条例（试行）》，为国有企业的党委前置决策制度提出了具体的要求和方向。

2020年5月22日，时任国务院总理李克强在《政府工作报告》中提出，提升国资国企改革成效，实施国企改革三年行动。2020年6月30日，中共中央总书记、国家主席、中央军委主席、中央全面深化改革委员会主任习近平主持召开中央全面深化改革委员会第十四次会议并发表重要讲话。会议审议通过了《国企改革三年行动方案（2020—2022 年）》。2020 年 9 月 29 日，国资委召开视频会议，对中央企业改革三年行动工作进行动员部署，会议强调，国有企业改革三年行动是未来三年进一步落实国有企业改革"1+N"政策体系和顶层设计的具体施工图，也是对党的十八大以来各项国有企业改革重大举措的再深化。中央企业要准确理解把握其重要意义和核心要义，坚持问题导向、目标导向、结果导向，突出抓好改革重点任务，以更坚强的决心、更坚定的意志、更大的力度推动落地见效，在实施国有企业改革三年行动中作表率。

一、党委前置事项审议的实践情况

目前，在我国国有企业的决策机制中，党组织通过前置程序发挥集体研究把关的领导作用，确保了党委、董事会和经理层在重大决策事项中的高效运作与科学决策。"先党委后董事会"的决策顺序、前置不授权、授权不前置三个方面反映了国有企业党委在公司治理结构中的领导作用和决策机制。

首先，"先党委后董事会"的决策顺序。这一决策顺序旨在保证国有企业的战略规划、体制机制调整等重大事项能够符合党的路线、方针、政策和国家法律法规，同时体现党在国有企业中发挥领导核心作用的要求。在此过程中，党委会应充分发挥集体智慧，对企业战略规划、体制机制调整等重大事项进行原则性和方向性的研究讨论。讨论后的决策要素和结论，需要提交给董事会和经理层审议，以确保各方在决策中的参与度和共识。

其次，前置不授权。在前置事项审议过程中，党组织要认真严格对待董事会授权方案。这一原则体现了党组织对企业重大事项的决策权与责任界限的把控。党组织需要对董事会授权方案进行详细的讨论，提出意见，并防止过度授权。这有助于确保企业面对重大决策，能够在党委的领导下充分考虑各方利益，做出符合国家战略和企业发展需求的决策。

最后，授权不前置。对于已经决策批准授权给董事长或总经理的事项，党委会不再进行前置讨论研究。这一原则有助于提高企业决策效率，避免重复审议和决策滞后的问题。同时，它也体现了党委对董事会和经理层的信任与尊重，赋予他们在授权范围内的决策自主权。这对于激发董事会和经理层的积极性、提高企业竞争力具有积极意义。

结合以上三个方面的原则，国有企业党委在公司治理中要确保"先党委后董事会"的决策顺序，明确党委在重大事项中的领导地位。在前置事项审议中，党组织要对董事会授权方案进行认真严格的讨论，提出意见并防止过度授权。这有助于平衡企业决策的合理性和合法性，确保企业面临重大决策，能够在党委的领导下，充分考虑各方利益，做出符合国家战略和企业发展需求的决策。

二、《国企改革三年行动方案（2020—2022年）》

《国企改革三年行动方案（2020—2022年）》强调党的领导和党的建设，要求国有企业充分发挥政治优势，推进党建工作与生产经营深度融合，把提高企业效益、增强企业竞争力、实现国有资产保值增值作为企业党组织工作的出发点和落脚点。

为了实现这一目标，各地纷纷出台了《国有企业党委前置研究讨论重大事项清单及程序示范文本》，细化党组织在国有企业治理中的职责权限。各地清单示范文本的内容不尽相同，但大致可分为战略规划类、规则制度及管理类、生产经营类、职工权益及社会责任类和其他类等。

譬如，北京市共列出了20项国有企业党委前置研究讨论事项。（一）战略规划类：3项；（二）规则制度及管理类：6项；（三）生产经营类：6项；（四）职工权益及社会责任类：3项；（五）其他类：2项。江苏省共列出了23项。（一）重大战略规划类：3项；（二）重大发展改革类：5项；（三）重大经营管理类：10项；（四）重大社会责任类：3项；（五）其他类：2项。浙江省共列出了19项。（一）贯彻落实党中央和省委省政府重大决策部署和重要发展战略的具体举措：3项；（二）企业发展战略、中长期发展规划，重要改革方案：3项；（三）企业资产重组、产权转让、资本运作及大额投资中的原则性方向性问题：4项；（四）企业组织架构设置和调整，重要规章制度的制定和修改：3项；（五）涉及企业安全生产、维护稳定、职工权益、社会责任等方面的重大事项：3项；（六）其他应当由党委会前置研究讨论的事项：3项。

三、把方向、管大局、保落实

国有企业党委在公司治理中发挥把方向、管大局、保落实的领导作用，具体职责范围如下：

（1）把方向。党委首先要加强企业选人用人，着力选拔优秀干部，提升企业领导力，注重选拔具有战略眼光、专业素养和执行力的人才，形成高效务实的领导团队。同时，党委要强化理念引领，传播正确的企业价值观、经营理念，确保企业沿着正确的战略方向发展。党委须对企业重大战略决策进行审议，确保企业目标与国家发展大局相一致，为企业制定发展蓝图提供坚强政治保障。

（2）管大局。党委要把握企业经营发展大局，对企业发展的全局性、战略性问题进行决策。在国有资产管理方面，党委要确保国有资产监管体制与国家政策法规保持一致，为企业资产安全、合理配置提供支撑。在政策法规方面，党委要关注国家政策法规的动态，引导企业合规经营，降低政策风险。在体制机制改革方面，党委要着力推进企业内部改革，创新管理模式，提升企业竞争力。通过这些措施，确保企业在各个方面保持一致性和协同性，形成发展合力。

（3）保落实。党委要推动各项决策措施落地实施，抓好党建工作和企业内部改革的具体落实。党委应加强对企业经营管理团队的领导，确保企业战略目标得以顺利实施。此外，党委要协调各方资源，解决企业发展中的困难和问题，提供有力保障。党建工作是企业党委的重要职责，要求党委把握企业党建工作的方向、力度和重点，深化党建与业务工作的融合，增强企业党组织的凝聚力和战斗力。

总之，国有企业党委在公司治理中要充分发挥领导核心作用，把握企业发展大方向，积极履行把方向、管大局、保落实的职责。党委还应充分发挥政策优势，与政府部门、行业协会、研究机构等保持密切联系，及时获取行业政策和市场信息，为企业发展提供有力支持。

四、新的三年行动

2023年3月21日，由中国社科院国有经济研究智库主办的第二届国有经济研究峰会在北京举行，峰会深入学习贯彻习近平新时代中国特色社会主义思想和党的二十大精神，以中国式现代化与国有经济高质量发展为主题，就新时代新征程国有企业改革发展重要理论和实践成果进行研讨交流。下一步，国有企业将坚决贯彻党中央、国务院决策部署，以提高企业核心竞争力和增强核心功能为重点，深入实施新一轮国有企业改革深化提升行动，并强调国有企业要围绕打造现代新国有企业深化改革，加快完善中国特色国有企业现代公司治理。把党的领导贯穿到公司治理全过程，分层分类落实董事会职权，全面构建中国特色现代企业制度下的新型经营责任制，支持国有企业结合实际探索创新更多灵活高效的激励方式，促进国有企业增活力、强动力。

随着新一轮国有企业改革深化提升行动的推进，国有企业将在高质量发展、提高核心竞争力、增强核心功能等方面取得新的突破。在这一过程中，党委的地位显得尤为重要。

首先，党委在推动国有企业改革中发挥决策引领作用。新一轮国有企业改革深化提升行动涉及诸多领域，如产业结构调整、科技创新、国有资产监管等，党委在国有企业中的决策引领作用至关重要。通过前置事项审议，党委能确保企业战略与国家发展大局相一致，引领企业沿正确方向发展。

其次，党委在国有企业改革中具有协调和推动作用。党委能够协调各方资源，解决企业改革过程中的困难和问题，推动改革措施落地。通过加强对企业经营管理团队的领导，党委能确保企业内部改革的具体落实。

再次，党委在国有企业改革中发挥保障作用。国有企业改革涉及产权、资产、人事等敏感领域，党委作为国有企业的政治保障，能确保改革过程的顺利推进。党委还须在维护国家经济安全、产业安全和国家安全方面发挥作用，提高应对风险挑战的能力。

最后，党委在国有企业改革中起到示范引领作用。通过推动国有企业结合实际探索创新更多灵活高效的激励方式，党委能促进国有企业增活力、强动力，为国有企业改革发展树立典范。

总之，在新一轮国有企业改革深化提升行动中，党委将发挥关键领导作用，为国有企业的改革发展提供坚强政治保证。党委在公司治理中的作用将愈发突出，为我国国有企业发展贡献更大力量，推动国有企业在中国式现代化进程中扛起新的使命责任。

五、部分企业的实践案例

许多国有企业通过前置事项审议，确保党委在公司治理中发挥关键作用。

例如，一些国有企业在推进混合所有制改革、资本运作等重大事项时，充分发挥党委会的集体研究讨论作用，为董事会和经理层提供有力的政策支持与指导。

在企业发展战略、组织架构调整等方面，党委会同样发挥关键作用。企业党委会参与战略规划的制定，确保企业发展方向符合国家发展战略和产业政策。

在企业具体实践中，新兴际华集团有限公司（简称新兴际华）和中国南方电网有限责任公司（简称南方电网）的决策机制设计为国有企业的党委治理提供了良好经验。

新兴际华在前置事项审议流程中，细化决策流程，落实"两个一以贯之"要求，强调"一不列项四不上会"，即程序非经综合部（党委办公室、董事会办公室、总经理办公室）收文不列项，议题无论证意见不上会、无职能部门意见不上会、无会前沟通酝酿不上会、无主要领导签批不上会；"三提前两缓议"，即提前向参会人员发议案、提前向与会人员作汇报、提前向会议主持人提申请，会前有反对意见一般缓议、会上有未明事项一般缓议。

南方电网以"两个原则"优化决策流程。一是坚持"法定事项不授权"，董事会授权董事长、总经理非法定事项53项，在保证决策质量的前提下提高决策效率，更好适应市场变化；二是坚持"授权的一般不前置"，对于政策要求明确、具体标准清晰的36项授权事项，党组不再前置研究讨论。此外，以"三种方式"创新前置程序。集团公司党组通过"制度审议"实现对同一类型事项的统一把关，通过"综合审议"实现对同一批次事项的总体把关，通过"一事一议"确保前置研究讨论"不留死角"，把关议题大幅减少50%，有效防止前置研究讨论"事无巨细"，确保党组更加聚焦谋大事、议重点。

第二节　党委有机融入治理的新思路

在党的二十大报告中，国资国企改革的内容是在体制与基本经济制度范围内进行的。报告指出，构建高水平社会主义市场经济体制，坚持和完善社会主义基本经济制度，毫不动摇巩固和发展公有制经济，毫不动摇鼓励、支持、引导非公有制经济发展。深化国资国企改革、加快国有经济布局优化和结构调整、推动国有资本和国有企业做强做优做大，提升企业核心竞争力。优化民营企业发展环境，依法保护民营企业产权和企业家权益，促进民营经济发展壮大。完善中国特色现代企业制度，弘扬企业家精神，加快建设世界一流企业。与党的十九大报告相比，二十大报告在国资国企改革方面有 10 处明显的变化：

（1）强调"深化国资国企改革"，将"深化国企改革"提前，同时把"国资"放在"国企"之前。

（2）删去"完善各类国有资产管理体制，改革国有资本授权经营体制"

（3）删去"促进国有资产保值增值"和"有效防止国有资产流失"。

（4）在"加快国有经济布局优化和结构调整"一段中，删去"战略性重组"。

（5）国有企业改革中不再涉及"发展混合所有制经济"。

（6）"推动国有资本做强做优做大"变为"推动国有资本和国有企业做强做优做大"，强调国有企业的作用。

（7）在"做强做优做大"后面增加"提升企业核心竞争力"，强调"核心竞争力"。

（8）增加"完善中国特色现代企业制度"。

（9）强调"弘扬企业家精神"，突出企业家精神在国资国企改革中的地位。

（10）将"培育具有全球竞争力的世界一流企业"修改为"加快建设世界一流企业"。

这些变化反映了党中央关于国有企业深化改革的新思路，实质上是全面建设社会主义现代化国家与高质量发展阶段对于深化国资国企改革的新要求。新时期的改革要注重弘扬企业家精神，加快建设世界一流企业，以适应全球经济竞争的新态势。

一、党委职权划分的新思路：基于公司治理新模式的创新

公司治理新模式为确定党委在公司治理中的职权提供了新的思路，如表 8.1 所示。党委需主导制定对公司健康发展产生深层和长远影响的决策，例如公司使命、愿景、创新能力和社会责任等决策。与此同时，发展战略、市场地位、财务状况和生产力的相关决策应由董事会主导，充分发挥其价值创造（治理）职权，党委参与决策。董事会在职权范围内需要制定符合公司愿景

和战略的自主治理机制，以有效调动积极性，激发公司的活力并支持业务的开展。

表8.1　党委与股东大会和董事会的新职权划分

序号	公司健康指标	股东大会	党委	董事会
1	使命、愿景	⚖	◐	◔
2	发展战略	⚖	◐	◑
3	创新能力	⚖	◕	◑
4	社会责任	⚖	◕	◔
5	市场地位	⚖	◐	◕
6	财务状况	⚖	◐	◕
7	生产力	⚖	◐	◕

注：◐表示辅助制定角色，●表示主导制定角色，⚖表示最终决定权。

虽然党委如何融入公司治理的理论探索已经有了较明确的方向和目标，但实践中仍需进行更多探索。在公司治理新模式下，党委应主导制定和推进宏观、根本性的决策建议。

二、关键事项

公司治理新模式下，党委应关注企业在经济、环境和社会方面的责任，主要包括：（1）承担企业社会责任。制定并实施企业社会责任政策，强化企业社会责任战略的落地与执行，监督企业履行社会责任等。（2）布局创新能力提升。制定创新战略规划，鼓励企业开展技术研发，与董事会和高管团队协作等。（3）培育健康治理文化。弘扬社会主义核心价值观，培养企业家精神，倡导诚信、公平、透明、勤奋和创新等优秀品质，深入开展党风廉政建设等。（4）引入市场化运作机制。引入混合所有制改革，优化公司治理结构，推动市场化选人用人机制等。通过这些措施，党委能有效融入公司治理，推动企业在经济、环境和社会责任方面取得突破。为了便于理解和查阅，表8.2列出了党委在四个关键事项中的主要工作参考。

表8.2　党委在四个关键事项中的主要工作参考

关键事项	主要工作
（1）承担企业社会责任	a. 制定并实施企业社会责任政策
	b. 强化企业社会责任战略的落地与执行
	c. 监督企业履行社会责任
	d. 强化企业社会责任信息披露
	e. 推动企业参与社会公益活动
（2）布局创新能力提升	a. 制定创新战略规划
	b. 鼓励企业开展技术研发
	c. 与董事会和高管团队协作
	d. 建立创新激励机制
	e. 培育创新企业文化
（3）培育健康治理文化	a. 弘扬社会主义核心价值观，培养企业家精神
	b. 倡导诚信、公平、透明、勤奋和创新等优秀品质
	c. 深入开展党风廉政建设
	d. 促进内部监督与外部监督相结合
	e. 培育企业家敬业精神和团队协作意识
（4）引入市场化运作机制	a. 引入混合所有制改革
	b. 优化公司治理结构
	c. 推动市场化选人用人机制
	d. 借鉴国内外先进的管理经验和市场化运作模式
	e. 落实政府相关政策

（一）承担企业社会责任

党委在公司治理中发挥领导作用，需要关注企业在经济、环境和社会方面的责任。党委应确保企业在追求经济效益的同时，充分关注环境保护、员工权益和社会公益等方面，努力实现企业和社会的和谐发展。

（1）制定并实施企业社会责任政策。党委应组织相关部门制定企业社会责任政策，明确企业在环境保护、员工权益和社会公益等方面的目标与计划。

此外，党委还应确保企业社会责任政策得到有效执行，不断优化和完善。

（2）强化企业社会责任战略的落地与执行。党委应与董事会和高管团队共同推进企业社会责任战略的实施，协调各方资源，形成合力，确保企业在实现经济效益的同时，积极履行社会责任。此外，党委还应设立专门机构或人员，负责企业社会责任的组织与协调工作。

（3）监督企业履行社会责任。党委应对企业履行社会责任进行监督，确保企业经营行为符合国家法律法规、行业规范和道德伦理要求。此外，党委还应定期对企业社会责任的履行情况进行评估，提出改进意见和建议。

（4）强化企业社会责任信息披露。党委应推动企业加强社会责任信息披露，向社会展示企业在环境保护、员工权益和社会公益等方面的成果，提升企业形象，增强社会认同感。企业可以通过发布社会责任报告、举办公益活动等方式，展示企业的社会责任成果。

（5）推动企业参与社会公益活动。党委应鼓励企业积极参与社会公益活动，利用企业资源为社会做出贡献。同时，党委还应与政府部门、社会组织等合作，共同推进社会公益事业的发展。这将有助于企业树立良好的社会形象，提高企业品牌价值。

例如，中国核工业集团有限公司党组在2022年研究发布了《完整准确全面贯彻新发展理念做好碳达峰碳中和工作行动纲要》，明确推动实现"双碳"目标是中核集团肩负的重要责任和使命，为此需要推动核技术在经济社会生活中的广泛应用，拓展核能多用途利用，增进人民福祉。具体而言，积极探索包括核能供电、供热等综合能源保障，与核能综合利用。此外，核技术也将在抗击疫情、辐照灭菌、呼吸诊断、医学影像、抗癌治疗等领域多点开花，发挥越来越重大的作用。未来，核能在海水淡化、高温制氢等领域也有较好的应用前景。

（二）布局创新能力提升

党委在公司治理中应发挥引领作用，积极推动企业在技术、管理和商业模式等方面的创新。以下五个方面对企业创新能力提升具有重要意义：

（1）制定创新战略规划。党委须组织相关部门制定创新战略规划，明确创新方向和目标，为企业创新提供指导。创新战略规划应包括短期、中期和长期目标，以确保企业在各个阶段都能保持创新活力。通过系统规划，企业可以确保创新工作的连贯性和针对性，从而提高创新成果的产出。

（2）鼓励企业开展技术研发。党委应支持企业进行技术研发，引进先进技术和设备，提升企业核心竞争力。同时，党委还应关注企业在研发领域的投入，确保投入与产出相匹配，实现可持续发展。技术创新是企业保持竞争力的关键，党委应积极推动技术创新成为企业发展的核心驱动力。

（3）与董事会和高管团队协作。党委应与董事会和高管团队协作，激发企业内部创新活力。通过多方协调，党委应确保企业在创新过程中的资源分配、组织管理和人员激励等方面得到有效支持。良好的协同合作将有助于企业创新工作的高效推进，为企业创新提供有力保障。

（4）建立创新激励机制。党委应推动企业建立创新激励机制，包括物质奖励和精神鼓励，以激发员工的创新潜力。同时，党委还应关注激励机制的实施效果，不断优化和完善，以实现良性循环。科学的激励机制将激发员工创新热情，提高企业整体创新能力。

（5）培育创新企业文化。党委应致力于培育创新企业文化，为员工提供宽松、自由的创新氛围。此外，党委还应推广创新理念，鼓励员工敢于挑战、敢于尝试，以形成强大的创新精神。创新企业文化是创新能力提升的重要支撑，有助于培养员工的创新意识和能力，进一步推动企业整体创新水平的提升。

总结来说，党委在公司治理中发挥引领作用，推动企业创新能力提升的关键在于制定创新战略规划、鼓励企业开展技术研发、与董事会和高管团队协作、建立创新激励机制以及培育创新企业文化。通过这五个方面的共同努力，企业可以在技术、管理和商业模式等方面取得突破性的创新成果，从而提高企业的核心竞争力和市场地位。

（三）培育健康治理文化

党委在公司治理中应致力于培育一种积极健康的企业治理文化。具体措施包括：

（1）弘扬社会主义核心价值观，培养企业家精神。党委应积极弘扬社会主义核心价值观，引导企业家树立正确的价值观、道德观和责任观，以国家利益和社会公益为导向，促进企业发展与社会和谐。企业家精神的培养将有助于激发企业内部创新活力，推动企业持续发展。

（2）倡导诚信、公平、透明、勤奋和创新等优秀品质。党委应倡导诚信、公平、透明、勤奋和创新等优秀品质，以形成良好的企业精神风貌。这些品质是企业健康发展的基石，有助于培育正直、守法、自律的企业文化。

（3）深入开展党风廉政建设。党委应深入开展党风廉政建设，严肃查处违纪违法行为，强化企业廉洁自律意识。通过开展廉政教育、规范权力运行、严肃查处腐败等举措，党委能够为企业创造一个廉洁、公正的治理环境。

（4）促进内部监督与外部监督相结合。党委应加强内部监督，建立健全内部监督制度，确保企业治理规范运行。同时，党委还应主动接受外部监督，如社会舆论、监察机关等，以提高企业治理的透明度和公信力。

（5）培育企业家敬业精神和团队协作意识。党委应重视企业家敬业精神和团队协作意识的培养，鼓励员工积极参与企业治理，形成集体智慧和力量。通过建立良好的沟通机制和协作平台，党委能够进一步提升企业整体治理水平。

通过以上五个方面的举措，党委可以在公司治理中培育健康的治理文化，为企业发展提供良好的内在动力和基础。

《道德经》有言，"天之道利而不害，圣人之道为而不争"，强调了融合的重要性。在市场化改革和重组整合过程中，党委应致力于培养共赢、分享的治理文化，确立企业的核心战略区与核心利润区，重点关注特定客户群、产品系列细分区域或某一地区市场，与上下游企业共享利益，与同行业企业划分领域，从而实现联合共赢和市场健康发展。

为说服浙江水泥、三狮水泥、虎山水泥和尖峰水泥四大企业加盟中国建材，共建南方水泥，时任董事长宋志平提出了三大核心原则：设立公平合理的定价体系，确保创业者的投资能获得回报；为民企创业者保留30%的股份，实现利益共享；对有能力、优异业绩且具备职业操守的创业者给予充分信任并保留职位，吸引他们以职业经理人身份加入中国建材。这三大原则展现了中国建材的包容文化和互利共赢策略，使得原本竞争激烈的水泥企业看到了合作的可能。最终，南方水泥成功创建。随后，包括浙江、上海、江苏、安徽、湖南、江西、福建和广西等地的300多家企业纷纷加入，使中国建材成为拥有超过亿吨产能、位居行业前列的特大型水泥集团，展示了不同所有制和规模企业的成功整合。

（四）引入市场化运作机制

党委在公司治理中要积极引入市场化运作机制，充分发挥市场在资源配置中的决定性作用，提高企业的核心竞争力。具体措施包括：

（1）引入混合所有制改革。在国有企业改革过程中，党委应引入混合所有制改革，增强企业活力和竞争力。混合所有制可以使企业融合各类资本、技术和管理经验，提升企业的市场竞争力和创新能力。

（2）优化公司治理结构。党委应推动优化公司治理结构，完善股东、董事会、监事会和经理层之间的关系，确保各方在企业发展中充分发挥作用。合理的公司治理结构有助于提高企业的决策效率和执行力。

（3）推动市场化选人用人机制。党委应推动市场化选人用人机制，提高员工激励和管理水平，激发企业内部创新活力。市场化选人用人机制有助于挖掘和选拔人才，为企业发展提供人力资源保障。

（4）借鉴国内外先进的管理经验和市场化运作模式。党委应借鉴国内外先进的管理经验和市场化运作模式，加强与市场的互动，提高企业的市场适应能力。在全球化竞争中，企业需要不断吸收新知识、新技术和新理念，以应对不断变化的市场环境。

（5）落实政府相关政策。党委应关注并落实政府相关政策，如税收优惠、金融支持等，为企业发展创造有利条件。政府的支持政策可以降低企业的运营成本，增强企业的市场竞争力。

通过上述措施，党委可以在公司治理中积极引入市场机制，发挥市场在资源配置中的决定性作用，提高企业的核心竞争力。市场化运作机制将有助于企业在激烈的市场竞争中立于不败之地，实现可持续发展。

例如，深圳投控坚持"市场化选聘、契约化管理、差异化薪酬、市场化退出"原则，构建"选育留用"全链条人才工作体系，全面完成25家下属商业类企业经营班子整体市场化选聘，434名经理层成员全部签订任期协议、经营责任书，任期制和契约化管理实现全覆盖。同时，强化考核刚性约束，依据考核结果兑现薪酬、决定是否续聘，有效解决管理人员"能上不能下、能进不能出"的问题。在激励约束方面，坚持业绩与市场"双对标"，构建"以业绩为导向、增量利润分享为主、收入能高能低"的激励约束机制。公司总部高管人员实行差异化考核、强制化分布，大幅拉开薪酬差距。"一类一策"推动子企业对标行业先进,建立超额利润分享、员工跟投、重大项目节点考核、限制性股票等长效激励约束机制。

第三节　党委成员的治理胜任力

党委在公司治理结构中扮演着关键角色，地位不断得到巩固，党组织在治理中的作用日益显著。作为治理主体，党委应具备全局视野、决策能力、创新精神和协调能力，以充分发挥党组织的领导核心和政治核心作用。为确保党对国有企业的领导不动摇，党委决策胜任力的建设至关重要。以下从五个方面阐述党组织成员的任职能力：思想政治素养、公司治理能力、战略思维、民主决策意识和创新思维。

一、思想政治素养

在国有企业中，党委担任着至关重要的政治领导角色。要有效发挥这一角色，党委成员、董事和高管必须具备坚实的政治素质、深厚的党性观念和敏锐的政治洞察能力。此外，他们还应展现出卓越的思想领导力、政治洞察力和党建专业能力，以确保企业在各种复杂环境中始终保持正确的政治方向。

首先，党委成员应深入理解上级领导的决策方针，全面贯彻执行党的基本路线和政策。在这个过程中，他们需要不断提高自身的政治觉悟，紧密关注国家大政方针的变化，以便及时调整企业战略，确保企业始终与国家发展大局保持一致。

其次，党委成员要紧密关注企业内部实际动态，全面了解员工的需求和困难，通过制定实际可行的策略，推动企业在保持高效运行的同时不断提升员工的福祉。这要求他们具备敏锐的洞察能力，能够准确把握企业发展的关键节点，及时发现和解决潜在问题，为企业持续发展提供有力保障。

再次，党委成员要引领企业有效执行党的政治任务以及上级党委的决策部署，坚决贯彻执行党的决策，确保企业发展方向与党的要求保持一致。在这个过程中，他们要发挥政治领导力，把党的政治任务融入企业各项工作，保证企业在实现经济效益的同时，始终坚持党的政治领导地位。

最后，为了推动企业的稳定发展和协调各方利益，党委成员应不断提升自身的政治素养，包括加强党性教育，深入学习党的基本理论、基本路线、基本方略，以及不断丰富和提升自己的政治经验。只有具备高度的思想政治素养，党委成员才能更好地领导企业在各种复杂环境中应对挑战，保持正确的政治方向，为实现企业和国家的长远发展目标做出贡献。

二、公司治理能力

党委在企业治理中发挥着关键作用，作为治理主体，必须具备丰富的公司治理知识和实践能力。党委成员在党委与董事会之间担任关键的双重角色，对上级党委、企业、班子集体和员工负有重大责任。因此，党委成员必须具备过硬的能力素质，既要成为"党建专家"，又要成为"治理行家"，以提升企业的战略决策、全局观和创新能力。

第一，党委成员要深入学习和掌握公司治理的理论知识和实践技能，以便在企业治理中发挥关键作用。这包括了解公司治理的基本原则、法律法规和最佳实践，掌握公司治理结构、董事会职责、股东权益保护等方面的知识，从而推动企业实现良好的公司治理。

第二，党委成员要具备卓越的战略决策能力。这意味着他们必须具备全局观念，能够站在企业整体利益的高度，分析企业的发展趋势和外部环境，制定科学的发展战略和政策，为企业稳定发展指明方向。

第三，党委成员要发挥协调和沟通的作用，推动企业内部各职能部门、董事会和员工之间的协同与合作。他们必须具备优秀的沟通和协调能力，通过有效沟通减少内部矛盾，搭建良好的企业文化，提升企业整体执行力和凝聚力。

第四，党委成员还要具备创新意识和能力。在企业治理过程中，他们应当具备敏锐的市场洞察能力，洞察企业所处行业的发展趋势，积极引导企业创新发展，推动企业实现技术、管理和业务模式的创新升级。

第五，为了提高企业治理能力，党委成员要不断进行自我提升和专业培训。他们应当参加相关培训课程、研讨会和交流活动，加深自身在公司治理方面的知识体系和实践经验。同时，他们还应当关注国内外企业治理的最新动态和发展趋势，以便将先进的公司治理理念和方法应用于实际工作。

三、战略思维

我们致力于完善中国特色现代企业制度，弘扬企业家精神，并加快建设世界一流企业。为实现这一目标，党委应树立目标导向型战略思维，关注公司健康发展，在新形势下的公司治理中发挥积极作用，履行战略领导和决策职责，为公司治理提供指引，并确保董事会的有效运作和资源管理。在企业发展过程中，明确发展目标和合理配置资源是战略层面的关键问题。因此，党委应具备敏锐的战略思维，将公司健康发展作为核心目标。在新形势下的公司治理中，党委应积极发挥战略领导和决策职责，为公司治理提供明确的指导，保障董事会的高效运作，并引导企业资源的合理配置。

首先，党委要具备远见卓识的战略眼光，以便在复杂多变的市场环境中敏锐地洞察行业发展趋势和企业面临的机遇与挑战。此外，党委还应具备跨界思维，关注跨行业发展动态，以求从更广阔的视角洞察市场，提升企业的竞争优势。

其次，党委要深入挖掘企业核心竞争力，并以此为基础制定符合企业实际的长远战略规划。这意味着党委应深入了解企业的内部优势与不足，明确企业发展的战略定位，从而为企业发展创造持续增长的动力。

再次，党委要善于调整战略规划，以适应不断变化的市场环境。在实施战略过程中，党委应密切关注内外部环境的变化，及时评估战略执行效果，并在必要时调整战略方向，确保企业始终沿着正确的道路稳步前进。

最后，党委要将战略思维与企业文化相结合，推动企业形成具有独特竞争优势的企业文化。党委应引导员工树立战略意识，培养员工具备战略思维，从而在企业发展过程中为企业创造持续的竞争力。

例如，2021年6月，新兴际华创造性地将党史学习教育成果转化成为推动企业改革发展的生动实践，为接下来的一系列改革发展工作筑牢了思想基础。为落实产业布局要求，新兴际华党委出台《集团公司结构性调整工作方案》，启动自2006年以来改革力度最大、涉及范围最广、调整幅度最深的结构性变革，实现"主业归核、资源归集、产业归类"，形成冶金铸造、轻工服装、机械装备、应急、医药五大主业，资产经营管理、现代供应链物流、现代商业服务三个专业化领域，以及一个产业投资平台的产业布局。

四、民主决策意识

党委在企业治理中扮演着关键角色，坚持和维护党的民主集中制至关重要。为确保决策的科学性和有效性，党委应重视在实际工作中广泛征求意见，并充分发挥民主决策机制的优势。

首先，党委要保证团队成员充分参与决策过程。这意味着在企业发展战略、重大投资项目、管理制度改革等关键议题上，党委应鼓励各级党组织成员、员工和利益相关方积极发表观点，以便形成全面而客观的决策依据。

其次，党委要广泛收集各方面的信息和建议，综合考量企业内外部因素，确保决策的科学性和有效性。这包括了解市场环境、竞争态势、政策法规等因素，同时关注企业内部的人力资源、技术状况、财务状况等实际情况。

再次，党委在决策过程中要保证言者无罪。这意味着党委应鼓励党组织成员和员工敢于发表真实意见，为企业的发展和改进提供宝贵的建议。党委应积极倾听不同观点，对有益于企业发展的意见给予充分重视和认真采纳，同时对于提出批评和建议的员工予以保护，确保言论自由的氛围。

最后，党委要加强民主决策制度的建设和完善，包括规范决策程序、明确决策职责、加强决策监督等方面。通过建立健全民主决策制度，党委可以提高决策效率，增强企业的适应性和竞争力，为实现企业可持续发展提供有力保障。

五、创新思维

在当今全球化和信息化快速发展的时代，创新已经成为企业尤其是国有企业持续发展的核心动力。党委成员在推动企业创新中的作用不可或缺，他们需要深化对创新重要性的理解，并在实践中积极引领和推动创新活动。

首先，党委成员应当树立创新为本的理念，将这种思维贯彻于企业文化的方方面面。这不仅要求他们自身具备创新思维，而且还需要通过组织创新活动，如讲座、研讨会等，提升全体员工对创新的认识和追求。

其次，营造一个开放和包容的创新环境对于激发员工的创新热情至关重要。党委成员应努力打造一个鼓励尝试和容许失败的氛围，为员工提供必要的资源和资金支持，以促进自由思想交流和创意碰撞。同时，加强对员工创新能力的培养也是推动企业创新发展的关键，包括提供创新方法和工具的培训，鼓励员工参与外部交流和学习，从而不断引入新思路和创新技术。

再次，为了持续激发员工的创新动力，建立一个有效的创新激励机制是必不可少的。党委成员应设计多元化的激励措施，既包括物质奖励，也包括荣誉认可和职业发展机会，以此激发员工的创新热情和积极性。

最后，创新的最终目标在于成果的应用和转化。党委成员应密切关注创新活动的成果，及时将有效的创新成果转化为产品、服务或工艺改进，加速创新成果的市场化过程。通过建立创新成果的评估和反馈机制，可以不断优化与调整创新的方向和重点，确保创新活动能够为企业带来实际效益和竞争优势。

通过上述方式，党委成员能有效地推动企业的创新进程，为企业在激烈的市场竞争中保持领先地位提供强有力的支持，同时也为国家的经济发展和社会进步做出更大的贡献。

第四篇
公司治理新模式的解析：治理功能

本篇重点关注公司治理功能的变革。公司治理功能是指领导公司价值创造和维护公司健康的职能，董事会作为公司治理功能的组织核心，对公司战略和经营决策具有关键作用，对公司的长期发展和价值创造具有重要意义。

第九章从外部董事的新定位、独立董事制度升级等方面展开，深入探讨如何改进公司治理机制，以提高公司治理的有效性。我们将回顾中国独立董事制度的发展过程，总结其取得的成绩与面临的挑战，以及制度设计与实践的错位问题。本章提出"通才型独立董事"的新定位，分析其内涵与"专家型通才"的区别。

第十章专门探讨如何实现从合规监督向价值创造的转型策略，包括完善独立董事制度的核心建议、董事胜任力模型（SELM 模型）的介绍与应用等。此外，本章还探讨如何调整独立董事评价重点，以公司价值创造为评估标准，并关注培育和激发独立董事的内驱力。

第十一章基于公司治理新模式构建资源管理的 CIA 模型。通过关注动态能力和资源、强调资源管理原则、提供资源管理流程以及关注组织层面的资源编排能力，CIA 模型有助于公司在竞争激烈的市场环境中实现健康发展。

第十二章从战略统领观的高度，为读者展现公司治理、公司管理和公司战略三者之间微妙而严谨的逻辑关系。它既为公司决策层提供了宝贵的战略建议，又为那些渴望深入了解公司治理、公司管理与公司战略之间纽带的读者提供了较为深入又全面的解读。在全书的结构中，本章如同一座桥梁，不仅承载了前文的理论基石，更为后续的实际操作和公司治理实践提供了理论支撑及明确的方向指引。

通过阅读本篇，读者能够全面了解公司治理功能变革的关键内容和实践方法，从而在实际工作中更好地推动公司治理变革，实现公司的健康和可持续发展。

第九章
激活外部董事：通才型人才的定位*

2001年，证监会发布了《关于在上市公司建立独立董事制度的指导意见》（简称《意见》），正式引入独立董事制度。为了优化上市公司治理结构，推动规范运营，上市公司应建立独立董事制度。《意见》首次明确了A股上市公司独立董事的定义、职责与义务，并对其任职条件、选举程序、职责、独立性要求等方面提供指导。

经过二十多年的发展和完善，独立董事制度取得了显著成果，从早期的"花瓶独立董事""明星独立董事"发展到现在的"专才型独立董事"。在这一过程中，社会对独立董事的期待逐渐从名气转向职业背景和专业能力，希望他们在董事会议题决策中发挥积极作用。然而，专才型独立董事与独立董事制度初衷有很大差异，导致了制度的悖论和发展困境。为了解决这个问题，我们提出了"通才型独立董事"的概念。

通才型独立董事可以帮助澄清独立董事角色，提供全新的发展路径。在这个模式下，独立董事需要掌握各类董事会议题的理论和方法，对董事会提案进行科学评估。具体的资料收集、数据获取、分析计算和决策认证等工作则由公司内外相关专业人员负责。通才型独立董事的出现有助于将独立董事塑造成一份令人尊敬的职业，使董事会成为公司决策的核心，并让公司更有效地优化资源配置、提升社会福祉。

第一节 制度设计与企业实践的错位：通才与专才

本节主要探讨独立董事的定位问题，分析现实中独立董事作为通才或专才的困境，以及通才型独董的概念和实践。本节展示了上市公司治理准则、董事

---

* 部分内容发表于：牛建波，尹雅琪. 通才型独董：制度变革的新方向和新思路 [J]. 董事会，2021，(08):39-43。

会议事规则和证监会判决案例对独立董事的要求，指出现实中独立董事在实际履职中往往表现为专才。这种现象反映出制度设计与企业实践、理想与现实之间的冲突。

一、制度设计中的独立董事定位：通才

独立董事制度在改善公司治理结构、加强公司专业化和规范化运作等方面具有重要作用。那么，一名合格的独立董事应当具备怎样的职业素养和个人品质呢？以下将通过《上市公司治理准则》对董事义务的规定，两家上市公司董事会议事规则对独立董事的要求进行展示，并通过证监会对獐子岛公司的处罚判决来呈现独立董事在实际履职中如何认定自身的责任范围。

2018年修订的《上市公司治理准则》中关于董事会和独立董事的规定摘录如下：

第二十三条　董事应当对董事会的决议承担责任。董事会的决议违反法律法规或者公司章程、股东大会决议，致使上市公司遭受严重损失的，参与决议的董事对公司负赔偿责任。但经证明在表决时曾表明异议并记载于会议记录的，该董事可以免除责任。

第三十七条　独立董事应当依法履行董事义务，充分了解公司经营运作情况和董事会议题内容，维护上市公司和全体股东的利益，尤其关注中小股东的合法权益保护。独立董事应当按年度向股东大会报告工作。

上市公司股东间或者董事间发生冲突、对公司经营管理造成重大影响的，独立董事应当主动履行职责，维护上市公司整体利益。

第三十八条　上市公司董事会应当设立审计委员会，并可以根据需要设立战略、提名、薪酬与考核等相关专门委员会。专门委员会对董事会负责，依照公司章程和董事会授权履行职责，专门委员会的提案应当提交董事会审议决定。

专门委员会成员全部由董事组成，其中审计委员会、提名委员会、薪酬与考核委员会中独立董事应当占多数并担任召集人，审计委员会的召集人应当为会计专业人士。

上海证券交易所2013年发布的《上海证券交易所上市公司董事会审计委员会运作指引》中对审计委员会的职责是这样规定的：

第十三条　审计委员会的职责包括以下方面：

（一）监督及评估外部审计机构工作；（二）指导内部审计工作；（三）审阅上市公司的财务报告并对其发表意见；（四）评估内部控制的有效性；（五）协调经理层、内部审计部门及相关部门与外部审计机构的沟通；（六）公司董事会授权的其他事宜及相关法律法规中涉及的其他事项。

宁德时代2019年新修订的《董事会议事规则》规定了需要由董事会进行审批的交易：

第十八条　以下交易由董事会进行审批：

（一）交易涉及的资产总额占公司最近一期经审计总资产的百分之十以上，该交易涉及的资产总额同时存在账面值和评估值的，以较高者作为计算数据；

（二）交易标的（如股权）在最近一个会计年度相关的营业收入占公司最近一个会计年度经审计营业收入的百分之十以上，且绝对金额超过五百万元；

（三）交易标的（如股权）在最近一个会计年度相关的净利润占公司最近一个会计年度经审计净利润的百分之十以上，且绝对金额超过一百万元；

（四）交易的成交金额（含承担债务和费用）占公司最近一期经审计净资产的百分之十以上，且绝对金额超过五百万元；

（五）交易产生的利润占公司最近一个会计年度经审计净利润的百分之十以上，且绝对金额超过一百万元。

上述指标计算中涉及的数据如为负值，取其绝对值计算。

本条所指"交易"是指下列事项：

（一）购买或者出售资产；（二）对外投资（含委托理财、对子公司投资等）；（三）提供财务资助（含委托贷款）；（四）提供担保（含对子公司担保）；（五）租入或者租出资产；（六）签订管理方面的合同（含委托经营、受托经营等）；（七）赠与或者受赠资产；（八）债权或者债务重组；（九）研究与开发项目的转移；（十）签订许可协议；（十一）放弃权利（含放弃优先购买权、优先认缴出资权利等）；（十二）其他法律、法规或规范性文件、公司章程或公司股东大会认定的交易。

上述购买、出售的资产不包含购买原材料、燃料和动力，以及出售产品、商品等与日常经营相关的资产，但资产置换中涉及购买、出售此类资产的，仍包括在内。

宁德时代 2019 年新修订的《独立董事工作制度》规定了需要独立董事发表独立意见的重大事项，具体如下：

第十八条　公司在证券交易所上市后，独立董事除履行上述职责外，还应对以下重大事项发表独立意见：

（一）对外担保；（二）重大关联交易；（三）董事的提名、任免；（四）聘任或者解聘高管人员；（五）公司董事、高管人员的薪酬和股权激励计划；（六）变更募集资金用途；（七）制定资本公积金转增股本预案；（八）制定利润分配政策、利润分配方案及现金分红方案；（九）因会计准则变更以外的原因做出会计政策、会计估计变更或重大会计差错更正；（十）上市公司的财务会计报告被注册会计师出具非标准无保留审计意见；（十一）会计师事务所的聘用及解聘；（十二）上市公司经理层收购；（十三）上市公司重大资产重组；（十四）上市公司以集中竞价交易方式回购股份；（十五）上市公司内部控制评价报告；（十六）上市公司承诺相关方的承诺变更方案；（十七）上市公司优先股发行对公司各类股东权益的影响；（十八）法律、行政法规、部门规章、规范性文件及公司章程规定的或中国证监会认定的其他事项；（十九）独立董事认为可能损害上市公司及其中小股东权益的其他事项。

第二十条还规定了发表独立意见时至少包括的内容：

第二十条　独立董事对重大事项出具的独立意见至少应当包括下列内容：

（一）重大事项的基本情况；（二）发表意见的依据，包括所履行的程序、核查的文件、现场检查的内容等；（三）重大事项的合法合规性；（四）对公司和中小股东权益的影响、可能存在的风险以及公司采取的措施是否有效；（五）发表的结论性意见，对重大事项提出保留意见、反对意见或无法发表意见的，相关独立董事应当明确说明理由。

永茂泰 2021 年 3 月新修订的《公司章程》规定了应提交董事会审议的事项，具体如下：

第一百零九条　公司发生的交易（提供担保、受赠现金资产、单纯减免公司义务的债务除外）达到下列标准之一的，应当提交董事会审议：

（一）交易涉及的资产总额（同时存在账面值和评估值的，以高者为准）占公司最近一期经审计总资产的 10% 以上；

（二）交易的成交金额（包括承担的债务和费用）占公司最近一期经审计

净资产的 10% 以上，且绝对金额超过 1 000 万元；

（三）交易产生的利润占公司最近一个会计年度经审计净利润的 10% 以上，且绝对金额超过 100 万元；

（四）交易标的（如股权）在最近一个会计年度相关的营业收入占公司最近一个会计年度经审计营业收入的 10% 以上，且绝对金额超过 1 000 万元；

（五）交易标的（如股权）在最近一个会计年度相关的净利润占公司最近一个会计年度经审计净利润的 10% 以上，且绝对金额超过 100 万元。

上述指标涉及的数据如为负值，则应取其绝对值计算。

永茂泰 2018 年 6 月新修订的《独立董事工作制度》规定了独立董事需要发表独立意见的事项：

第十四条　独立董事除履行上述职责外，还应对以下事项向董事会或股东大会发表独立意见：

（一）提名、任免董事；（二）聘任或解聘高管人员；（三）公司董事、高管人员的薪酬和股权激励计划；（四）变更募集资金用途；（五）超募资金用于永久补充流动资金和归还银行借款；（六）制定资本公积转增股本预案、利润分配政策、利润分配方案及现金分红方案；（七）因会计政策变更以外的原因做出会计政策、会计估计变更或重大会计差错更正；（八）上市公司的财务会计报告被注册会计师出具非标准无保留意见；（九）会计师事务所的聘用及解聘；（十）重大关联交易、对外担保（不含对合并报表范围内子公司提供担保）；（十一）重大资产重组方案；（十二）以集中竞价交易方式回购股份；（十三）内部控制评价报告；（十四）独立董事认为可能损害中小股东权益的事项；（十五）有关法律、行政法规、部门规章、规范性文件及《公司章程》规定的其他事项。

独立董事应当就上述事项发表以下几类意见之一：同意；保留意见及其理由；反对意见及其理由；无法发表意见及其障碍，所发表的意见应当明确、清楚。

根据证监会对上市公司董事会的总体要求和部分上市公司对独立董事职责的规定，独立董事在参与公司重大事项经营决策、监督其他董事和经理层行为方面拥有大量权力和责任。公司的发展战略、重要经营策略、高管薪酬激励政策以及股东权益维护等，都必须获得独立董事的认可和同意后，方可提交股东大会或董事会审议。

在企业实践中，独立董事如何认识和定位自己应履行的职责和义务呢？以证监会对獐子岛公司的处罚判决为例。从 2014 年开始，在不到 6 年的时间里，獐子岛的海产品扇贝先后四次离奇"失踪"，一度被投资者视为国内最离奇的资本市场闹剧。2020 年 6 月 15 日，经调查，证监会认定獐子岛公司存在财务造假，并处以行政处罚。

獐子岛公司的四名独立董事分别进行了申辩：陈某 A 称其作为质量检验、食品安全和加工出口方面的专业人士被股东大会选举为独立董事，不具备财务方面的专业审查能力；陈某 B 称其作为管理专业人士被股东大会选举为独立董事，不具备财务方面的专业审查能力；吴某某称其作为财务管理方面的人员被股东大会选举为独立董事的，但仅具备基础的财务知识，并不是财务方面的专家，不具备对獐子岛公司所涉虚假记载事项的审查能力；丛某某称其作为人力资源管理方面的专家被股东大会选举为独立董事，不是财务方面的专家，无法通过审查年度报告的方式发现存在的问题。

他们均强调自己的专业背景与财务审查无关，因此不具备发现问题的能力。

然而，这些申辩意见并未使独立董事免于处罚。最终，证监会认为《证券法》明确规定董事和高管人员对信息披露真实、准确、完整所负有的法定保证义务，不知情、未参与、不具备相关专业背景、依赖外部审计等并非法定免责事由。

由此可见，在实际运作中，尽管上市公司对独立董事的聘任标准和独立董事自身的定位通常是专才，但法规和准则对所有独立董事一视同仁，要求他们行使相同的权利和承担相同的义务，不会因独立董事的专业和职业背景差异而有所区别。仅精通某一专长而忽视公司经营的其他方面，并不能成为独立董事规避职责和义务的"挡箭牌"。

这种情况反映出制度设计与企业实践之间的错位：独立董事制度本意是寻求通才，而现实中却往往偏向专才，这导致独立董事在履行职责时面临职能与能力之间的不匹配。一个理想的独立董事应具备足够的通识和跨领域的知识，以便全面地了解公司经营，从而更好地执行监督职能。

二、企业实践中的独立董事角色：专才

根据《上市公司治理准则》和公司内部制度的设定，独立董事应该具备跨领域的知识和能力，成为能够将专业知识与公司经营决策相融合的通才。然而，在实际运作中，独立董事制度是否达到这一目标和要求呢？我们通过观察宁德时代、永茂泰等两家上市公司的独立董事简介，以及腾讯控股关于董事会名单的公告，了解董事会中独立董事的职业背景和成员结构情况。

宁德时代聘任的独立董事的个人简介如下：

蔡秀玲：女，1962年生，中国国籍，无境外永久居留权，福建师范大学博士。曾任福建师范大学讲师、副教授、经济学院经济学系系主任。现为福建师范大学教授、博士生导师、经济学院学位分委员会主席、公司独立董事。

薛祖云：男，1963年生，中国国籍，无境外永久居留权，厦门大学博士。曾任广州远洋运输公司工程师，中国电子器材厦门公司会计师、财务经理，厦门天健会计师事务所注册会计师，中青基业投资发展中心财务总监，三亚金棕桐旅业投资有限公司董事长，福建安井食品股份有限公司独立董事。现任厦门大学管理学院会计系教授、系副主任，厦门信达股份有限公司、奥佳华智能健康科技集团股份有限公司、福建傲农生物科技集团股份有限公司、乔丹体育股份有限公司、宁德时代新能源科技股份有限公司的独立董事。

洪波：男，1959年生，中国国籍，无境外永久居留权，中共党员。中国政法大学本科学历，法学学士学位；厦门大学世界经济研究生学历，经济学硕士学位；一级律师。曾任福建省律师协会秘书长、副会长、会长、中华全国律师协会副会长等职，现为福建新世通律师事务所首席合伙人、福建省律师协会名誉会长、福建省国资委法律咨询专家委员会法律咨询专家、福州市人民政府法律顾问，福建东百集团股份有限公司、鸿博股份有限公司的独立董事。

永茂泰聘任的独立董事的个人简介如下：

王吉位：男，中国国籍，无境外永久居留权，1967年生，本科学历，高级工程师。曾任中国有色金属工业再生资源公司副总经理、中国循环经济协会副会长兼秘书长，现任中国有色金属工业协会再生金属分会副会长兼秘书长、公司独立董事。

李小华：男，中国国籍，无境外永久居留权，1952年生，硕士研究生学历，高级律师，中国行为法学会金融法律行为研究会副秘书长、常务理事，上海市

法学会诉讼法研究会副会长。曾任上海市银都律师事务所副主任、上海市复兴律师事务所主任。现任上海李小华律师事务所主任、公司独立董事。

李英：女，中国国籍，无境外永久居留权，1969年生，本科学历，中国注册会计师、注册资产评估师、高级会计师。曾任新疆啤酒花股份有限公司副总经理、光明食品集团冷食事业部总经理、上海梅林正广和股份有限公司财务总监等职务。现任上会会计师事务所（特殊普通合伙）审计师、公司独立董事。

观察宁德时代和永茂泰聘任的独立董事的个人简介，不难发现这两家公司独立董事的成员构成具有背景多元化的特征，涵盖经济、财务、法律和技术四个领域，基本上是各自领域内的专家。

腾讯控股2021年5月20日发布的公告《董事名单以及其角色及职能》中公示了董事会成员及其在委员会中的任职情况，如表9.1所示。

表9.1 腾讯控股的董事名单以及其角色及职能

职位	姓名	审核委员会	企业管治委员会	投资委员会	提名委员会	薪酬委员会
执行董事	马化腾			M	C	
	刘炽平			C		
非执行董事	Jacobus Petrus（Koos）Bekker					M
	Charles St Leger Searle	M	C	M	M	
独立董事	李东生				M	M
	Ian Charles Stone	M	M		M	C
	杨绍信	C	M		M	
	柯杨		M			

注：C指董事会主席；M指董事会成员。

从上述信息可以看出，腾讯控股的董事会设有五个董事委员会，李东生、Ian Charles Stone、杨绍信、柯杨这四位独立董事分别在审核委员会、企业管治委员会、提名委员会和薪酬委员会担任职务。这表明在确定董事会成员时，腾讯控股是根据独立董事的专业特长进行分配的。这一做法暗示了独立董事在董事会的部分决策中发挥作用，而并非期望他们在董事会所有决策环节都具备出色的决策能力。

从宁德时代和永茂泰聘任的独立董事的个人简介来看，两家公司的独立董事成员构成具有多元化的特点，涵盖了经济、财务、法律和技术四个领域，基本上是各自领域内的专家。这种情况表明，尽管上市公司在章程和规则中提出通才型独立董事的要求，但在现实中往往以专才的标准和期望来聘任独立董事，并根据独立董事的专长区分实际履职要求。这导致独立董事在发挥决策专业化、科学化的作用时，往往局限在与自己专业领域相关的决策事项上。

在这种现实情境下，独立董事的背景特征决定了他们为公司提供的资源类型、咨询水平和监督能力。因此，学术研究通常会根据独立董事的职业或专业背景将他们区分开，分类探讨他们对公司经营发展的影响。

实际上，独立董事到底是通才还是专才的问题，反映出政策指引与企业实践之间、理想与现实之间的冲突。为解决这一冲突，我们需要重新审视独立董事的定位。企业在选拔独立董事时，应平衡专业知识和通识能力的要求，培养和选拔具备跨领域知识和能力的独立董事，使其在履行职责时既能针对具体的专业领域提出建设性意见，又能站在更宏观的角度为企业的整体发展提供有益建议。

三、独立董事实践偏离制度要求的主要原因

本部分主要探讨了通才型独立董事的理想化与现实困境。一方面，现实中人们通常倾向于在某一领域深入学习，而通才较难寻找。另一方面，现实中独立董事在其他领域的成就相对有限。此外，现实中存在治理与管理的混淆问题。独立董事在制度设计中被定位为通才，但在实际治理实践中往往以专才的身份履职。这种现象和困境亟待解决。总结起来，因为通才理念十分理想化，所以在现实中难以寻找，并且治理与管理的混淆导致独立董事在实践中偏离了职责范畴。

（一）通才固然好，但千金难觅

古训云："家有万贯，不如一技在身。"在人们的传统观念中，掌握一项精湛的专业技能似乎成为人生发展的基石。许多成功学理论也强调，在追求成为顶尖人才的道路上，应持续专注于某一领域，倡导深入钻研、精益求精的工匠精神。正是这种根深蒂固的文化和观念，让我们在不知不觉中走上了专才的成

长道路。

教育可大致分为通才教育和专才教育。目前,我国的教育体系整体倾向于专才教育,这样的教育方式为社会提供了大量具备专业技能的人才,具有明显的功利性和实用性。在高等教育阶段,教育体系结构进一步细分,专才教育模式更加显著。换句话说,学历越高,所学习的知识和研究领域就会越专业化,从而越容易培养出某一领域的专家。

人的时间和精力都是有限的,受制于客观能力的局限,大多数人认为自己只能在某个领域深入学习,即"通而不精,不如专一而精"。在许多人看来,不同领域之间的差距如同鸿沟,涉足新领域的学习充满陌生感和挑战,因此人们更愿意留在自己的舒适区。

被聘任的独立董事通常具有高学历和丰富经验,过去的经历使他们在专才道路上越行越远;然而,他们在其他领域的成就往往相对有限。因此,通才型独立董事在现实中难以寻找。

(二)混淆治理和管理

公司治理是一个涵盖多角度和多层次的概念。从公司治理的产生和发展来看,可以从狭义和广义两个方面理解。狭义的公司治理主要指股东等所有者对经营者实施的监督和制衡机制,旨在确保股东利益最大化,并防止经营者背离所有者的利益。广义的公司治理则不局限于股东对经营者的制衡,涉及更广泛的利益相关者。公司管理的主体则是经理层,代表着公司经营权的权能结构,通过指导和监督具体的经营活动来实现公司的经营目标。因此,治理注重公司内外部整合与协调的全局观,管理则侧重关注公司内部具体事务的处理和发展。

作为董事会成员的独立董事,在其擅长的专业领域之外,还需要深入理解董事会在公司治理机制中的角色定位,掌握审议董事会议题的决策标准和方法,从公司整体角度制定、控制和监督公司战略方针,有效发挥独立董事的治理作用。然而,现实中对独立董事的要求往往局限于处理公司经营中某一类事务的能力和经验,侧重于具体的经营管理事项,而非权力制衡和监督的治理功能。

对治理和管理不科学的区分导致对独立董事能力范畴产生误解,从而出现独立董事实践偏离制度要求的现象。在制度设计中,独立董事被定位为"通才",

但在实际治理实践中,他们往往以"专才"的身份履职,这种现象和困境亟待解决。

第二节　通才型独立董事:重新定位与出发

通才型独立董事的概念借鉴了贝恩咨询公司董事会主席奥里特·加迪耶什(Orit Gadiesh)提出的专家型通才。通才型独立董事要掌握不同董事会决策议题所需的理论和方法,能对提交至董事会的议案进行科学评价。区别于专家型通才,通才型独立董事不需要深入掌握多个学科的知识技能,而是关注公司治理领域。他们需要熟悉董事会决策事项的科学评价原则、方法和工具,明确独立董事的目标和角色定位。通才型独立董事的成功实践不仅需要独立董事自身的思维转变和积极学习,还需要其与影响董事履职的相关主体进行充分的沟通和辅导。这一概念旨在为独立董事制度的发展提供全新思路和启示,为独立董事发挥应有作用提供全新途径和逻辑。

一、通才型独立董事的内涵

根据独立董事制度设计的角色定位,我们可以借鉴专家型通才这一概念。加迪耶什首先提出这一术语,她将专家型通才定义为:具备能力和好奇心去掌握并汇集来自不同学科、行业、技能、专业、国家和议题等方面知识的人。这类人在深入研究并完善一个领域时,同时广泛涉猎许多不同领域,力求在两个或更多的事务上达到前25%的水平,并理解连接这些领域的更深层次的原则,然后将这些原则应用到他们的核心专长。

从上述分析可见,独立董事在治理制度设计中的角色定位类似于通才,但这里的通才既非泛泛而谈之人,也非博学多才的全能之人。根据治理制度设计的初衷以及独立董事在专业方面应具备的特点,我们将合格的独立董事称为通才型独立董事。

通才型独立董事要求独立董事掌握不同董事会决策议题所需的理论和方法,能够对提交至董事会的议案进行科学评估,具体事项如资料搜集、数据获取、计算分析和决策认证等由公司内部或外部相关专业人员负责。通才型独立董事为独立董事制度发展提供了全新思路,为独立董事发挥应有作用提供了全新逻辑。

对于专家型通才的独立董事而言,"专"意味着在原有知识领域具有专业性和权威性,"通"则要求具备与董事会决策相关的经济、财务、治理、管理、法律等方面的基本原理、正确思维和科学决策方法,而非要求成为精通企业经营所有环节和过程、通晓所有领域的专家型通才。

二、通才型独立董事与专家型通才的区别

虽然加迪耶什定义的专家型通才强调广泛学习、技能互补和创造性,但我们对通才型独立董事的界定与之相比存在明显差异。

首先,独立董事在参与董事会决策时,并不需要深入掌握自身专业领域之外的其他学科、专业和技能的具体知识,无须成为所有决策领域的专家,也不必深入理解不同学科间的深层次联系以创造新知识。

其次,通才型独立董事需要熟悉董事会进行决策事项的科学评估原则、方法和工具,掌握资本市场、公司治理、法律制度和企业管理等核心领域的知识,明确独立董事的目标和角色定位。他们需要理解董事会作为一个团队实现有效和高效运行的结构设计方法、原则与思路,掌握设计有效治理机制的政策和工具,学会培育优秀治理文化的途径。

最后,对于通才型独立董事所需的这些理论、方法和技术,在短期内通过专项培训即可掌握。然而,在独立董事履职过程中,他们可能会遭遇其他董事、大股东和高管等的不理解、不配合,甚至是刁难和故意阻拦。因此,通才型独立董事的成功实践不仅需要自身的思维转变和积极学习,还需要与影响独立董事履职的相关主体进行充分的沟通和辅导。

基于治理架构和逻辑的通才型独立董事概念的提出,为独立董事制度的发展提供全新思路和启示,为独立董事发挥应有作用提供全新的途径和逻辑。

表9.2概括了通才型独立董事和专家型通才的主要区别。

表9.2 通才型独立董事与专家型通才的区别

对比项	通才型独立董事	专家型通才
学科广泛性	不要求深入掌握多个学科，仅关注公司治理相关领域	掌握多个学科并在其中发挥专长
专业领域	限定在公司治理领域	涉及多个专业领域
董事会决策	在董事会决策时仅需掌握决策相关知识，如资本市场、公司治理、法律制度和企业管理等方面的核心内容，能够对提交至董事会的议案进行科学评判	在董事会决策时能够清楚理解各学科间的联系并组合创造出新的知识，对各种决策议题都有深入的见解和专业建议
技能互补性	不强调技能互补性，更关注公司治理的全局视角	强调技能互补性，将不同领域的知识和技能相互结合以实现更高效的决策
创造性	不强调创造新知识，更关注现有治理机制的优化	强调创造新知识，不断探索和创新
培训与实践	通过专项培训即可掌握公司治理相关知识，侧重于独立董事在董事会中的监督和制衡作用	需长期学习和实践多个领域，不仅在董事会决策中提供专业建议，还在公司战略和业务发展中发挥关键作用
角色定位	作为独立董事，关注公司治理，保护股东利益，监督和制衡经营者	作为专家型通才，在多个领域发挥专长，为公司战略与业务发展提供创新思维和专业指导

第十章
升级独立董事制度：从合规到价值创造 *

在现代企业中，独立董事制度是公司治理结构的重要组成部分。独立董事是指不属于公司高管，并在公司内外都具有独立地位的董事成员。他们的主要职责是监督公司高管履行职责，保护股东利益，确保公司的决策过程公平、公正，最终实现公司的健康和长期可持续发展。

独立董事制度起源于20世纪初的美国，后来逐渐在全球范围内推广。2001年，证监会发布《关于在上市公司建立独立董事制度的指导意见》，要求上市公司全面建立独立董事制度。2005年修订的《中华人民共和国公司法》在法律层面正式确立了上市公司独立董事制度。2022年证监会在上市公司法规整合工作中将《关于在上市公司建立独立董事制度的指导意见》修订为《上市公司独立董事规则》。独立董事制度的初衷是在公司治理中引入独立、客观的第三方，以平衡公司高管和股东的利益冲突。在过去几十年里，独立董事制度在很多国家都得到广泛认可和应用。独立董事制度的引入有助于提高公司治理水平，降低公司风险，保护投资者利益，提高公司的透明度和信誉。

虽然独立董事制度在理论上有很多优点，但在实践中仍面临巨大挑战。例如，独立董事的选任和激励机制不完善，可能导致独立董事的独立性受到质疑；独立董事的职责和权力不够明确，容易导致其在公司治理中的作用受限；独立董事的知识和经验水平参差不齐，可能影响其在公司决策中的贡献。

本章从多个方面提出完善独立董事制度的核心建议，包括重视制度与市场协同、转变制度目标、调整职责定位、构建独立董事胜任力 SELM 模型、调

---

* 部分内容发表于：牛建波. 独董制度从合规监督到价值创造的转型策略 [N/OL]. 上海证券报，2023-04-26[2024-07-01]. https://paper.cnstock.com/html/2023-04-26/content_1754741.htm。 在发表首日，新华社客户端转载文章的阅读量超过 100 万次。

整独立董事评价重点和培育独立董事的内驱力等，最后提出通才型独立董事的构想，期望为独立董事制度的发展提供新的方向和思路。

第一节　完善独立董事制度的核心建议

一、重视制度与市场协同

为了更好地发挥独立董事在公司治理中的作用，需要强化制度建设与市场机制的相互配合。一方面，政府和监管部门应通过制定更明确的法规和政策，提高独立董事的法律责任，确保其在公司治理中的独立性和公正性。

为了实现这一目标，可以采取如下措施：（1）完善独立董事任期制度。设定合理的任期长度，以确保独立董事能够在一定时期内充分了解企业情况，并对公司治理产生实质性影响。（2）规范独立董事选拔程序。选拔过程应公开透明，以避免独立董事受控于特定利益集团。（3）设定独立董事的业务培训和考核机制。定期对独立董事进行业务培训，确保其具备履行职责所需的专业知识。（4）建立考核机制，对独立董事的履职情况进行评估。

同时，应加大对违法违规行为的惩戒力度，提升独立董事履职的风险意识，确保其承担相应的法律责任；设立举报制度，鼓励内部和外部人员揭露独立董事的违法违规行为，以营造良好的公司治理环境等；

另一方面，应充分发挥市场机制作用，鼓励和培育具备专业知识和丰富经验的独立董事，提高独立董事的整体素质。这方面的措施包括：（1）建立专业化的独立董事培训体系，通过专门的教育和培训项目提高独立董事的专业水平；（2）设立独立董事人才库，为企业选拔独立董事提供有力支持；（3）制定合理的薪酬制度，吸引优秀人才担任独立董事职务等。

二、转变制度目标

当前独立董事制度的目标往往偏重规范公司治理结构和流程，容易忽视对公司价值创造的关注。为了更好地实现公司的健康和长期可持续发展，应将独立董事制度的目标转向着重于公司价值创造。具体来说，独立董事应更多地关注公司的核心竞争力、创新能力和可持续发展能力，积极推动公司实现战略目标和提升业绩。

为实现这一目标，公司可以采取如下措施：（1）重视企业文化与价值观。独立董事应深入了解企业文化及价值观，确保公司战略与企业文化相互支持，从而促进公司价值创造。（2）关注利益相关方。独立董事应密切关注利益相关方（如股东、员工、供应商、客户等）的诉求，协调各方利益，推动公司在多元利益诉求之间实现平衡发展。（3）优化公司战略规划。独立董事应积极参与公司战略规划过程，利用自身专业知识和经验，提出切实可行的建议和方案，促使公司战略更有针对性和执行力。（4）激励创新与可持续发展。独立董事应倡导企业创新，推动公司持续提升技术研发能力和产品竞争力，同时关注公司在环保、社会责任等方面的表现以实现可持续发展。（5）监督公司业绩。独立董事应密切关注公司业绩变化，评估公司管理层的决策效果，确保公司治理的有效性。若公司业绩不佳，独立董事应敢于提出问题，并推动公司管理层及时采取改进措施。（6）鼓励长期投资。独立董事应积极传达公司治理的长期目标，引导股东关注公司长期发展，抵制短期利益的诱惑，支持公司价值的持续创造。

三、调整职责定位

基于第一性原理总结出的公司治理功能的 DES 模式，为了更好地发挥独立董事的作用，其职责定位可调整为以下三个方面：

第一，科学决策。强调独立董事在公司决策过程中的作用。以公司健康为治理目标，董事会应构建衡量指标体系（如公司愿景、公司战略、创新能力、社会责任、市场地位、财务状况和生产力等），并确定合理分区间。独立董事应运用专业知识和经验，为公司提供有益建议和指导，协助公司做出明智决策。

第二，系统激励。独立董事应参与构建董事和高管的激励机制，确保激励机制与公司战略目标和长期价值创造相符。独立董事应关注激励机制的公平性、合理性和可持续性，以便在保持公司健康的前提下，为广大利益相关者创造更多的价值。

第三，高效监督。独立董事需要在公司治理中发挥高效监督作用，通过优化监督机制，确保公司高管履职，防范潜在风险。监督过程中，独立董事应注重结果导向，关注公司治理实际效果和价值创造。此外，独立董事还应关注公司内部风险控制和合规管理，提高公司的透明度和公信力。

第二节 董事胜任力模型：SELM 模型

公司治理对公司的经营效率、创新能力和社会影响力产生深远影响，进而成为日益重要的竞争优势。董事会作为公司治理的核心，代表股东制定战略决策并监督高管层。中国企业经过多年的建设和发展后，董事会已具备相对完整的形式、规模和结构。在制度规范建设方面，根据国际权威公司治理准则，中国已取得显著成果。

尽管如此，中国公司治理实践中仍存在董事会制度建设与董事科学决策之间的差距。在实践中，许多公司的董事会治理仅仅为了满足合规要求，形式主义盛行，而忽略价值创造这一核心职能。为了解决这一问题，落实董事会职权已成为中国企业现代公司治理改革的关键内容之一。例如，国务院国有资产监督管理委员会、国家发展和改革委员会、人力资源和社会保障部联合发布的"十项改革试点"和国有资产监督管理委员会推动的"国企改革三年行动"等。

然而，多年来，董事会虚化和决策职能缺位问题依然突出。一个关键原因是缺乏对董事胜任力的深入研究，导致对董事胜任力理解的差异和董事会的低效甚至无效。遗憾的是，截至 2023 年，尚未发现关于中国董事胜任力的研究成果。

企业作为市场经济的主体和国家竞争力的基石，其发展壮大将有助于国家的繁荣强盛。有效的董事会有助于实现企业目标与国家发展的同频共振。鉴于政治、经济和制度环境的被动要求以及企业自身的主动诉求，建立董事胜任力模型具有必要性、迫切性。这符合深化国有企业改革、切实落实董事会职权的需求，也适应绿色治理时代企业发展的需求。因此，在充分借鉴国内外学者和组织的研究成果的基础上，我们于 2021 年构建了中国首个董事胜任力模型，旨在为董事会更好地发挥作用提供基础性支持。①

一、董事胜任力 SELM 模型的内涵

自 1973 年大卫·麦克利兰（David McClelland）首次提出胜任力概念以来，

---

① 部分内容发表于：牛建波，尹雅琪. 中国董事胜任力模型的建构 [J]. 董事会，2021,(11):88-97。

几十年的发展使得胜任力领域的研究成果丰富多样。然而，在董事胜任力方面的研究相对较少，仅有部分学者和组织对此展开探索性研究。例如，瑞士洛桑国际商学院全球董事会研究中心主任迪迪埃·科森（Didier Cossin）提出了董事会有效性的四大支柱：人的素质、关注度、奉献精神；内部和外部、正式和非正式的信息架构；组织结构和流程；团队动态和治理文化。南部非洲董事协会从职业能力、个人能力和社会能力三个方面分别阐述了董事应具备的知识和技能，并提出了五个基本价值观——良心、包容、能力、奉献和勇气。新西兰董事学会的董事能力框架包括董事特征和董事能力两个方面，董事能力分为战略和治理领导、知情决策、商业头脑、沟通等四个部分。英国董事协会从知识、技能和思维模式三个维度构建了董事胜任力框架。

为构建董事履职胜任力模型，我们需要充分考虑企业内外层面的因素：一方面，企业外部的相关法律法规和监管制度明确规定了董事的义务与行为准则，董事在履职时必须严格遵守；另一方面，企业内部的董事个人条件和董事会基础设施是影响董事胜任力的两个主要因素。董事的知识、技能体现了软实力，而董事会基础设施则是硬实力。良好的董事会基础设施是董事发挥有效作用的重要支撑和保障。综上所述，我们提出董事胜任力 SELM 模型，用公式表示为：$C=f(S, E, L, M)$。其中，S 代表技能和专业知识（Skills and Professional Expertise），指董事的决策能力和专业素质；E 代表董事履职的外部环境（Environment）；L 代表义务（Liability），即董事承担的义务和责任；M 代表激励和态度（Motivation and Attitudes），包括董事的积极性、价值观等因素；即影响董事会有效性的基础设施。我们将此模型简称为董事胜任力 SELM 模型，与英文名（Selm）寓意的聪慧、守信用相契合。图 10.1 概括了 SELM 四个维度包含的具体内容。

（一）技能和专业知识（S）

董事作为公司治理的关键角色，需要具备全面的专业知识，以便履行决策和监督职能。

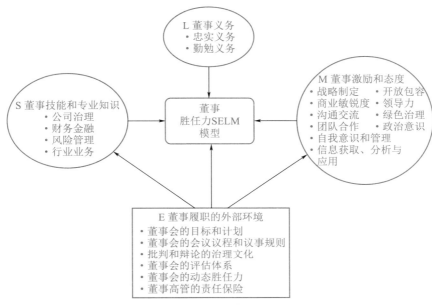

图 10.1 董事胜任力 SELM 模型

1. 公司治理

董事会是公司治理的主体，高效治理要求董事具备对公司治理理论核心内容和原则的深刻理解，包括股东权益保护、透明度和公平原则。董事还应明确董事会与管理层的界定，有效平衡权力，制定有效的激励机制，确保公司可持续发展。

2. 财务金融

作为资深专家，董事需要具备扎实的财务金融知识，包括财务报表分析、现金流量管理、财务风险识别及财务指标评估等。这些能力有助于董事对公司的财务状况、运营效率、盈利能力等进行全面评估，从而做出明智的决策。

3. 风险管理

风险管理对于公司稳健发展至关重要。董事需要具备风险识别、评估、监控及应对能力，为公司制定合适的风险管理策略，包括市场风险、信用风险、操作风险等方面的管理。通过了解行业最佳实践和合规要求，董事可以帮助公司建立健全的风险管理体系，确保公司可持续发展。

4. 行业业务

董事应深入了解公司所在行业的发展趋势、竞争格局、客户需求、技术创新等方面，以便为公司制定科学的发展战略。对于不同行业的公司，董事应关注行业特点、政策法规、市场竞争等因素，发挥自身专业优势，为公司创造价值。

总之，作为资深专家，董事应具备公司治理、财务金融、风险管理和行业业务等方面的全面知识。这些知识将有助于董事更好地履行决策和监督职能，引领公司实现可持续发展。

（二）外部环境（E）

外部环境是指董事会执行治理工作所需的资源和系统。对董事会而言，董事会会议是治理工作的主要舞台，它的规划、议事规则和执行等正式制度与治理文化等非正式制度都会显著影响董事会治理的效率和效果。也就是说，董事会基础设施是影响董事会治理有效性的正式制度和非正式制度的集合。具体而言，主要包括董事会的目标和计划、董事会的会议议程和议事规则、批判和辩论的治理文化、董事会的评估体系、董事的动态胜任力、董事高管的责任保险等。

1. 董事会的目标和计划

明确董事会的目标和计划是规划、聚焦及组织董事会工作的重要工具。拥有精确合理的年度目标和计划，董事会才能在达成思想共识的基础上实现行动共识，以企业整体目标为焦点形成合力，保证工作计划执行的有序性和可控性，同时为董事会制定会议议程、管理会议、设计培训和董事会评估提供基础。年度目标为董事会设立了年度范围内的整体要求和期望，有助于董事会成员树立清晰的方向感。年度计划是年度目标的载体，是对年度内各个阶段的短期安排和规划，有助于增强董事会对落实年度目标的掌控感。

制定董事会目标和计划可以遵循SMART原则，保证目标和计划的明确性、可量化、可实现、相关性和时效性。从具体的制定来看，首先对公司外部的行业、市场、竞争对手等环境进行系统和全面的分析，再从公司内部发展战略方向、资源、自身优劣势等出发，确立董事会的任期目标和发展目标，最后以年度目标为支撑，按照有条不紊的节奏规划董事会各季度、月度的详细工作安排，并尽量落实到指标和数字上。

2. 董事会的会议议程和议事规则

科学的会议议程和议事规则是保证董事会会议高效运行的关键。董事会会议是公司治理的中心，是董事开展工作的平台。会议议程是为合理分配董事会的时间和注意力而精心设计的计划，议事规则是董事会在开会期间必须遵守的一系列程序性规定和行为规范，它们的设定和执行方式应能够有效刺激和集中董事会成员的注意力和能力。董事会要最大限度地利用会议时间，让成员们相互交流，而不是被动地倾听。在董事会会议上要避免把大部分时间花费在向董事会成员传达议案的基本内容上。

为了提高董事会会议的高效率和创造力，应将会议议程各项目进行分类、排序，按照轻重缓急精确安排会议时间，同时将会议议程提前发给每位董事，以保证董事做到胸中有数，减少不必要的信息单向传递时间。对于需要董事会批准、无须讨论的常规决策项目，可缩减议事流程以节省时间，重点关注需要讨论、审议、投票的项目。同时，董事会需要建立科学的议事规则，对董事的行为规范、董事长的权利和义务、董事会会议的召开、议案的表决、决议的执行监督和其他事项做出明确的规定。

3. 批判和辩论的治理文化

批判和辩论的治理文化是董事会做出前瞻性与创新性决策的催化剂。互相尊重、鼓励和欢迎新观点的董事会文化，一方面有助于激发董事的批判意识和创新思维，实现观点的碰撞和创意的迸发；另一方面有助于董事在信息分析和决策的过程中避免拘泥于"少数服从多数"的原则，敢于提出质疑，打破常规思路和认知偏见，积极提出有创造性的方案。

群体思维是一种显著的群体决策偏差，它使人们陷入群体凝聚力的思考模式，高度团结的群体成员在评估选择方案时为了追求整体一致性，往往会忽视决策的最终目的。出于避免冲突、保持和平关系的动机，在董事会进行决策时，董事可能为了追求一致而放弃个人主义和独立思考，导致决策质量和创造性的下降。认知冲突则有助于防止高凝聚力的群体中出现群体思维，方法是培养一种以任务为导向和包容多元观点的环境。

亚马逊创始人杰夫·贝索斯（Jeff Bezos）一直认为持续不断的创意是公司发展的动力，作为亚马逊重要决策机构的董事会，并不将友好相处视为一种美德，而是鼓励成员进行激烈的辩论，在董事会会议上，批判和创新所带来的紧张感比悠闲与和谐更受欢迎。这种鼓励创新思维、乐于冒险的企业文化是亚马逊成为全球第一大互联网公司的关键因素之一。

4. 董事会的评估体系

董事会评估体系对于确保董事会的有效运作至关重要。为建立个性化的胜任力模型，各公司可参考本书所构建的董事胜任力 SELM 模型，使其符合公司商业计划。通过评估董事的胜任力，有助于加强对董事履职状况的了解和监督，激发董事提高自身履职能力的积极性，并为公司组织系统化董事培训提供重要依据。

董事会评估是一个双向沟通的过程，评估人员应与董事建立良好的互动关系，以便制定动态和持续发展的个人职业规划，并在必要时调整董事会的构成。同时，需要强调的是，评价侧重于事实判断，而评估更关注价值判断。在评估董事胜任力时，应综合考虑公司的商业计划、发展战略等个性化信息，以便对董事和董事会履职状况进行更为准确的刻画与分析。

5. 董事的动态胜任力

董事胜任力评价应根据公司的商业计划特征来确定。随着环境变化和公司发展阶段的不同，董事的胜任力需要与时俱进。持续的培训和开发活动是维持董事动态胜任力的关键，这有助于不断提升董事会成员在知识、技能、方法、态度和思维等方面的水平，更新董事会队伍建设，保持董事的动态胜任力，从而提升公司竞争力。

在实际操作中，除了定期组织学习培训，公司还可通过举办专家讲座、论坛、实地调研等活动，帮助董事及时了解影响公司经营的宏观经济政策、市场运行态势、行业发展趋势、业务动态等信息。这有助于拓宽董事的视野和思维，从而做出更科学的董事会决策。

6. 董事高管的责任保险

董事高管责任保险（Directors and Officers Liability Insurance，D&O 保险）是一种关键的风险管理工具，用来保护董事会成员和高级管理人员。尽管董事们经验丰富，但他们并非全知全能，无法预见和防范公司面临的每一种风险，解决每一个潜在问题或阻止每一个不当行为。购买董事高管责任保险有助于降低董事会成员在做决策时所承担的风险，激励他们更具创新精神地履行职责，为公司在激烈的市场竞争中塑造和维持竞争优势。

董事高管责任保险为董事及高管在履行公司管理职责过程中因被指控工作

疏忽或行为不当而被追究个人赔偿责任时提供保障，保险公司负责赔偿法律费用并承担应负的民事赔偿责任。自1993年美国《证券法》通过后，上市公司董事和高管人员需要承担的经营风险显著增加。董事高管责任保险最早由英国伦敦劳合社于1934年推出，如今已在美国、加拿大、澳大利亚等许多国家被广泛采用。自2002年中国颁布《上市公司治理准则》明确规定上市公司高管的民事赔偿责任后，中国上市公司也逐渐引入此险种。

董事高管责任险不仅让保险公司对上市公司进行监督，还具有转移董事高管决策失误风险的功能，从而影响公司决策。例如，Niu和Li（2010）发现，在其他条件类似的情况下，购买董事高管责任保险的公司会进行更大规模的投资。

然而，需要强调的是，董事高管责任保险并不承保恶意违背忠诚义务、故意在信息披露中提供虚假或误导性陈述、违反法律的行为。换言之，董事在履行职责时应恪守忠实和勤勉义务，这是在触发董事高管责任保险时获得保险公司赔偿的必要条件。

（三）董事义务（L）

董事会的首要职责是代表、推进和保护股东的利益，作为股东的代理人，参与公司决策和行动，这是现代公司治理的基石。为了规范公司的组织和行为，保护公司、股东和债权人的合法权益，完善现代公司制度，维护社会经济秩序，我国出台了《公司法》《证券法》等法律以及《证券公司董事、监事和高级管理人员任职资格监管办法》《上市公司治理准则》等规章制度，其中相关条文对董事会及董事的职责和义务做出了明确的规定。

根据《公司法》的规定，董事、监事、高管人员应当遵守法律、行政法规和公司章程，对公司负有忠实义务和勤勉义务。这是董事履职必须遵守的两大义务，自然也就构成董事胜任力模型的第一大要素。

1. 忠实义务

董事的忠实义务要求其具备诚信、正直的个人品质以及独立的客观条件和主观意识。

（1）诚信。诚信作为法律术语在民商事法律条文中多次出现，即诚实信用原则，诚信义务则是基于这一原则而产生的，是一种法定的、默示的、附随的义务。《公司法》规定董事、监事、高管人员不得利用职权收受贿赂或者其他非法收入，不得侵占公司财产。董事在任何情况下都应该将公司的整体利益放在个人利益之前，忠诚地为公司股东和利益相关者行事，不能在决策时掺杂私人动机。诚信的品质是董事会成员的必备条件。

（2）正直。正直意味着接受正确的价值观，具有坚定的个人信念和职业道德并时刻捍卫它。董事会作为公司治理的核心，会牵涉多方的复杂利益关系，董事会成员在利益面前能够坚守职业底线，不为利益所屈服，才能真正履行决策和监督的职能。具有正直品质的董事往往能够禁得住诱惑，牢记自身的使命，避免与个别利益方同流合污、违背职责和义务。

现代管理学之父德鲁克在《管理：任务、责任、实践》（Management：Tasks，Responsibilities，Practices）一书中认为，领导者必须正直。一个组织富有精神，那是因为它的最高领导者的精神崇高；一个组织腐败，其根源在于它的最高领导者，正所谓"上梁不正下梁歪"；一个员工的人品不能成为下属的效仿榜样，最高领导者就绝不应该将他提拔到重要的工作岗位。作为公司的高层领导人员，董事必须为人正直，方能胜任职位。

（3）独立。独立主要是针对独立董事而言，独立董事必须首先满足独立的硬性客观要求。同时，在董事会审议决议事项时应遵守回避表决原则，要求每位董事都进行独立、公正、公平的判断。董事会的运行和决策通常会涉及公司多方的利益，需要平衡所有利益相关者的需求和期望，而非狭义地代表某一方的利益。为此，董事会成员要保持自身的独立和公正，敢于阐述不同意见，坚守独立和客观的立场，发表更符合公司整体利益的意见。

《公司法》规定了关联董事表决时需要遵循的要求。上市公司董事与董事会会议决议事项所涉及的公司有关联关系的，不得对该项决议行使表决权，也不得代理其他董事行使表决权。董事会会议由过半数的无关联关系董事出席即可举行，董事会会议所作决议须经无关联关系董事过半数通过。出席董事会的无关联关系董事人数不足三人的，应将事项提交上市公司股东大会审议。该规定为董事决策的独立性提供了坚实的制度保障。

2. 勤勉义务

董事的勤勉义务要求董事具备敬业精神和深入了解法律法规，以便明确自身的职责要求和行为规范。

（1）敬业精神。董事应具备敬业精神，勤勉地履行职责和义务，投入足够的时间和精力以完成工作，包括按时出席董事会会议，不早退，提前熟悉会议议程，积极参与审议和讨论，在充分了解情况和合理判断的基础上做出审慎决策。同时，董事应保持对公司经营的关注，不断完善和更新所需的能力和知识，以更好地胜任董事职位。例如，一家上市银行的董事积极学习银行运作知识，主动调研资金业务和风险管理等部门，深入了解业务状况，以便在董事会会议中做出正确和符合实际的判断与决策。董事的这种自发调研成为该上市银行的治理特色，并为其他公司董事会的建设提供了借鉴。

（2）法律法规。董事在履行职责时，应对与职位相关的法律法规有清晰的认识，明确自己在工作中的权利、义务和禁止行为，确保在法律规定范围内履职。此外，作为公司治理的监督者，董事需要熟悉与公司经营行业、地区相关的法律法规和行为准则，如《公司法》《证券法》《合同法》《中华人民共和国反不正当竞争法》以及证监会等监管部门的相关规章制度等。这样才能确保公司事务的执行合规、无误。例如，在制定公司的中长期激励制度时，董事应了解适用范围、融资安排、会计核算、税收缴纳、持股比例等方面的最新规定和要求，以保证激励制度的合法性和合规性。

总之，勤勉义务要求董事具备敬业精神和对法律法规的深入了解，这将有助于他们在履行职责时做出明智、合规的决策，为公司的持续发展和良好治理提供有力支持。

（四）激励和态度（M）

董事有效履行职能，不仅要掌握相应的理论知识，还要具备一定的工作技巧和经验，将专业知识与董事会决策相结合，并将理论知识恰当地应用于公司具体问题。总体而言，胜任董事职位要求具备以下十个方面的重要技能：

1. 战略制定

董事会需要拟定并明确公司的整体战略方针和前进方向，为公司未来发展奠定基调。因此，董事需要具备战略思维和长期视角，跳出具体经营框架，从更宏观的视角分析内外环境，识别机会与威胁，关注行业发展趋势以及全球政治、经济和文化动态。具备这些能力的董事能够为公司制定长远、全局的战略、愿景、价值观和文化，为企业发展指明方向。

以中国建材董事长宋志平为例。在《经营方略：宋志平管理精粹》一书中，他指出，战略是企业的头等大事，凡事想在前面一步，以战略驱动成长，以目标引领航向，这正是企业实现跨越式发展的关键所在。2005 年，水泥行业面临布局不合理、产能过剩及恶性竞争等问题，众多民营企业处于生死攸关的状态，产业结构性调整势在必行。经过董事会多次集体商讨，中国建材明确了回归主流业务、成为行业龙头的定位，制定了做强主业、创新转型、节能减排的战略目标。在这一战略指导下，中国建材引领联合重组，淘汰落后产能与过剩产能，推动存量整合和减量化发展，不仅成为混合所有制改革的成功典范，还塑造了一个竞争有序、健康运行的全新行业生态。

2. 商业敏锐度

在快速变化的市场环境中，不确定性无处不在。因此，董事应具备敏锐的商业嗅觉、洞察力和前瞻性，密切关注行业、市场、经营环境和经济动态的变化，深刻洞察未来发展趋势、机遇与风险，以便及时调整公司的商业计划和发展战略。

以化妆品品牌林清轩为例。2016 年，新零售概念首次被提出，传统线下门店零售的林清轩敏锐地捕捉到互联网时代带来的零售新需求，率先尝试新零售，并与百胜软件合作构建 E3+ 企业中台，打造智慧中枢。然而，受到线下销售理念的束缚，其销售额仍主要依赖线下业务。2020 年新冠疫情暴发，许多实体零售企业遭受重创，林清轩也陷入困境。在濒临破产的关键时刻，林清轩董事会迅速决定进行数字化转型，基于之前的数字化基础设施，与阿里巴巴、抖音、小红书等平台合作，使用钉钉等智能办公平台提高内部协作效率，建立线上运营机制、直播培训、售后团队等。通过数字化赋能，实现线上线下全渠道业务整合，最终成功自救并逆袭。

3. 信息获取、分析与应用

有效的信息是董事会决策的基础。除了经理层提供的信息，董事还要掌握行业技术发展、竞争格局、客户需求、股东期望等方面的信息。通过内部和外部、正式和非正式渠道获取各类信息，解析处理复杂信息，识别关键信息和核心问题，评估业务发展的关键价值驱动因素，从而做出有效判断和决策。

一些企业为董事履职提供了有力的信息支持和保障。例如，中煤能源每天都会发布"中煤信息"，同时董事可以在公司内部系统中查看每月生产经营信息和重大事项；宇通客车规定在每月结束后的五天之内向全体董事发出产销快讯、上市公司当月未经审计的报表、行业资讯和动态、竞争对手状况、公司内部动态、可能投资的项目、目前的计划等信息。这种做法有助于确保董事们及时了解公司的各个方面，为他们做出明智决策提供依据。

4. 沟通交流

董事的有效履职需要处理好董事之间的关系、董事与经理层之间的关系、董事会与专业委员会之间的关系。尤其是外部董事，在履行职责时所依据的信息很大一部分是由公司经理层提供的原始信息及其对信息的分析和解读。因此，董事与经理层之间的沟通渠道和方式是否有效，是影响董事履职效果的关键因素。此外，董事会作为决策机构，应具备理解利益相关者、制定企业愿景和关键目标的集体视角、能力与智慧，并承担协调公司多方利益关系的职责，因此需要具备良好的沟通能力。

为了与经理层进行有效沟通，许多企业的董事会建立了完备的议事流程和信息沟通反馈机制。例如，兴业银行的董事会要求经理层定期汇报以了解公司经营状况，并进行专题调研，接触基层员工以了解他们的想法和基层经营管理情况；国电电力的董事会在会议召开前，会提前听取经理层对所有议题的汇报，并提出疑问和建议。通过提前沟通，帮助董事深入了解议案内容，以便在会议召开时做出正确判断。

5. 团队合作

公司治理是团队活动，董事会行使集体权力，成员没有个人决策权。董事会的有效运作依赖于有序的议事流程、良好的冲突管理机制和互相尊重的平等合作文化。每位董事都应认识到董事会作为一个治理团队在公司中的定位，需要具备团队精神和大局意识。

拥有良好团队意识与合作能力的董事，可以通过建设性的方式协调董事会成员的目标，保持良性和有效的交流与协作，科学处理分歧和冲突，共同为实现公司的价值创造目标而进行决策和监督。这有助于形成一个高效、互相支持的董事会，从而推动公司实现长期成功和持续发展。

6. 开放包容

董事会决策需要广泛的经验、想法、观点和能力，高效的董事会是一个知识与技能多样化的组合。多元化会给董事会带来多样的专业知识，也会增加创新的潜力。每位董事都应具备开放和包容的心态，杜绝偏见，尊重董事会人才结构的多样性，并勇于接纳不同的意见和建设性异议，在观念的碰撞中激发创新的火花，营造平等参与和相互尊重的环境。例如，华为倡导的开放式创新便体现了开放包容思维对企业招揽人才、驱动创新的重要意义。

7. 领导力

董事会是企业的重要领导者，协调和均衡企业各方利益，统筹治理，并领导经理层工作。因此，董事会成员需要具备良好的领导力，从而在企业内外部建立良好的声誉、权威和关系网络，更好地发挥董事会的影响力，推动组织目标的实现。

作为董事会会议的主持人，董事长更需要拥有领导的人格魅力。他应具备计划和组织高效、有创意的董事会会议的能力，保证每位董事有提问、商议、表达观点的机会。董事长还应充分激发和集中董事会成员的注意力与创造力，以提升董事会的运作效率。通过发挥领导力，董事会能够引导企业更好地实现战略目标、降低管理风险、提升竞争力，为企业的长期成功奠定基础。

8. 自我意识和管理

高效的董事会对成员的自我意识和管理提出了新的要求。自我意识是指董事全面了解自己，认识到自身的优势和局限，并在接纳自己缺点的同时保持自信。董事应以谦逊、虚心的态度处理决策过程中的难题及与各方的关系，从而更好地发挥董事职能。

自我管理涵盖能力管理、时间管理、情绪管理等方面。对于董事胜任力，关键是能力管理，即关注自身能力、进行自我评估、定期更新知识和技能，确保履职胜任。由于人的时间和精力有限，合理安排时间、劳逸结合才能高效完成工作。良好的情绪控制对个人和集体活动至关重要，董事会需对公司重大事项做出决策，因此每位董事都应控制好情绪，在会议上保持冷静和客观，有效地控制情绪并集中注意力于决策方案的分析和评估。

9. 绿色治理

面对气候危机、新冠疫情等全球性挑战，绿色治理成为投资者和监管机构关注的焦点。董事会应在追求财务绩效之外，树立绿色治理观，以可持续发展为目标，努力实现生态、社会和经济效益的统一。当企业目标与环境、社会利益发生冲突时，董事会应采取道德立场和长期思维，谨慎行事，做出明智决策。以青岛啤酒为例，公司秉持"确保每一瓶青岛啤酒都有一个绿色基因"的理念，贯彻绿色可持续发展理念，加强能源管理，引进先进节能技术，实现水资源节约和碳排放循环利用。

10. 政治意识

政府对社会经济发展具有重要的规划和管理职责，企业要想在竞争激烈的市场中实现长久可持续发展，就必须高度重视与政府部门的协调合作。因此，董事会成员需要具备敏锐的政治意识和政策把握能力，时刻关注政策动向，确保企业业务与国家发展大局保持一致，为实现共同富裕贡献力量。

在日常工作中，董事应掌握政策走向，依法依规开展业务活动，及时调整战略方向以适应政策的变化；同时，董事还应加强与政府部门的沟通与协作，积极参与政策制定过程，为公司争取政策支持，为公司发展创造良好的外部环境。

此外，董事还应具备政治敏锐性，善于从政策中发现商机，抓住市场先机，充分利用政策优势，开拓新市场、拓展业务领域；同时，董事还应时刻关注国内外政治风险，以避免因政治不稳定带来的不利影响，为公司稳健发展提供坚实保障。

二、董事胜任力 SELM 模型的应用

董事胜任力 SELM 模型提供了董事有效履职所需的广泛和独特的能力与特征，为董事这一专业群体的执业标准提供了重要参考，有助于实现董事会战略决策的科学化、风险管理的艺术化，激发董事会治理的大变革，为当代企业制度改革提供新的思路和突破口，释放董事生产力。

需要强调的是，在董事胜任力 SELM 模型中，董事义务和董事会外部环境两个维度对董事胜任力的要求；对所有企业而言是一致的，而董事技能和专业知识中列举的要素在具体实践中具有差异性和动态性，需要根据企业的所在行业、监管环境、商业模式、企业文化以及发展阶段的差别，赋予这些指标不同的权重。因此，董事胜任力 SELM 模型的构建为企业提供了一个一般化的思考框架和逻辑，在具体应用时尚需根据具体情况进行个性化调整。

在运用董事胜任力 SELM 模型时，我们还应格外关注治理中的"中国特色"。譬如，国有企业是中国经济社会发展的顶梁柱，肩负着经济、政治、社会三大责任。党委在公司治理结构中的法定地位不断落实，党组织在治理中的角色愈发突出。这就要求董事会具备强烈的政治意识和高度

的政治自觉，时刻关注国家的重要政策举措，同时聚焦商业伦理，积极承担社会责任，在制定企业战略时与国家发展规划、经济发展布局要求相协调。

总之，董事胜任力SELM模型既可以应用于董事和董事会的评估，也可以应用于董事培训的系统设计，还可以应用于董事的职业发展规划，以及政府部门、行业协会、中介机构等培育和繁荣董事的人才市场。

（一）董事胜任力SELM模型的具体构建与应用

1. 董事义务与董事会外部环境

在董事胜任力SELM模型的应用过程中，董事义务与董事会外部环境是至关重要的一环。董事应充分了解自己在法定职责和公司章程中的义务要求，始终遵循法律法规和公司制度，以确保董事会决策程序和信息披露的透明度。只有在公平、公正和公开的基础上，董事会才能够有效地履行监督、决策和指导职能，推动公司稳健发展。

以某知名公司为例，其董事会非常注重董事义务与董事会外部环境的建设。第一，公司制定了明确的法定职责和公司章程，要求董事严格遵守法律法规和公司制度。第二，公司董事会设立了多个专门委员会，如审计委员会、风险管理委员会和薪酬委员会等，以便对特定领域进行专业化的研究和管理。最后，公司还建立了一套完善的内部沟通机制，确保董事之间能够及时分享信息并高效协作。该公司非常注重治理文化的建设，鼓励董事们积极参与辩论和进行批判性思考，以提高决策质量。第三，公司还建立了董事会评价体系，定期评价董事会的工作表现和成员的胜任力，确保董事会始终保持高效运作。第四，为了保护董事和高管，公司购买了责任保险以降低潜在风险。该公司董事会在监督、决策和指导方面表现出色，成功引领公司在全球范围的快速扩张和业务发展。这一成功案例充分证明董事义务与董事会外部环境在董事胜任力SELM模型应用中的重要性。

总之，公司的董事和高管应始终关注董事义务与董事会外部环境，以便更好地履行法定职责，推动公司稳健发展。强化董事会外部环境的建设，包括完善治理制度、优化内部沟通机制和提高决策效率等方面，有助于提升董事会的整体竞争力。为了实现这一目标，公司董事和高管应不断学习，提高自身素质，积极参与公司治理，以期在竞争激烈的市场环境中取得优势地位。

2. 董事技能和专业知识的差异性与动态性

在董事胜任力 SELM 模型的应用过程中，我们还要关注董事技能和专业知识的差异性与动态性。不同行业、发展阶段、企业文化等因素均会对董事所需知识与技能产生影响。因此，董事需要关注行业趋势，不断更新知识，以适应企业不断发展的需求。这要求董事在不断学习的过程中关注企业所处环境的变化，充分挖掘自身潜力，提高自身的胜任力。

例如，在新兴行业（如人工智能、生物科技等领域），董事应具备相关技术知识和市场敏感性，以便在竞争激烈的市场中为企业做出明智的战略决策。在传统行业（如制造业和服务业），董事应关注供应链管理、客户关系维护等方面的技能，以便更好地满足客户需求，提高企业核心竞争力。

不仅如此，董事还应关注跨行业的趋势和变化，如数字化转型、可持续发展等领域。这些跨行业的趋势对各个企业都产生影响，董事应及时关注相关政策法规、市场动态和消费者需求等方面的信息，有针对性地调整和提升自己的知识与技能。

以一家正在进行数字化转型的制造企业为例。其董事需要具备关于数字化技术、数据分析、网络安全等方面的专业知识和技能，以便更好地指导企业进行数字化转型，提高企业在新技术应用和市场竞争中的优势。同时，董事还需要关注其他制造业企业在数字化转型过程中的成功经验和教训，以便为本企业的转型提供有益的参考。

总之，董事应始终关注技能和专业知识的差异性与动态性，努力提高自身素质，以便更好地履行决策和监督职能，促进公司的可持续发展。

3. 企业个性化调整与应用

企业所处的行业、监管环境、商业模式、企业文化以及发展阶段的差异都会对董事胜任力产生影响。因此，在董事胜利力 SELM 模型实际应用的过程中，要根据企业的具体情况，为各项指标赋予不同的权重，以满足董事胜任力要求服从公司商业计划的重要前提条件。

以一家初创科技企业为例。其董事可能需要在创新和技术发展方面具备更强的知识和技能。因此，在运用董事胜任力 SELM 模型时，可以适当提高创新能力和技术知识方面的权重。与此同时，初创企业在财务管理和风险控制方面可能面临更大的挑战，因此董事在这些方面的胜任力也显得尤为重要。通过董事胜任力 SELM 对模型进行个性化调整，使之更符合企业特点，有助于更有效地选拔和培养合适的董事。

总结而言，董事胜任力 SELM 模型的应用需要根据企业具体情况进行个性化调整，以便更好地满足公司的发展需求。

（二）董事胜任力SELM模型的多元应用

1. 董事与董事会评价

可以将董事胜任力 SELM 模型应用于董事与董事会评价。通过对董事个人能力和董事会整体能力的系统性评价，可以识别董事会在治理过程中的优势与不足，并有针对性地提出改进建议。这样的评价不仅有助于董事会了解自身的治理水平，还有助于制订相应的培训和发展计划，提高董事会的整体胜任力。

以某家银行为例，其董事会在运用董事胜任力 SELM 模型进行评价后发现，虽然董事们在财务管理和风险控制方面具备较高水平，但在创新和技术发展方面存在明显的不足。这导致了银行在面对数字化和金融科技的快速发展时，竞争力相对较弱。

为此银行董事会采取了多项措施。首先决定加强与金融科技领域的合作，以获取最新的行业动态和创新资源。其次，安排董事参加与科技创新相关的培训课程，提升董事在技术领域的知识储备和创新能力。最后，还邀请相关领域的专家加入董事会，为其在技术创新方面提供专业指导。

通过这些措施，银行董事会在技术创新方面取得了显著提升。不仅提高了公司治理水平，还增强了银行在金融科技领域的竞争力。这一成功案例表明，董事胜任力模型在评价董事会治理能力方面具有重要的实践价值，对于指导企业改进治理、提升竞争力发挥了积极作用。

2. 董事培训系统设计

董事胜任力 SELM 模型的另一个重要应用领域是董事培训系统设计。在设计培训系统的过程中，需要充分考虑董事的实际需求和所处企业的特点，从而确保培训内容和方式有针对性和实用性。其一，董事培训系统应围绕公司治理、财务金融、风险管理、行业业务等关键领域进行设计。这些领域是董事履行职责所必须掌握的核心知识，通过系统性的学习，董事能更好地参与公司决策和监督工作。其二，培训系统还需要包含领导力、沟通能力、团队协作等软技能的培训，以便董事在处理复杂问题以及与其他董事、高管的协作中发挥更大作用。

以某家跨国公司为例。董事会根据董事胜任力 SELM 模型设计了一套综合培训系统，分为基础培训和高级培训两个阶段。在基础培训阶段，董事们学习公司治理的基本原则和法规，以及财务和风险管理等基本知识。在高级培训阶段，董事们则参与行业业务和领导力等方面的深度学习，以便更好地应对公司发展过程中的挑战。此外，公司还为董事们提供了一系列线上学习资源，以便他们在日常工作中随时学习。同时，公司还定期组织专题研讨会和外部讲座，邀请业内专家分享最新的行业动态和实践经验。通过一系列培训措施，公司的董事们在专业知识和综合素质方面得到了明显提升，从而推动了董事会整体治理水平的提高。

综上所述，董事胜任力 SELM 模型在董事培训系统设计方面具有重要的应用价值。结合公司特点和董事需求，精心设计培训课程和体系，我们可以有效提升董事的专业能力和综合素质，从而提高董事会的整体治理水平。

3. 董事职业发展规划

董事胜任力 SELM 模型在职业发展规划方面也具有显著的应用价值。运用 SELM 模型，董事可以更清晰地了解自己在专业技能、领导力、沟通能力等方面的优势和劣势，结合企业和行业的发展趋势，董事可以制定合适的职业发展路径，为个人和企业的共同成长做好规划。

以某家制药公司的董事为例。经过董事胜任力 SELM 模型的评价，该董事发现自己在制药行业的技术知识方面存在较大的不足。为了提高专业水平，该董事积极参加制药行业的培训课程，并与技术团队进行深入的交流。在学习过程中，该董事逐渐积累了丰富的行业知识和技术经验，提高了自己的职业竞争力。

除了专业领域的提升，董事还可以通过董事胜任力模型来评价和提升领导力、沟通能力和团队协作能力等软技能。这些能力对于董事在处理复杂问题、与其他董事和高管协作以及引领企业发展方面具有关键作用。

总之，董事胜任力 SELM 模型可以有效地帮助董事进行职业发展规划，明确个人发展目标，提升职业竞争力。通过发掘自身的优势和劣势，结合企业和行业的发展趋势，董事可以为自己和企业的共同成长制定更为合理的规划，从而实现可持续发展。

4. 人才市场的培育与繁荣

政府部门、行业协会和中介机构等在人才市场的培育与繁荣方面可以发挥重要作用，而董事胜任力 SELM 模型正是其中的有效工具。通过对董事胜任力 SELM 模型的推广和普及，各类组织能够更好地理解董事所需的素质与技能，从而提高人才选拔和培训的针对性。

以某行业协会为例。为了推动行业内人才市场的发展，协会利用董事胜任力 SELM 模型开展了一系列活动。首先，协会组织一场针对现有董事及潜在董事人选的培训研讨会，详细介绍董事胜任力 SELM 模型的理念、要素和应用方法。其次，协会与多家企业合作，为有意向成为董事的人才提供实践机会，帮助他们更好地了解董事职责并提高胜任力。最后，协会还与多家培训机构合作，推出一系列专门针对董事胜任力 SELM 模型的培训课程，覆盖公司治理、财务金融、风险管理和行业业务等多个方面。

这些活动的开展不仅为有意向成为董事的人才提供明确的职业发展方向和培训资源，还有助于激发人才的潜能，为企业发展提供有力的人才支持。同时，这也有助于提升整个行业的治理水平和竞争力，形成一个良性循环。

第三节 调整独立董事评价的重点

现有的独立董事评价体系往往更注重形式和过程，而忽视实质性结果和价值创造。为了更好地发挥独立董事在公司治理中的作用，需要调整独立董事的评价重点，从而实现公司的健康和可持续发展。

一、评价过程与结果并重

（1）评价过程。独立董事在履职过程中的表现，如会议的参加率、积极发言、与其他董事和高管的沟通协作等，是衡量其履职效果的重要指标。通过关注独立董事在履职过程中的表现，可以了解其对公司治理的关注度和积极性。

（2）评价结果。除了关注独立董事的履职过程，还需要评价其履职所带来的实质性成果。例如，关注独立董事参与制定的战略方案、财务决策等议案的执行情况，以及这些议案对公司长期发展和价值创造的影响。通过评价独立董事的履职结果，可以更好地衡量其在公司治理中的实际贡献。

二、以公司价值创造为评价标准

在当今的公司环境中，独立董事的角色愈发重要。为了确保健康发展和长期可持续性，应当将公司价值创造作为独立董事履职的核心评价标准。这不仅有助于提高公司竞争力，还可以为股东和各利益相关者创造价值。

以下是如何以公司价值创造为评价标准的具体方法建议。首先，明确公司价值创造的目标。公司根据愿景和发展战略确定价值创造的具体目标，一般包括提高盈利能力、降低风险、优化资源配置和提升公司形象等多个方面。公司需要制定清晰的目标，并确保独立董事能够全面了解这些目标。其次，建立独立董事履职的新评价标准。这些标准应与公司价值创造的目标紧密相关，以确保独立董事的工作能够直接推动公司价值的提升。具体评价标准可以包括以下几个方面：

（1）战略制定与实施。评估独立董事在公司战略制定和实施过程中的贡献，包括对战略方向的建议、对战略执行的监督等。

（2）风险管理。衡量独立董事在识别、评估和控制公司风险方面的能力，以降低公司面临的潜在风险，确保公司资源得到合理运用。

（3）公司治理。评价独立董事在改善公司治理结构、提高治理效率等方面的作用，以便构建更加完善的公司治理体系。

（4）创新能力。衡量独立董事在推动创新、引导公司转型升级方面的贡献，以提升企业的核心竞争力。

（5）沟通与协作。评估独立董事在促进公司内外部沟通与协作、维护各方利益关系方面的能力。

（6）实施定期评价。公司应定期对独立董事的履职情况进行评价，以确保其工作与公司价值创造目标保持一致。评价结果可作为独立董事绩效奖励、持续培训和发展的依据。通过这种方式，公司可以激励独立董事更好地履行职责，进一步推动公司价值的创造。

第四节 培育和激发独立董事的内驱力

为了充分发挥独立董事在公司治理中的作用,需要通过培育和激发独立董事的内驱力,提高其职业素养和积极性。这有助于提高独立董事的履职效果,从而推动公司的价值创造和长期发展。

一、培育独立董事的职业素养

(1)培训。定期为独立董事提供专业培训,帮助其了解公司治理的最新理论、法规和实践,以提高其认知水平和专业素养。培训内容可以涵盖公司治理原则、董事会运作、风险管理等方面,以确保独立董事具备应对各种治理挑战的能力。

(2)实践。鼓励独立董事积极参与公司治理实践,通过实际操作不断提高业务能力和增加经验。这包括参与公司战略规划、财务决策、风险控制等重大决策过程,以及与其他董事、高管进行深入沟通,共同推动公司治理的有效实施。

(3)交流与合作。通过参加行业研讨会、专业论坛等活动,让独立董事与其他专业人士分享经验和见解,不断拓宽视野,提高综合素质和影响力。

二、激发独立董事的积极性

(1)薪酬。设定合理的薪酬制度,根据独立董事的履职表现和公司治理效果给予相应的报酬。这将有助于激励独立董事更加积极地投入公司治理工作,提高工作效率。

(2)职位晋升。为独立董事提供一定的晋升空间,使其在成功履行职责的同时,有机会在公司或行业内取得更高的地位。这将有助于提高独立董事的职业满意度和工作积极性。

(3)荣誉与认可。对表现优秀的独立董事予以表彰和肯定,提高其在公司内外的声誉和影响力。这将有助于激发独立董事的自豪感和成就感,进而促使他们更加积极地投入公司治理工作。

(4)充分授权。给予独立董事充分的决策权,确保他们在公司治理过程中能够发挥重要作用。这包括在战略规划、财务决策等关键领域充分听取独立董事的意见，并尊重其在决策过程中的独立判断。这将有助于提高独立董事的工作积极性和责任感。

（5）良好的工作环境。为独立董事营造一个开放、包容和积极的工作环境，使其能够在轻松的氛围中充分发挥专业素养和才能。这包括建立有效的沟通渠道，鼓励独立董事、其他董事和高管之间的互动与合作，以便共同推进公司治理的有效实施。

综上所述，通过培育和激发独立董事的内驱力，可以提高其职业素养和积极性，从而充分发挥其在公司治理中的作用。这对于提高公司治理效果和实现价值创造具有重要意义，也有助于提升独立董事在公司和行业内的地位和影响力，进一步推动公司治理的优化和发展。

第十一章
价值创造的路径：资源管理 CIA 模型

公司仅拥有资源并不能保证竞争优势的发展；相反，公司必须积累、整合和利用资源才能获得竞争优势。这意味着只有当资源得到有效管理时，才能实现资源创造竞争优势的全部价值（Sirmon and Hitt，2003）。公司利用资源所做的事情至少与其拥有的资源一样重要（Hansen，Perry and Reese，2004）。

基于资源基础理论和资源协奏理论，本章对案例公司的资源管理活动进行深入剖析和研究，提炼出资源管理模型。该模型以实现资源协奏为目标，以公司资源管理为手段，利用组织资源执行一组协调的任务以实现公司健康发展。资源管理模型从"资源识别""资源组合""资源获取"三个阶段揭示领导层如何围绕公司资源构建和发展竞争力，实现公司健康发展的目标。

Mahoney（1995）描述了一种双向关系：经理的心智模式会影响资源的获得和开发，而公司当前的资源和能力塑造这些心智模式并影响管理认知。将经理层的心智模式与资源获取和开发联系起来的研究将有助于带来新的洞见（Maritan and Peteraf，2011）。这实际上强调了资源管理和公司治理之间重要的互动关系，这是提出资源管理 CIA 模型（见图 11.1）的重要原因。

资源管理 CIA（组合 Combination、识别 Identification 和获取 Acquisition）模型与现有的资源管理和资源协奏理论相比，具有以下三个方面的独特性：

第一，资源管理的主要负责方为公司的董事会，而非经理层。董事会负责资源管理三个环节的统筹与持续优化，对经理层主导的具体资源使用情况进行引导和监督。

第二，资源管理的目标是实现公司的健康发展。在公司治理的新模式下，资源管理的目标不仅不会局限于追求经济价值，如股东利益最大化，也不会是过于泛化的利益相关者利益最大化，而是在坚守商业本质（如何更好地服务社会）的基础上追求公司的健康发展。

第三，资源管理是公司战略的重要组成部分。资源识别和资源组合是实现公司战略目标与愿景的基础和途径；同时，资源组合和资源获取的状况也会对公司愿景与战略调整产生深刻影响。因此，资源管理是公司领导层必须高度关注的战略事项。

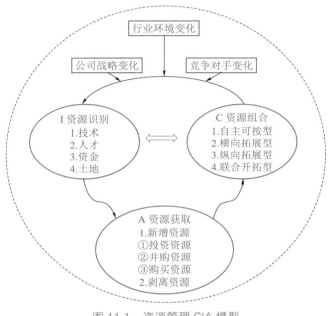

图 11.1　资源管理 CIA 模型

第一节　资源识别

公司在明确愿景和使命、确定发展战略后，便需要对资源进行结构化分析以进行资源识别。这一过程旨在识别实施公司发展战略所需的各种资源，包括人力、资金、土地、信息、关系和技术等。

在这个过程中，我们需要关注以下几点：一是充分评估公司现有资源。分析公司已有资源和规划能否满足战略发展的要求，涉及对资源的充分了解和梳理，以便更好地整合和利用现有资源。二是寻求和规划新资源。由于公司发展战略的调整、竞争对手的战略调整或者外部环境的变化，公司可能需要寻求和规划新的资源。这要求公司具有敏锐的市场观察能力和足够的灵活性，以便迅速适应不断变化的环境。三是创新平台和技术团队建设。为了更好地实现资源识别的前瞻性和科学性，公司应重视创新平台和技术团队的建设。通过建立创新平台，公司可以积极与外部机构合作，共享知识和技术资源，而强大的技术团队能够为公司提供持续的创新动力。四是员工激励与培养。人力资源是公司最宝贵的资源之一，因此激励和培养员工对于资源识别至关重要。通过合理的薪酬和福利制度、职业发展规划以及培训和学习机会，公司可以激发员工的积极性和创造力，从而为资源识别提供源源不断的动力。五是制度设计与组织安排。为确保资源识别的有效性和持续性，公司需要制定相应的制度和组织安排，包括确立资源管理的责任和权限、制定资源识别的流程和标准、建立资源信息共享和沟通机制等。通过以上措施，公司能够不断发现和开发潜在资源，为实现战略目标奠定坚实基础。

第二节　资源组合

创新是引领发展的第一动力，是推动公司健康发展保持活力的战略支撑。按照熊彼特的界定，创新包括产品创新、工艺创新、市场创新、供应链创新、生产组织创新五种典型形式。为了实现这些创新目标，公司需要有效地组合和利用各种资源。基于案例企业资料的研究，我们识别出四类资源组合的方式，分别是"自主可控型""横向拓展型""纵向拓展型"和"联合开拓型"。

（1）自主可控型。这种资源组合方式是指公司对已有资源的组合编排，打造公司服务客户的能力。虽然所使用的资源可能是公司的初始禀赋或者多年积累而成，但通过创新和整合，依然可以实现产品创新、市场创新、生产组织创新等效果。

（2）横向拓展型。这种资源组合方式是指利用公司已有的产品优势、技术优势、供应链优势等，向相邻领域拓展、应用和创新，为公司提供新的资源。这种组合方式有助于公司拓宽业务范围，实现多元化发展，并提高市场竞争力。

（3）纵向拓展型。这种资源组合方式是指沿着公司的产业链进行资源的组合，撬动利益相关者的资源和能力，更好地满足客户的需求，进而赢得客户信任。通过整合上下游资源，公司可以提高供应链效率、降低成本，并为客户提供更加优质的产品和服务。

（4）联合开拓型。这种资源组合方式是指公司与外部科研院所、其他企业合作，组合多方资源塑造公司的某种能力。通过与不同领域的合作伙伴共享资源和知识，公司可以实现跨界创新，发掘新的商业机会。

总之，在资源组合过程中，公司应根据自身发展战略和市场环境的变化，灵活运用上述四种资源组合方式，实现创新、提高竞争力并实现公司健康发展。同时，公司需要维护良好的内外部沟通，确保资源组合过程的顺利进行，为公司的长期发展奠定基础。

第三节　资源的获取与剥离

公司利用现有资源和扩大资源组合，随着时间的推移，初始的资源异质性将逐渐放大。Maritan 和 Peteraf（2011）描述了实现异构资源配置的两种独立机制——战略要素市场中的资源获取和内部资源积累。Barney（1986）提出了战略要素市场的概念，并概述了一个框架，描述了企业如何获得能带来竞争优势的资源。他将战略要素市场定义为"公司购买和出售实施战略所需的资源的市场"。

当公司现有资源无法支持战略的有效实施，或者说无法保障战略的长期成功实施时，公司就要从长远考虑获取所需资源。通过对案例公司的分析和总结，可概括为"内生性积累"和"外源性获取"两类途径。内生性积累是指企业通过调动内部创新资源、建立和维护重要利益相关者关系等方式逐步积累资源。外源性获取是指公司通过投资、并购或直接购买等方式从战略要素市场上获得所需的新资源。

与资源获取对应的操作是剥离资源，即公司将现有部分子公司、部门、产品生产线、固定资产等出售给其他公司，取得现金或有价证券作为回报。在获取资源的同时，公司还要根据战略发展的需要及时剥离资源，提高生产力。剥离资源的决策逻辑是当公司决定将已经获取的资源在市场上出售时，如果这些资源在市场上的表现超过了最初获取时的预期，就可以实现第二次收益（Moliterno and Wiersema，2007）。

第四节　资源购买与自建的良性循环

资源的发现和创造可以作为一个良性循环进行管理，在这个循环中，已有的机会成为创造更多机会的平台，反过来又会激发发现原本无法发现的额外机会（Zahra，2008）。发现先前存在的创业机会和创造新的创业机会之间的区别与在战略要素市场中购买现有资源和在内部构建资源之间的区别有一些相似之处。因此，Zahra（2008）提出的发现和创造创业机会的动态循环理论为获取与积累资源提供了一种新的思考方式。在这种理念下，除了外源性获取（购买）和内生性积累（自建）两种途径，还存在第三种关系，即购买与自建的良性循环。在这个循环中，公司首先在战略要素市场上购买资源，然后通过内部开发和创新进一步优化与扩展这些资源，最后利用这些优化后的资源在战略要素市场上创造新的交易机会。

通过购买与自建的良性循环，公司能够在资源获取与积累过程中实现更高的效率和更快的发展。购买资源为公司提供了一个快速进入新领域或扩大现有业务的途径，而内部开发则有助于发挥公司在技术、管理、市场等方面的核心竞争力。同时，将购买的资源与内部资源相结合，可以进一步提高公司在战略要素市场上的竞争地位，为公司带来更多的交易机会。

此外，购买与自建的良性循环还有助于提高公司对资源的整合能力和创新能力。通过不断地在战略要素市场上购买和交易资源，公司可以迅速了解和掌握市场动态，从而更好地调整资源组合策略。同时，内部开发和创新可以激发公司在组织结构、管理方式、技术研发等方面的潜力，进一步提高其整体竞争力。

第五节　公司治理新模式下资源管理 CIA 模型的优势

CIA 模型为公司提供了一个在公司治理新模式下实现资源管理的有效途径。通过关注动态能力和资源、强调资源管理原则、提供资源管理流程、关注组织层面的资源编排能力，CIA 模型有助于公司在竞争激烈的市场环境中实现健康发展。具体而言，CIA 模型对于公司做好资源管理具有四个方面的优势。

一、从动态能力和资源角度揭示了组织健康发展的来源

CIA 模型强调了动态能力和资源的重要性,从而使公司能够在不断变化的市场环境中快速调整战略、组合资源和配置能力。通过关注动态能力和资源的管理,公司能够在竞争激烈的市场环境中发现新的机会,实现可持续发展。

战略内生学派认为,持续竞争优势源于战略性资源(Wernerfelt,1984;Barney,1991)与核心能力(Prahalad and Hamel,1990)。从公司层面来看,资源编排理论强调将经理层的动态管理能力应用到资源的结构化、整合和撬动三个过程中,阐明了持续竞争优势源自公司的资源、能力和经理层能力的组合。

公司治理新模式下的 CIA 模型正是基于这样的观点,即内外部环境的动态变化要求公司不断调整资源组合和能力配置。这种动态调整过程连接了资源与持续竞争优势,从而促进了公司的健康发展。CIA 模型将公司动态能力、资源管理和战略目标相结合,使组织能够更好地应对市场变化,提高竞争力。

在此基础上,CIA 模型不仅关注资源的获取、组合和剥离,还关注公司如何通过内部创新和外部合作等方式实现资源的优化配置。这种综合性的资源管理视角有助于公司在市场中发现和创造新的机会,为公司的健康发展提供源源不断的动力。

综上所述,CIA 模型从动态能力和资源角度揭示了组织健康发展的来源,帮助公司在竞争激烈的市场环境中实现可持续发展。通过关注动态能力、资源管理和战略目标的整合,CIA 模型为公司提供了一种有效的资源管理框架,以应对不断变化的市场环境。

二、强调了协同性、权变性和动态性的资源管理原则

CIA 模型关注资源在组织内的协同性、权变性和动态性。协同性原则意味着公司需要整合内部各个部门和利益相关者的力量,共同实现资源的最佳配置。权变性原则强调资源在组织内的分配和重组,使得公司能够适应不断变化的市场需求。动态性原则关注公司在资源组合和能力开发方面的持续优化,以适应市场环境的变化。

(1)协同性。公司资源编排的目标协同一致,无论是资源的构建、整合还是撬动,都是服务于公司的宗旨和使命,服务于公司的健康发展。同时,在资源构建和整合的过程中,除了重视资源的丰富性,也不能忽视无价值资源的

剥离，以免其增加公司资源管理及成本负担。

（2）权变性。资源编排方式要与环境特征相匹配。一方面，在公司层面，当战略发生调整或变化，或处于生命周期的不同阶段，公司资源编排方法要重新审视和适时调整。另一方面，不同经理层级掌握的资源和信息不同，要赋予他们必要的自主资源编排权力，通过自治权充分激发业务部门积极性和主动性。

（3）动态性。资源编排行动是持续的。公司内外部环境的变化导致竞争优势往往是短暂的，公司必须持续审视和及时优化资源编排的方法（Sirmon et al.，2010），以实现竞争优势，保持公司健康。

遵循协同性、权变性和动态性的资源管理原则，CIA 模型有助于公司在复杂多变的市场环境中保持竞争力，实现可持续发展。

三、提供了实现公司健康发展的资源管理流程

资源管理模型从资源识别、资源组合和资源获取三个阶段揭示了经理层如何围绕公司资源构建和发展竞争力，实现公司健康发展的目标。

每个子流程代表一种资源行动方向，具有一般性的指导作用。例如，内部积累为公司构建资源组合提供了一种方向，包括研发、战略联盟、合作网络等。并且这些子流程彼此之间定位明确，使得经理层在实际操作过程中不会产生混淆，又具有可操作性。各子流程的一般性、可操作性，加上三个维度本身的系统性以及整体的系统性，使得资源管理模式具有一般性、系统性、可操作性的特征，从而为公司的健康发展提供了更有力的保证。

通过这一资源管理流程，公司可以更好地平衡和优化资源分配，实现有效的资源利用。这一流程还可以帮助公司识别并充分利用内外部环境中的机遇，加强对关键资源的控制，从而实现战略目标和长期可持续发展。

同时，资源管理流程还强调组织内部各层次的协同与沟通，以确保资源在公司内部流动和配置得到充分、高效利用。此外，随着市场环境的变化，企业需要不断审视和调整资源管理流程，以保持适应性和竞争力。

总之，资源管理流程为公司实现健康发展提供了一个有效的管理框架。通过关注资源识别、资源组合和资源获取三个阶段，公司能够更好地发掘和整合资源，形成竞争优势，实现可持续增长。这一流程还有助于公司应对不断变化的市场环境，提高对市场变化的敏感度和适应力。

此外，资源管理流程还能够提高组织内部的协同与沟通，促进各部门之间的合作，实现资源的有效配置。在组织内部，资源管理流程有助于提升员工的积极性和归属感，从而提高整体的工作效率和公司绩效。长期执行资源管理流程，有助于公司形成一套符合自身特点的资源管理制度，实现战略目标和可持续发展。

四、揭示了从组织层面提高资源编排能力的宏观机制

一些学者将资源编排视为组织层面的资源管理能力。例如，强调资源协调的IT能力以及协助公司获取外部资源的网络能力（Wales et al.，2013）；体现公司资源整合水平的资源整合能力（Sund，2018）；包含资源吸收、整合和利用三个方面的资源编排能力（Wang et al.，2020），等等。

目前，关于公司治理对资源编排能力的影响尚不明确。公司治理新模式的研究拓宽了资源配置理论在组织领导层面的探讨，为提升组织的资源编排能力提供了更广阔的视角。这种视角丰富了学界对动态能力的理解，推动资源编排与动态能力的整合，揭示了组织层面提高资源编排能力的宏观机制，从而推动了公司的健康发展。下文从股权结构、董事会功能、公司健康、治理基础（使命与愿景、党委、监事会）等方面阐述提高资源编排能力的宏观机制。

（1）股权结构。合理的股权结构能够为提高资源编排能力奠定基础。股权结构可以影响公司的决策过程、战略制定和资源配置，进而影响资源编排能力。适当的股权集中度能够保证决策效率，避免股权过分分散导致的公司治理困境，从而有利于公司更有效地整合资源和提高竞争力。

（2）董事会功能。董事会在提高组织资源编排能力的宏观机制中具有关键作用。董事会负责制定公司战略、监督管理层执行，并确保资源配置与公司战略目标一致。通过设立专门委员会，如战略委员会、技术委员会等，董事会可以更专注于关键资源的整合与配置。此外，董事会还应关注公司的风险管理，确保资源编排过程中的潜在风险得到妥善应对。

（3）公司健康。公司健康反映了公司在资源编排、利润增长、市场竞争力和创新能力等方面的综合表现。通过有效地编排资源，公司可以实现可持续增长、降低风险、提高竞争力，并为员工创造更好的工作环境。公司健康有助于吸引优秀人才、提高员工士气和增强公司形象，进而为资源编排能力的持续提升提供良好的基础。

（4）治理基础。良好的治理基础有利于提高资源编排能力。包括：①使命与愿景是公司的核心价值观和长远发展目标，对组织层面提高资源编排能力产生积极影响。具体体现在以下几个方面：一是战略指导。公司使命与愿景为公司的发展方向提供明确的战略指导。这有助于组织在资源编排过程中确定优先级和方向，确保资源的合理配置以实现公司的长远发展目标。二是目标一致性。通过明确企业的核心价值观和发展目标，各部门和员工可以围绕共同目标进行协作，从而提高资源编排的协同性和效率。三是激发创新。公司使命与愿景往往包含对创新和突破的追求，这有助于激发组织内部的创新精神，推动公司在资源编排过程中积极寻求创新性解决方案，以应对不断变化的市场环境和竞争态势。四是员工凝聚力。员工对公司目标的认同感和参与度更高，从而更愿意为组织共同目标而努力，进一步提高资源编排的效果。五是资源优先分配。将资源优先投入与使命和愿景密切相关的领域，有助于实现公司战略目标，提高资源利用效率。六是长期规划。使命与愿景提醒公司关注长远发展，从而在资源编排过程中不仅关注短期利益，更以长远眼光进行规划和布局，有助于公司在资源配置时兼顾短期和长期目标，平衡当前需求与未来发展，从而实现可持续增长。七是风险管理。明确的使命与愿景有助于公司在资源编排过程中更加注重风险管理。公司可以根据愿景设定合理的风险控制措施，确保资源配置过程中的潜在风险得到有效控制，避免对公司长期发展造成不利影响。八是外部协同。使命与愿景有助于公司在与外部利益相关者合作时实现价值观和目标的共享。这种外部协同有助于拓展资源来源，增强资源编排能力，提高公司在市场竞争中的优势。

②党委。在中国企业中，党委在公司治理中发挥着重要作用。党委负责领导公司的发展方向、文化建设和价值观传播，为公司资源编排提供政策支持和组织保障。通过党建工作，公司可以更好地实现内部协同，推动资源整合，从而提高资源编排能力。

③监事会。监事会是公司治理的重要组成部分，负责监督董事会和高级管理层的工作。通过有效监督，监事会可以确保公司资源编排符合公司战略目标、法律法规和利益相关者的期望。监事会还应关注公司风险管理和内部控制，以确保资源编排过程中的潜在风险得到及时识别和妥善处理。

综上所述，从股权结构、董事会功能、公司健康和治理基础等多个方面可以看出宏观机制在提高资源编排能力方面的作用。在实践中，公司应关注这些宏观机制的实际运作，努力优化股权结构、提升董事会功能、保持公司健康、完善治理基础等方面。这将有助于公司实现资源优化配置，提高经营效率，适应不断变化的市场环境，同时为利益相关者创造价值。

第十二章
不同公司治理战略下的治理优先事项

本章着重探讨了在战略统领观下，公司如何在战略选择、战略优化的基础上，明确关键治理事项。本章意在为公司提供明确的导航，使其能够聚焦关键点，逐步实现健康和可持续发展。

本章深刻地挖掘了公司发展战略的选择、优化及治理的核心内容。通过对保守型、稳健型和积极型三大发展战略的剖析，本章为各类型公司绘制了一张清晰的战略选择地图。在战略转型的关键时刻，本章强调了如何捕捉最佳的转型时机，如何解决在此过程中可能遭遇的关键治理难题，从战略的设定与执行，到风险的管理，再到与利益相关者的沟通，为公司提供了一套完整的治理解决方案，确保公司在变幻莫测的市场环境中保持竞争力。

总的来看，本章从战略统领观的高度，为读者展现了公司治理、管理和战略三者之间的微妙关系。本章既为公司决策层提供了宝贵的战略建议，同时也为那些渴望深入了解公司治理、管理与战略之间纽带关系的读者提供了较为深入又全面的解读。在全书的结构中，本章如同一座桥梁，不仅承载了前文的理论基石，更为后续的实际操作和公司治理实践提供了的理论支撑与明确的方向指引。

第一节 公司发展战略的匹配与选择

本部分讨论了保守型、稳健型和积极型三种不同发展战略的适用场景及公司类型，并以 IBM、宝洁和特斯拉三家公司为例进行了详细分析。保守型战略适用于市场成熟、资源有限、风险厌恶和行业法规严格的公司；稳健型战略适用于市场稳定增长、组织规模适中、风险承受能力适中、有潜力的新兴行业的公司；积极型战略适用于快速成长型、创新型、风险承受能力较高和有丰富资源和资本支持的公司。这三种发展战略并非固定不变，公司需要根据自身特点和市场环境灵活调整。在选择发展战略时，公司应充分考虑内外部因素，关注市场变化，定期评估战略有效性，并根据实际情况进行调整，以确保发展战略与公司的发展需求保持一致，促进公司可持续发展。三种类型发展战略分别适用于不同情境的公司，如表 12.1 所示。

表12.1 发展战略类型与适用公司特征

发展战略类型	适用公司特征
保守型	1. 市场成熟
	2. 资源有限
	3. 风险厌恶
	4. 行业法规严格
稳健型	1. 市场稳定增长
	2. 组织规模适中
	3. 风险承受能力适中
	4. 有潜力的新兴行业
积极型	1. 快速成长型
	2. 创新型
	3. 风险承受能力较高
	4. 有丰富资源和资本支持

（1）保守型战略在特定情况下是非常适用的。比如处于高度竞争的成熟市场，保守型战略可以帮助公司关注现有业务、优化运营并提高效率，从而保持竞争力。在资源有限的公司中，采用保守型战略有助于集中精力维护现有业务，实现有限资源下的利润最大化。此外，保守型战略还适用于风险厌恶型公司。这类公司对风险非常敏感，希望通过保守的方式稳固现有市场地位，降低风险敞口。对于那些行业法规严格的公司，保守型战略同样具有吸引力。这些公司需要在受到严格法规限制的行业环境中保持合规性，并在谨慎选择业务发展方向的同时确保遵循相关法律法规。总之，在适当的背景下，保守型战略能够帮助公司在稳健发展的同时降低风险。

以 IBM 为例，这是一家实行保守型战略的公司。IBM 拥有悠久的历史和丰富的发展经验，市场地位稳固。在市场成熟度较高的信息技术领域，IBM 关注现有业务的优化和提升。为保持竞争力，IBM 加强对核心业务的投入，努力提高运营效率和降低成本。同时，IBM 非常重视合规性和风险管理。在面临严格法规限制的行业中，IBM 始终保持高度谨慎，以确保公司在发展过程中始终符合法律法规要求。在风险管理方面，IBM 采取保守型战略，以降低风险敞口，稳固现有市场地位。通过这种保守型战略，IBM 在保持市场份额和稳定业绩的同时，确保了风险可控，为公司的长远发展奠定了基础。

（2）稳健型战略在特定类型的公司中具有较高的适用性。对于市场稳定增长的公司，稳健型战略可以在保持现有业务稳定的基础上逐步拓展新市场和业务领域，实现有序发展。组织规模适中的公司往往具备一定的资源和能力，采用稳健型战略既能保持对现有业务的关注，又能适度投资新业务领域，实现协调发展。此外，稳健型战略也适用于风险承受能力适中的公司。这类公司愿意承担一定的风险，但在发展过程中仍需关注风险控制，确保公司在扩张的同时能够稳健前行。对于有潜力的新兴行业公司，稳健型战略同样具有吸引力。这类公司在新兴市场中拥有较好的竞争优势，需要积极布局和稳步扩张，以抓住市场机遇并确保长期发展。综合来看，稳健型战略能够帮助公司在保持稳定的同时，实现有序、协调发展。

以宝洁公司为例，这是一家实行稳健型战略的公司。宝洁公司拥有多个知名品牌，覆盖各类日化产品，市场地位稳固。在保持现有业务稳定的基础上，宝洁公司逐步拓展新市场和业务领域，以实现稳定增长。宝洁公司具备一定的资源和能力，既能关注现有业务，又能适度投资新业务领域。在面临市场变化和竞争压力时，宝洁公司采取稳健的发展策略，通过研发创新、市场营销和品牌合作等手段，不断拓展新的业务机会。同时，宝洁公司在发展过程中始终关注风险控制，以确保在追求增长的同时能够合理地应对和规避风险。通过实行稳健型战略，宝洁公司在新兴市场和业务领域逐步取得了竞争优势，同时保持了现有业务的稳定增长，为公司的长期发展提供了可靠支撑。

（3）积极型战略适用于特定类型的公司，这类战略有助于公司抓住市场机遇、加速成长。快速成长型公司通常处于新兴市场或有明显竞争优势的领域，采用积极型战略能够迅速抓住市场机遇，推动业务加速发展。创新型公司以创新为核心竞争力，积极型战略为这类公司提供了持续投入研发资源的机会，以寻求新的商业模式和技术突破，实现快速发展。此外，对于风险承受能力较高的公司，积极型战略使它们能够承担较大的风险并寻求高收益的发展机会，从而实现收益最大化。有丰富资源和资本支持的公司具备实施积极型发展战略的能力。这类公司可以通过充分利用资源和资本优势，积极拓展市场、投资创新项目，从而实现快速、持续发展。总之，积极型战略有助于公司在不同竞争环境中实现快速、稳定成长。

以特斯拉为例，这是一家实行积极型战略的公司。特斯拉是一家电动汽车制造商，通过创新技术和颠覆性商业模式，快速抓住了市场机遇，成为全球最知名的电动汽车品牌之一。特斯拉以创新为核心竞争力，持续投入研发资源，寻求新的商业模式和技术突破。作为一家风险承受能力较强的公司，特斯拉不仅大胆投资电动汽车产业，还涉足太阳能、储能和人工智能等相关领域，寻求高收益的发展机会。得益于丰富的资源和资本支持，通过实施积极型发展战略，特斯拉成功地在电动汽车领域取得了全球市场领导地位，并为公司的未来发展拓展了更多可能性。特斯拉的发展战略使其在竞争激烈的市场环境中脱颖而出，成为创新和可持续发展的典范。

总之，公司应根据自身的市场地位、行业特点、资源和能力及风险承受能力来选择合适的发展战略。保守型、稳健型和积极型战略并非固定不变，随着公司发展阶段和市场环境的变化，公司可能需要在不同战略之间灵活调整。例如，在市场初期，公司可能需要采取积极型战略，快速占领市场份额；但随着市场逐渐成熟，公司可能需要转向稳健型战略，关注盈利和风险控制；在某些情况下，公司可能会在不同业务线上采取不同的发展战略，以实现整体的战略平衡。

公司在选择发展战略时，应充分考虑内外部因素，结合公司的长期目标和愿景，确保战略的实施能够促进公司的可持续发展。同时，公司应关注市场变化，定期评估战略的有效性，并根据实际情况进行调整，以确保战略始终与公司的发展需求保持一致。

第二节　公司发展战略转换的时机

本节主要探讨了公司发展战略转换的时机。战略转换通常与市场环境变化、公司成熟度、资源和能力的积累、风险承受能力、股东和利益相关方要求等因素密切相关。公司应持续关注市场变化和竞争态势，以便在必要时进行战略转换，实现公司的长期可持续发展。

一、从保守型战略向稳健型战略转换的时机

公司的发展战略在不同阶段和情境下需要进行相应的调整。公司从保守型战略向稳健型战略转换的情境如下：

（1）市场环境变化。当市场竞争加剧或行业发展趋势发生变化时，公司应及时调整战略以适应新的市场环境。此时，公司需要从保守型战略转向稳健型战略，以获取更好的市场地位和实现增长。

（2）公司成熟度提高。当公司从创业初期发展到一定规模和拥有一定的市场份额时，可能需要调整战略重点，关注盈利、稳定增长和风险控制。此时，保守型战略可能不再适合公司的发展，需要转向稳健型战略。

（3）资源和能力的积累。随着资源和能力的积累，公司有可能扩大业务范围，提高竞争力。在这种情况下，公司可以从保守型战略转向稳健型战略，以获取更高的市场份额和实现盈利水平。

（4）风险承受能力提高。当公司的风险承受能力得到提高时，可以考虑从保守型战略转向稳健型战略。这意味着公司可以在保持风险可控的基础上，寻求更大的发展机会和盈利潜力。

（5）股东和利益相关者期望的变化。公司的发展战略也可能受到股东和利益相关者要求的影响。比如，当股东和利益相关者对公司的业绩和增长目标有更高的期望时，公司可能需要从保守型战略转向稳健型战略，以满足这些期望。

二、从保守型战略向积极型战略转换的时机

公司从保守型战略向积极型战略转换的情境如下：

（1）市场机遇出现。当市场中出现具有巨大潜力和高增长前景的机遇时，公司可能需要从保守型战略转向积极型战略，以充分利用这些机遇并实现快速增长。

（2）竞争压力增加。面对激烈竞争，维持保守型战略可能导致公司落后于竞争对手。在这种情况下，公司可能需要转向积极型战略，加大创新力度和

市场拓展，以保持竞争优势。

（3）技术创新和突破。当公司拥有颠覆性的技术创新和突破性的产品时，可能需要采取积极型战略来推动技术商业化，占据市场领先地位。

（4）公司资源和能力得到显著提升。当公司拥有充足的资金、人力和技术资源来支持更为激进的发展时，转向积极型战略可能是明智的选择。

（5）更高的风险承受能力。如果公司拥有较高的风险承受能力且愿意承担较大的风险以实现更高的回报，那么从保守型战略转向积极型战略可能是合适的。

（6）股东和利益相关者期望的变化。当股东和利益相关者对公司的业绩和增长目标有更高的期望时，公司可能需要从保守型战略转向积极型战略，以满足这些期望。

表 12.2 概括阐述了公司从保守型战略向稳健型战略转换和从保守型战略向积极型战略转换两种情境的差异。

表12.2 从保守型战略向稳健型战略积极战略型转换的情境差异

情境	保守型战略向稳健型战略转换	保守型战略向积极型战略转换
市场环境变化	市场竞争加剧或行业趋势发生变化，需关注稳定增长和风险控制	市场中出现具有巨大潜力和高增长前景的机遇，需抓住发展机会
公司成熟度提高	公司发展到一定规模，需关注盈利和稳定增长	面临激烈竞争，需加大创新力度和市场拓展以保持竞争优势
资源和能力的积累	公司资源和能力积累到一定程度，需提高市场份额和盈利水平	公司拥有充足的资金、人力和技术资源，支持更为激进的发展
风险承受能力提高	公司风险承受能力提高，需在保持风险可控的基础上寻求更大的发展机会	公司拥有较高的风险承受能力，愿意承担较大风险以实现更高的回报
股东和利益相关者期望的变化	股东和利益相关者对公司业绩和增长目标有更高期望，需实现稳健发展	股东和利益相关方对公司业绩和增长目标有更高期望，需实现快速发展

三、从积极型战略向稳健型战略或保守型战略转换的时机

公司从积极型战略向稳健型战略或保守型战略转换的情境如下：

（1）市场环境变差。当市场环境恶化时，例如需求减少、竞争加剧或政

策变化等，公司可能需要调整战略，从积极型战略转向稳健型战略或保守型战略以应对这些挑战。

（2）资金压力增大。面对资金紧张的情境，公司可能需要从积极型战略转向稳健型战略或保守型战略，以减少投资风险和保护现有资产。

（3）风险承受能力下降。当公司的风险承受能力降低时，例如公司负债增加或者现金流紧张，公司可能需要从积极型战略转向稳健型战略或保守型战略，以降低风险敞口。

（4）创新能力减弱。如果公司在某个时期内创新能力减弱，难以推出具有竞争力的新产品或服务，可能需要暂时放缓发展速度，从积极型战略转向稳健型战略或保守型战略。

（5）业绩不佳。当公司业绩出现问题或连续亏损时，从积极型战略转向稳健型战略或保守型战略可能有助于公司重新评估和调整其核心业务，稳固基础，减少损失。

（6）股东和利益相关者的期望变化。当股东和利益相关方对公司的发展目标和风险承受能力有所调整时，公司可能需要从积极型战略转向稳健型战略或保守型战略，以满足这些新的期望。

在实际操作中，公司在调整发展战略时需要充分考虑内外部因素的影响，确保战略转换的顺利进行。同时，公司应持续关注市场变化和竞争态势，以便在必要时进行战略调整，实现公司的长期可持续发展。

第三节　战略转型时关键治理事项的辨识及应对

公司在发展战略转型时，需要关注不同的关键治理事项。当战略趋于积极时，应关注战略制定与执行、风险管理与内部控制、透明度与信息披露、利益相关者沟通与合作、董事会组成与职责、高管团队能力与激励、组织架构调整和社会责任与可持续发展等方面。当战略趋于保守时，同样需要解决这些问题，但关注点略有不同，如战略制定要更注重风险承受能力，高管团队激励要更关注风险控制等。总之，在战略转型时，公司应充分考虑内外部因素，确保战略制定与执行、风险管理、利益相关者沟通和组织架构等方面的问题得到妥善解决，实现公司的长期可持续发展。

一、面临更积极发展战略时需要解决的关键治理事项

当发展战略趋于更积极时,公司需要解决以下关键治理事项:

(1)战略制定与执行。确保董事会和高管团队对新战略方向达成共识,并充分听取利益相关者的意见,确保战略的可行性和有效性。

(2)风险管理与内部控制。建立健全的风险管理和内部控制体系,以应对积极型战略带来的较高风险。

(3)透明度与信息披露。加强透明度和信息披露,包括提供及时、准确和完整的财务报告、业务发展情况等信息,以取得股东、投资者和其他利益相关者的信任。

(4)利益相关者沟通与合作。加强与股东、员工、客户、供应商和监管机构等利益相关者的沟通与合作,确保各方理解和支持新战略。

(5)董事会组成与职责。评估董事会的组成与职责是否符合新战略需求,可能包括引入拥有创新领域经验和专业知识的董事。

(6)高管团队能力与激励。确保高管团队具备实施新战略所需的能力,并通过合适的激励机制推动战略执行,例如调整薪酬结构和设定有挑战性的绩效目标。

(7)组织架构调整。调整组织架构以适应新战略目标,包括调整部门设置、管理层级和职责划分,以便更好地支持积极型战略的实施。

(8)社会责任与可持续发展。关注社会责任和可持续发展,确保公司在环境、社会和治理(ESG)方面的表现符合新战略要求。

二、面临更保守发展战略时需要解决的关键治理事项

当发展战略趋于更保守时,公司需要解决以下关键治理事项:

(1)战略制定与执行。确保董事会和高管团队对新战略方向达成共识,充分考虑公司的实际情况、市场环境和风险承受能力,制定可行且有效的保守型战略。

(2)风险管理与内部控制。建立健全风险管理和内部控制体系,及时识别、评估和应对各种风险,加强对公司业务的监管。

(3)透明度与信息披露。加强透明度和信息披露,向股东、投资者和其他利益相关者提供及时、准确和完整的信息,建立信任。

（4）利益相关者沟通与合作。加强与利益相关者的沟通和合作，确保各方对新战略的理解和支持，共同应对挑战。

（5）董事会组成与职责。评估董事会的组成和职责，引入拥有风险管理和业务稳健发展经验的董事，提供战略指导和监督。

（6）高管团队能力与激励。确保高管团队具备实施新战略所需的能力，调整薪酬结构、设定更注重风险控制的绩效目标，推动战略执行。

（7）组织架构调整。调整组织架构以适应新的战略目标，包括调整部门设置、管理层级和职责划分，更好地支持保守型战略的实施。

（8）社会责任与可持续发展。关注社会责任和可持续发展，确保公司在环境、社会和治理（ESG）方面的表现符合新战略要求，实现长期稳定发展。

在发展战略趋于更积极和更保守两种情况下，公司需要解决的关键治理事项的差异如表12.3所示。

表12.3　在发展战略趋于更积极和更保守两种情况下关键治理事项的比较

关键治理事项	更积极的发展战略	更保守的发展战略
战略制定与执行	共识、可行性、有效性	共识、实际情况、市场环境、风险承受能力
风险管理与内部控制	建立健全体系、应对较高风险	建立健全体系、及时识别、评估和应对风险
透明度与信息披露	建立信任、提供准确完整信息	建立信任、提供准确完整信息
利益相关者沟通与合作	加强理解与支持	加强理解与支持
董事会组成与职责	引入拥有创新领域经验和专业知识的董事	引入拥有风险管理和业务稳健发展经验的董事
高管团队能力与激励	实施新战略能力、挑战性的绩效目标	实施新战略能力、风险控制的绩效目标
组织架构调整	支持积极型战略的架构调整	支持保守型战略的架构调整
社会责任与可持续发展	环境、社会和治理（ESG）方面表现	环境、社会和治理（ESG）方面表现、长期稳定发展

通过表12.3可以看出，在发展战略趋于更积极和更保守两种不同情况下的关键治理事项体现了公司治理目标、治理基础和治理功能等方面的明显差异。

（1）治理目标。在更积极的发展战略情况下，公司的治理目标可能更倾向于追求股东价值最大化。这意味着公司将着重关注短期业绩和利润增长，以期在短时间内为股东带来最大回报。这可能会导致公司在决策过程中更加关注风险投资和激进的市场拓展。相反，在更保守的发展战略情况下，公司可能更关注长期稳定、生产力和社会责任，追求公司的健康发展。这种治理策略可能会使公司短期内的业绩增长较慢，但有助于公司实现可持续发展和减轻潜在风险。在这种情况下，公司需要保持对市场变化的敏感性，以便在必要时调整战略以应对新的挑战和机遇。

（2）治理基础。在更积极的发展战略情况下，公司治理基础可能表现为更强烈的公司使命和愿景，以及更激进的战略规划。此外，党委、股权结构和监事会可能会更加关注业绩和短期目标的实现，以便为股东创造更大的价值。而在更保守的发展战略情况下，公司治理基础可能表现为更加稳健的公司使命和愿景，以及更注重持续发展的战略规划。党委、股权结构和监事会可能会更加关注公司的长期稳定，以及在法规、道德和社会责任方面的表现。无论是采取积极还是保守的治理战略，公司都要确保董事会、党委、股权结构和监事会之间的良好沟通与协调。这有助于确保公司治理各个层面的目标和战略保持一致，并共同推动公司实现长期愿景和使命。

（3）治理功能。在更积极的发展战略情况下，董事会可能会更加关注公司治理目标的 CGO 模型中市场地位、创新能力和财务状况等要素的相对权重。这可能导致董事会在决策和管理资源的过程更加关注公司的市场竞争力、创新项目和投资回报。相比之下，在更保守的发展战略情况下，董事会可能会更加平衡地关注公司治理目标的 CGO 模型中的六大要素，以实现公司的长期稳定发展。这意味着董事会在决策和资源管理过程中，可能更注重公司的生产力、社会责任和可持续发展。

总之，在不同的治理环境下，公司治理目标、治理基础和治理功能会有显著的差异。在更积极的治理环境下，公司可能更关注短期业绩、市场地位和创新能力，追求股东价值最大化。然而，这可能导致公司在风险管理和公司稳定方面的投入较少。在这种情况下，公司需要确保能够承受激进战略带来的风险，并在必要时加以调整。

不同的治理战略适用于不同的公司和行业。因此，在选择治理战略时，公司应充分了解自身的优势和劣势、市场环境和竞争态势，以便制定出最适合自己的治理战略。同时，公司还应定期评估治理战略的有效性，并在必要时进行调整，以确保公司能够在不断变化的市场环境中取得成功。

三、具体治理对策：以更保守的发展战略为例

在更保守的发展战略下，公司需关注治理基础和治理功能，以实现长期稳定、生产力和社会责任。在治理基础方面，公司应强化公司使命和愿景、党委领导、股权结构优化及监事会监督，以支持公司长期稳定和可持续发展。在治理功能方面，董事会需关注公司治理目标的 CGO 模型的生产力、财务状况和社会责任要素，制定长期战略规划、风险管理和内部控制机制，以确保公司在追求稳定发展时具备竞争力，具体措施包括提高生产效率、维护稳固财务状况、承担社会责任、制定可持续发展战略、加强风险管理、强化内部控制、投资关键生产领域、强化技术研发和重视人才培养等。

（一）治理基础

在更保守的发展战略下，公司需要从公司治理基础层面关注长期稳定、生产力和社会责任。首先，公司应明确使命和愿景，为员工提供清晰的共同目标。其次，党委在公司中发挥领导和指导作用，关注公司的长期稳定和可持续发展。再次，构建稳定的股权结构，平衡各利益相关方的权益，以支持长期稳定和可持续发展。最后，监事会应确保公司的财务和经营状况透明，督促董事会和管理层关注公司的长期发展和稳定。通过加强使命和愿景、党委领导、股权结构优化及监事会监督等方面的治理，公司能够在稳定和发展之间找到最佳平衡点。

1. 使命和愿景

使命是公司存在的核心理念，它为公司提供了价值创造的目标和方向。在制定公司使命时，应明确强调公司对长期稳定、生产力和社会责任的关注。例如，公司可以将"为社会创造持续价值，实现公司与社会共同发展"作为使命，表达公司在追求经济效益的同时，注重社会和环境的可持续性。公司使命需与公司文化、战略目标和内部管理紧密结合，为员工提供一个清晰的共同目标。

公司愿景则是公司未来发展的愿景和目标，它描绘了公司希望实现的长远发展蓝图。在制定公司愿景时，应凸显对长期稳定、生产力和社会责任的重视。

例如，公司可以设定"成为行业领军者，以可持续发展为导向，提升生产力，创造价值，回馈社会"的愿景。这样的愿景既凸显了公司对稳定和发展的关注，也强调了公司在追求发展过程中应以创新、环保和社会责任为导向。

为确保公司使命和愿景得以有效执行，公司还应制定相应的战略规划和实施细则，包括确定战略目标、关键业务领域、风险管理措施等，以及对相关政策、制度、流程进行梳理和优化。公司还应加强对员工的培训和指导，确保员工充分理解公司使命和愿景。

综上所述，在更保守的发展战略下，公司应从公司使命和愿景层面明确体现对长期稳定、生产力和社会责任的关注。这将为公司制定战略和决策提供明确的方向，有助于公司在稳定和发展之间找到最佳平衡点。

2. 党委

党委在公司中起到领导和指导作用，它的职责不仅包括确保公司遵循国家政策和法规，还应关注公司的长期稳定和可持续发展。在实践中，党委可以通过以下途径履行这一职责：

（1）强化党的领导。党委应充分发挥党的领导核心作用，为公司确定正确的发展方向，包括关注国家政策、行业动态和市场需求，以及与公司战略目标一致的长期发展规划。

（2）提高政治敏锐性。党委成员应具备较高的政治敏锐性，以便及时捕捉到国家政策和法规的变化，将其纳入公司的战略规划和决策过程。同时，党委还应关注社会热点问题，引导公司承担社会责任，助力社会和谐稳定。

（3）完善党建工作。党委应加强公司党建工作，提升员工的党性素质和业务能力，以便更好地为公司发展服务。这包括加强党员培训、开展党风廉政建设、推动公司文化建设等，旨在营造一个以人为本、诚信守法的公司氛围。

（4）优化资源配置。党委应参与公司的资源配置决策，确保资源得到合理、高效的利用。在资源配置过程中，党委应关注公司的长期稳定和可持续发展，优先支持有助于实现这一目标的项目和部门。

（5）加强监督与反馈。党委应加强对公司经营管理的监督，及时发现和纠正可能影响公司稳定与发展的问题。同时，党委还应建立有效的反馈机制，以便将监督成果及时反馈给公司领导，为公司决策提供有力支持。

总之，在更保守的发展战略下，党委应积极承担引导公司发展的责任，关注公司的长期稳定和可持续发展。通过强化党的领导、提高政治敏锐性、完善党建工作、优化资源配置、加强监督与反馈等手段，党委可以为公司稳定和发展之间找到最佳平衡点。

3. 股权结构

股权结构是公司治理的重要组成部分，对公司稳定和发展具有显著影响。在更保守的发展战略下，构建稳定的股权结构，使长期投资者和利益相关者在公司中占有重要地位，以支持长期稳定和可持续发展。具体可以通过以下途径实现：

（1）引入长期投资者。公司应积极吸引长期投资者入股，例如养老基金、保险公司等机构投资者，他们通常关注公司的长期价值和稳健发展，能为公司提供稳定的资金来源。

（2）增加内部持股。鼓励公司高管和核心员工持股，这有助于提高内部管理者对公司未来发展的信心，同时也将他们的个人利益与公司利益紧密绑定，有助于实现公司稳定发展。

（3）平衡控股股东与小股东的利益。在股权结构设计中，应充分平衡控股股东与小股东的利益。控股股东应尊重小股东的合法权益，避免因过度控制而导致公司内部产生冲突。同时，小股东也应支持公司长期稳健的发展战略，为公司创造价值。

（4）设立员工持股计划。通过设立员工持股计划，让员工成为公司的股东，使员工更关注公司的长期稳定和发展。这不仅有助于提高员工的积极性和归属感，还有利于公司吸引和留住人才。

（5）增加信息透明度。公司应提高信息披露水平，确保股东和投资者能够及时、准确地了解公司的经营状况和发展战略。这有助于赢得市场的信任，为公司吸引更多长期投资者提供有力支持。

总之，在更保守的发展战略下，公司应构建稳定的股权结构，以支持长期稳定和可持续发展。通过引入长期投资者、增加内部持股、平衡控股股东与小股东的利益、设立员工持股计划以及提高信息透明度等措施，公司能够在稳定和发展之间找到恰当的平衡。

4. 监事会

监事会作为公司治理的重要组成部分，应确保公司的财务和经营状况透明，督促董事会和管理层关注公司的长期发展与稳定。为实现这一目标，监事会可以采取以下措施：

（1）加强财务监督。监事会应加强对公司财务报告的审查，确保财务数据的真实性、合规性和透明性。这有助于及时发现潜在的风险和问题，为公司的稳定发展提供保障。

（2）监督公司治理实践。监事会应密切关注公司治理实践的有效性，确保公司遵循国家法律法规和行业规范。同时，监事会应督促董事会和管理层建立健全内部控制制度，提高公司治理水平。

（3）关注公司战略规划。监事会应关注公司的长期战略规划，评估其对公司稳定和发展的影响。监事会还应对战略规划提出建议和意见，帮助公司优化发展方向，以实现长期稳定和可持续发展。

（4）维护利益相关者权益。监事会应充分保障各利益相关者的权益，包括员工、股东、债权人等。这有助于维护公司的声誉和稳定，从而为公司的长期发展创造良好的外部环境。

（5）建立有效沟通机制。监事会应与董事会和管理层建立良好的沟通机制，定期就公司战略、财务和经营状况进行沟通与交流。这有助于监事会更好地了解公司的发展情况，为董事会和管理层提供有针对性的监督与指导。

总之，在更保守的发展战略下，监事会应确保公司的财务和经营状况透明，督促董事会和管理层关注公司的长期发展和稳定。通过加强财务监督、监督公司治理实践、关注公司战略规划、维护利益相关者权益以及建立有效沟通机制等措施，监事会能够在公司治理中发挥重要作用，为公司的长期稳定和可持续发展提供有力保障。

（二）治理功能

在更保守的发展战略下，在权衡公司治理目标的 CGO 模型的六大要素时，董事会应更强调生产力、财务状况和社会责任，以实现公司的稳定和可持续发展。董事会应关注公司的长期战略规划、风险管理和内部控制机制，确保公司在变化的市场环境中保持稳定发展。此外，董事会应关注公司资源的合理配置，优先投资于关键生产领域、技术研发和人才培养，以确保公司在追求长期稳定发展时具备足够的竞争力。

具体措施包括：提高生产力；保持财务稳健，应对市场波动和不确定性；

承担社会责任，加强与利益相关者的沟通和协作；制定可持续性、稳健性的长期战略规划；加强风险管理和建立风险预警机制；强化内部控制机制，确保公司各项业务活动合规、高效；加大关键生产领域投资，维护核心竞争力；强化技术研发能力，推出有竞争力的产品和服务；重视人才培养，吸引和留住优秀人才。

1. 公司治理目标的 CGO 模型六大要素相对权重

在保守发展战略下，在权衡公司治理目标的 CGO 模型的六大维度（愿景与战略、市场地位、创新能力、生产力、财务状况和社会责任）时，董事会应更强调生产力、财务状况和社会责任。这有助于实现公司的稳定和可持续发展，具体措施如下：

（1）提高生产力。在保守发展战略下，公司应关注提高生产效率和降低成本，以实现可持续增长。这包括优化生产流程、提高设备利用率、降低浪费和加强技术创新等。通过提高生产力，公司能够在竞争中保持优势，实现稳定发展。

（2）保持财务稳健。在保守发展战略下，公司应关注财务稳定性和健康性，确保有充足的现金流应对潜在的市场波动和不确定性，包括加强资本管理、优化资产负债结构、控制财务风险等。保持财务稳健，公司能够应对外部环境的变化，确保可持续发展。

（3）承担社会责任。在保守发展战略下，公司应更加关注社会责任，包括环境保护、员工权益、消费者利益等方面。公司应建立完善的社会责任制度，加强与利益相关者的沟通和协作。通过承担社会责任，公司能够赢得市场和消费者的信任，为长期稳定和发展奠定基础。

总之，在更保守的发展战略下，在权衡公司治理目标的 CGO 模型的六大要素时，董事会应更强调生产力、财务状况和社会责任。这有助于实现公司的稳定和可持续发展。通过提高生产力、保持财务稳健以及承担社会责任等措施，公司能够在不断变化的市场环境中保持竞争力，并为长期稳定和发展奠定基础。

2. 董事会决策重点

在保守发展战略下，董事会应关注公司的长期战略规划、风险管理和内部控制机制，以确保公司在不断变化的市场环境中保持稳定发展。具体来说，董事会应重点关注以下方面：

（1）长期战略规划。董事会应确保公司制定和实施具有可持续性、稳健性的长期战略规划，包括确保公司在产品研发、市场拓展、人才培养等方面的战略与公司的核心竞争力和市场环境相匹配，从而在激烈的市场竞争中实现稳定增长。董事会还应定期审查和调整战略规划，以适应不断变化的市场和行业环境。

（2）风险管理。董事会应关注风险管理，确保公司在追求发展的同时，能够有效地识别和控制各类风险，包括制定风险管理制度、建立风险预警机制、加强对外部和内部风险的监测和评估等。通过有效的风险管理，公司在应对市场波动、政策变化等不确定性因素时能够保持稳定。

（3）内部控制机制。董事会应关注内部控制机制，以确保公司的内部管理和运作体系有效、规范，包括建立健全内部审计、财务管理、合规监督等方面的制度，以确保公司的各项业务活动合规、高效。通过强化内部控制机制，公司能够减少内部风险，保证稳定运行。

总之，在保守发展战略下，董事会应关注公司的长期战略规划、风险管理和内部控制机制，以确保公司在不断变化的市场环境中保持稳定发展。通过重点关注和积极推动这些领域，董事会能够确保公司在追求发展的同时，兼顾稳定性和可持续性，为公司的长期稳健发展奠定坚实基础。

3. 资源管理

在保守发展战略下，董事会应关注公司资源的合理配置，优先投资于关键生产领域、技术研发和人才培养，以确保公司在追求长期稳定发展时具备足够的竞争力。具体来说，董事会应关注以下方面：

（1）关键生产领域。董事会应确保公司在关键生产领域充分投入，以维护核心竞争力，包括生产设备的更新升级、生产流程的优化以及关键原材料的稳定供应等。通过加强关键生产领域的投资，公司能够保持高效运营，从而实现稳定发展。

（2）技术研发。在保守发展战略下，董事会应重视技术研发投入，以提高公司的创新能力和市场竞争力，包括加大对研发团队的支持、保障研发项目的资金投入，以及与其他企业和研究机构建立合作关系等。通过加强技术研发，公司能够不断推出有竞争力的产品和服务以适应市场变化，实现长期稳定发展。

（3）人才培养。在保守发展战略下，董事会应关注人才培养，为公司的长期发展提供有力支持，包括制定完善的人才选拔、培训和激励机制，吸引和留住优秀人才，以及为员工提供持续学习和成长的机会。通过重视人才培养，公司能够培养出一支具备高度技能和敬业精神的团队，为公司的稳定发展提供有力保障。

总之，在保守发展战略下，董事会应关注公司资源的合理配置，优先投资于关键生产领域、技术研发和人才培养，以确保公司在追求长期稳定发展时具备足够的竞争力。通过加强关键生产领域的投资、强化技术研发能力以及重视人才培养等措施，公司能够在不断变化的市场环境中保持竞争力，实现稳定和可持续发展。

综上所述，在更保守的发展战略下，公司应从治理基础和治理功能层面充分考虑长期稳定、生产力和社会责任，以实现稳健的发展。这需要董事会、党委、股东和监事会共同努力，确保公司在稳定和发展之间找到最佳平衡点。

第五篇
公司治理智慧：高质量发展之道

本篇从三个维度全面深入地探讨公司治理的重要性以及如何通过高效的公司治理推动公司高质量发展。

第十三章从一个新的视角出发，对"公司治理智慧"（治理意识、治理思维和治理能力）进行了定义，揭示了公司高质量发展的关键。这种智慧不仅仅基于财务表现，而应更广泛地考虑员工福祉、个人成长和公司的长远价值观。为公司的发展提供了明确的目标、方向和行动路线，尤其是在全球化的大背景下，更加强调员工的参与和福祉。

第十四章侧重于中央企业市值管理的探讨。基于之前章节提出的战略统领观，本章详细阐述了如何整合资源、明确目标、关注市场和客户需求来做好市值管理，强调了公司治理与管理创新在市值管理中的核心地位，并描述了多个关键利益相关者在市值管理中的作用。此外，本章还引入了 PDCI 循环工具，为中央企业市值管理提供了一套实践指导。

第十五章针对公司治理新模式提供了实践指引。新模式包括 12 个关键步骤，从董事会建设到持续改进，为公司提供了一个全面的治理路径。根据不同的公司发展战略，这些步骤的应用和实施会有所不同。为确保公司能够根据自身实际情况进行治理实践，本章对这些步骤在不同发展战略下的实施进行了深入的分析。

第十三章
治理智慧：治理意识、治理思维和治理能力 *

本章从全新的角度提出公司治理智慧的观点。治理智慧是指在组织治理中，综合运用治理意识（关注公司的长远发展和价值观）、治理思维（强调战略性思考和创新方法）和治理能力（注重将治理理念转化为实际行动的能力）的能力和智慧，然后在科学界定公司高质量发展内涵的基础上，为公司的高质量发展设计了明确的目标、方向和行动路线。

第一，探讨了企业高质量发展的内涵。高质量发展不仅仅局限于财务指标，更应关注员工福祉、个人成长和企业价值观的实现。通过提高员工满意度和忠诚度，企业能够实现长远、可持续的发展。

第二，根据治理智慧为企业高质量发展设计了目标、方向和行动路线。目标上，关注员工福祉与个人成长，塑造健康的企业价值观；方向上，在全球化背景下借鉴国际先进经验，提升公司治理水平，鼓励员工参与公司治理过程；行动上，关注员工需求与福祉，提供良好的工作环境和发展机会，重视员工福利和职业发展，创造公平、公正的竞争环境以及良好的工作氛围。

第一节　高质量发展的理论基础和内涵

一、高质量发展的理论基础

高质量发展这一新的发展理念在全球范围内产生了深远影响，特别是对公司来说，这不仅仅是一种发展策略，更是面对全球化竞争挑战的必然选择。从广义上讲，高质量发展是指公司在实现经济效益的同时，也注重环境效益和社

---

* 部分内容发表于：牛建波. 浅谈治理智慧如何推动企业高质量发展 [N/OL]. 上海证券报，2023-05-06[2024-07-01]. https://paper.cnstock.com/html/2023-05/06/content_1762466.htm。发表首日，新华社客户端转载文章的阅读量超过 100 万次。

会效益，实现经济、环境和社会的三重效益。而在狭义上，它是指企业通过技术创新、产品优化、管理提升等方式，提升产品或服务的质量，从而提高公司的竞争力和市场份额。为理解公司高质量发展的理论基础，我们将从可持续发展理论、竞争优势理论、资源基础理论和资源协奏理论四个角度出发，深入解析内涵和应用。

（一）可持续发展理论

Dyllick 和 Hockerts（2002）的可持续发展理论，在理解高质量发展方面具有重要的理论意义。该理论对经济发展的价值取向提出了全新的思考，强调在追求经济效益的同时，企业还应充分考虑社会责任和环境可持续性，力图实现经济、社会、环境三方面的平衡，这种平衡即为高质量发展的基本内涵。

在传统的经济发展模式下，公司往往过度侧重经济效益的追求，忽视了社会责任和环境保护。

在全球化背景下，可持续发展理论具有更为重要的指导意义。其一，全球化带来的社会和环境问题越来越突出，公司必须要面对这些问题，才能在全球竞争中保持竞争力。其二，随着消费者和社会对企业社会责任的关注度提高，公司的社会形象和社会责任成为影响消费者购买决策的重要因素。在这种情况下，将社会公益和环保等多元化元素融入核心战略，已经成为公司取得竞争优势的重要方式。

因此，可持续发展理论为企业的高质量发展提供了一个道德和伦理的框架，它使公司能够从更全面、更长远的角度考虑自身的发展。在这个框架下，公司的发展不再只是单纯的经济增长，而是要在经济、社会、环境三个方面都取得进步，这样的发展才是高质量的，才是真正的可持续发展。

（二）竞争优势理论

波特的竞争优势理论是公司战略管理的重要理论，对公司高质量发展具有深远的意义。竞争优势理论主张公司通过差异化战略或成本领先战略来获得竞争优势，其中的差异化战略通过提升产品或服务的质量来实现。在此背景下，高质量的产品或服务成为公司获得持续竞争优势的重要工具。

对于公司来说，质量不仅仅是产品或服务的内在属性，更是公司战略决策的重要组成部分。公司需要在设计、生产、销售和服务等环节贯彻高质量原则,持续优化和改进,以满足消费者对高质量产品和服务的期待与需求。这种对高质量的追求,使得公司在市场竞争中脱颖而出,赢得消费者的认可和忠诚度,从而获得稳定的市场份额和实现持续的业务增长。

与此同时,高质量发展还意味着公司需要在内部管理上做出相应的调整。例如,公司需要建立严格的质量控制体系,确保产品和服务的每个环节都能达到预期的质量标准;公司还需要在人力资源管理上投入更多的财力和精力,培养和引进高质量的人才,以支持公司的高质量发展。

在此过程中,公司还需要充分利用现代科技手段,如大数据分析、人工智能等技术,提升公司的运营效率,优化资源配置,从而进一步提升产品和服务的质量。这些技术手段不仅可以帮助公司更准确地理解与预测市场需求,还可以帮助公司更有效地管理与控制生产与服务的过程,保证公司能够持续提供高质量的产品和服务。

在这种理论指导下,公司不仅仅是通过降低成本或提高效率,还可以通过提升产品和服务的质量来实现竞争优势。这就要求公司在追求经济效益的同时更加注重社会效益和环境效益,从而走上一条真正意义上的高质量发展之路。

（三）资源基础理论

Barney（1991）的资源基础理论,为公司实现高质量发展提供了内在的驱动力。Barney 主张,公司的持久竞争优势并非源于外部市场环境的瞬息万变,而在于公司所拥有的独特且难以复制的内部资源。他将资源定义为所有能被组织用于制定并实施战略的资产、能力、组织流程、信息和知识,包括公司的技术、人才、品牌、企业文化等。要实现高质量的发展,公司必须深度挖掘并充分利用这些资源。

首先,公司需要对自身的资源进行清晰的认知和定位。不同的公司可能拥有不同的核心资源,可能是技术创新、制造工艺、管理模式、品牌知名度,甚至是公司文化。通过对这些资源的深入理解和应用,公司可以在激烈的市场竞争中找到自身的独特优势。

其次,公司需要建立一套系统的机制来保护和增值这些资源。对于公司来说,资源的保护和增值是一项长期且复杂的任务,需要公司在策略制定、人才培养、文化建设等多个层面进行系统性的考虑。只有这样,公司才能确保自身的资源不被模仿和侵犯,同时也能不断提升资源的价值。

再次，公司需要建立一套有效的资源配置和管理机制。在一家公司中，不同的资源可能需要通过不同的方式进行管理和利用。例如，对于技术资源，公司可能需要投入大量的研发资金和人力资源来维护和升级。而对于品牌资源，公司则需要通过市场推广和品牌维护来提升。对于人才资源，公司则需要通过提供良好的工作环境和职业发展机会来吸引和留住优秀的人才。

最后，公司需要将自身的资源与市场机会相结合，以实现高质量发展。在一个动态的市场环境中，公司需要不断寻找新的市场机会，并将自身的资源与这些机会相结合，以创造新的价值。在这个过程中，公司需要有明确的战略目标，能够灵活调整自身的资源配置以适应市场的变化。

总的来说，资源基础理论为公司实现高质量发展提供了一种内在动力。这种动力源于公司对自身资源的深度理解和充分利用，以及公司对市场机会的敏锐洞察和灵活应用。只有这样，公司才能在复杂的市场环境中实现持久的竞争优势，实现真正意义上的高质量发展。

（四）资源协奏理论

Sirmon 和 Hitt（2003）提出了资源协奏理论，其核心观点是，公司的竞争优势并非取决于它拥有的资源，而取决于如何管理和协调这些资源，即资源的协奏。具体来说，这包括三个关键环节：资源结构管理、资源组合管理、资源稀缺性管理。这个理论为理解公司如何实现高质量发展提供了新的视角。

首先，资源结构管理是公司获取、释放和管理资源的过程。在高质量发展的背景下，公司需要不断寻求获取新的、高质量的资源，同时释放那些不再有竞争优势的资源。例如，公司可能会通过研发投入、合作伙伴关系或者并购等方式获取新的技术资源，并及时更新那些陈旧的技术或过时的设备。

其次，资源组合管理是公司将各种资源有效结合，产生协同效应的过程。这就要求公司不仅要关注单一的资源，还要全面考虑所有资源之间的相互关系和作用。例如，公司可能需要结合人力资源、技术资源和品牌资源来提供高质量的产品或服务。

最后，资源稀缺性管理是公司调整和优化资源配置，避免资源的浪费和过度竞争。在高质量发展的背景下，公司需要有针对性地调整资源配置，以适应不断变化的市场环境和客户需求。例如，公司可能需要通过精细化管理和高效利用，提高资源的使用效率，从而实现更高质量的发展。

总的来说，资源协奏理论为我们理解公司如何实现高质量发展提供了新的视角。通过有效的资源结构管理、资源组合管理和资源稀缺性管理，公司可以更好地协调和利用资源，进而实现高质量的发展。

二、高质量发展的内涵

公司的高质量发展包含多个维度，这些维度相互作用。其中，员工福利和员工发展、公司价值观和文化、共同成长、社会责任作为四个核心维度最为关键。

（一）员工福利和员工发展：公司价值的核心

员工福利一般指公司为确保员工身心健康、工作满意度和整体幸福感而提供的一系列福利待遇，包括但不限于合理的薪酬待遇、健康保险、休假制度、工作环境等。良好的员工福利可以提高员工的工作满意度，降低离职率，进而保证公司生产的稳定性。同时，丰富且有竞争力的员工福利也有助于公司吸引和留住优秀的人才，进一步提升公司的整体实力。

员工发展则涉及公司为员工提供的持续学习、技能提升和职业发展机会。为员工提供充足的发展机会，不仅可以提升员工的专业技能，增强公司的核心竞争力，还能够激发员工的工作积极性，促进公司内部的创新和改革。在迅速变化的市场环境中，员工的持续发展也是公司适应变化、实现可持续发展的重要途径。

将员工福利和员工发展放在首位的公司，往往能够在竞争激烈的市场环境中获得优势。良好的员工福利和发展机会，可以提升员工的满意度和忠诚度，降低员工的离职率，提高公司的生产率和效率。同时，它也可以吸引更多的优秀人才，为公司注入新的活力和创新力，从而推动公司的长期发展。

值得注意的是，员工福利和员工发展并非只关乎物质待遇，更涉及公司文化、工作氛围、职业培训等多方面的内容。例如，良好的公司文化可以增强员工的归属感，鼓励员工更加积极地参与工作；专业的职业培训可以帮助员工提升技能，实现个人和公司的共同成长；而宽松、开放的工作氛围则能够激发员工的创新精神，为公司创新带来更多的可能性。

公司在提升员工福利和提供发展机会的过程中，需要关注员工的个体差异，提供定制化的服务和支持。这不仅能够更好地满足员工的个性化需求，也有助于激发员工的潜力，提升员工的工作效率和满意度。同时，公司也应该建立有效的沟通机制,及时了解与解决员工在工作和生活中遇到的问题,从而进一步提升实施效果。

(二)公司价值观和文化:驱动公司向前的力量

在公司中,价值观和文化的作用是无法忽视的,它们如同指南针,引导着组织行为和决策的方向。一个健全、积极的公司价值观和文化体系,对于提升员工敬业度、提高生产力甚至塑造高性能的工作环境具有不可替代的作用。

公司价值观,通常是指公司对其存在的意义、追求的目标、实施的战略和行为准则等方面的一种核心信念与承诺。这种价值观有力地塑造了公司的身份,定义了公司的方向和目标,影响了公司的决策和行为。例如,一家注重创新的公司,其价值观可能会强调创新的重要性,鼓励员工进行创新性的思考和行动。同样,一家注重客户服务的公司,其价值观可能会强调客户至上,要求员工始终以客户的需求和满意度为优先。

公司文化则是公司价值观的重要载体,是公司内部成员共同遵守的一套行为规范和价值取向。公司文化对员工行为、动机和承诺产生深远影响,它既能够凝聚员工向心力,提升团队合作精神,又能够提供清晰的行为指引,帮助员工在工作中做出正确的决策。积极的公司文化,不仅能够提升员工的工作满意度,增强员工的归属感,还能够提高企业的整体运行效率,为公司营造良好的经营环境。

(三)共同成长:公司与员工的双赢战略

共同成长是公司与员工之间建立的一种互惠互利的战略关系,它强调公司与员工之间的利益共享和价值共创。这种战略导向并非单纯的物质交换,更是一种精神契约,它代表了公司对员工的关心和尊重,也体现了员工对公司的忠诚和热爱。

在这个框架下,公司通过投资员工的发展,为员工提供了更好的学习和提升的机会,同时也提高了公司的技术水平和竞争力。这样的投资既包括对员工的专业技能和知识的培训,又包括对员工综合素质和领导力的提升。这不仅有助于员工的个人发展,也促进了公司的整体进步。

同时,员工也从这个过程中受益。他们通过技能和知识的提升,获得了更高的工作满意度、更好的职业前景,同时也增强了他们对公司成功的承诺和责任感。这样的共同成长,使得公司与员工之间形成了一种正向的循环,员工的发展推动了公司的进步，公司的发展又为员工提供了更多的机会。

值得强调的是，共同成长并非一蹴而就，它需要公司在长期的实践中，不断地调整和优化人力资源策略，才能实现最佳效果。在这个过程中，公司需要建立一套科学、公平、透明的评价体系，以确保每一个员工都能得到公正的待遇、享有平等的发展机会。同时，公司还需要创建一个开放、包容、创新的文化环境，鼓励员工积极参与公司的发展中，激发员工的创新精神和团队精神。

另外，共同成长也要求公司能够尊重和理解员工的个性差异，提供个性化的发展路径，满足员工的个性化需求。这样，不仅能够更好地激发员工的潜能，提高员工的工作满意度，还能够提升公司的整体竞争力。

（四）社会责任：公司的社会使命

社会责任是指公司在追求经济效益的同时，致力于为社会和环境做出积极贡献。这个贡献不仅包括公司的经济贡献，如提供就业机会、缴纳税金等，还包括环境保护、社区建设、公益慈善等方面的贡献。公司通过履行社会责任，可以构建良好的公司形象，提升公司声誉，加强与各利益相关者的关系，助力公司的长期成功。

承担社会责任是公司的社会使命，是公司向社会公众展示其价值观和道德立场的重要方式。通过积极履行社会责任，公司可以赢得公众的信任和尊重，增强社会影响力和公信力。这对于公司建立和维护良好的公共形象，提升品牌价值，增强市场竞争力都具有重要的意义。

在实践中，公司可以通过多种方式履行社会责任。例如，公司可以通过提供环保产品或服务，减少生产过程中的环境污染来保护生态环境；公司也可以通过参与公益活动，支持教育、健康、文化等领域的发展来回馈社会，推动社会进步。此外，公司还可以通过建立公平、公正的劳动关系来保障员工权益，提升员工福利，实现公司和员工的共同发展。

在社会责任日益受重视的时代，社会责任已经成为公司高质量发展的重要组成部分。通过将公司的商业目标与社会和环境目标相结合，公司不仅可以实现经济效益的最大化，还可以推动社会和谐发展，实现公司与社会的共赢，体现公司的社会价值。

（五）从内涵看高质量发展的实质：公司价值实现的新路径

高质量发展意味着公司价值创造过程的范式转变。这种观点培养了一个全面和长期的前景，认识到经济、社会和环境因素的交叉性。

1. 高质量发展与传统发展的区别

传统的公司发展往往以最大化短期利润和获取更大的市场份额为目标。这种发展模式虽然可以在短时间内带来快速的经济增长，但往往忽视对社会、环境和长期经济的考虑，可能导致公司在市场和社会需求发生变化时难以适应，甚至引发一系列的社会和环境问题。

与此相反，高质量发展采取一种更为平衡和可持续的发展路径。它强调在公司决策过程中，不仅要考虑经济效益，还要充分考虑社会和环境因素。在这种发展模式下，公司不再单纯追求经济增长，而是力图实现经济、社会和环境三个方面的共赢。

具体来说，高质量发展首先要求公司在经济层面上实现稳定和持续的增长，提升经济效益。同时，公司还要注重社会责任，以社会福祉为己任，通过提供优质产品和服务来创造社会价值。此外，公司还要关注环境保护，积极采取环保措施，减少生产活动对环境的影响，实现可持续发展。

在这个过程中，公司需要和各利益相关者建立良好的关系，包括员工、客户、供应商、股东和社区等。通过与他们的互动和协作，公司可以获得更多的资源和支持，提升自身的竞争力，实现持续的高质量发展。

总的来说，高质量发展和传统发展的主要区别在于：前者强调公司发展的全面性和可持续性，注重经济、社会和环境三个方面的均衡发展；后者则侧重于短期的经济增长和市场份额的扩大，可能忽视对社会和环境因素的考虑。因此，高质量发展更符合当前社会对公司发展的期待，是实现公司价值和社会价值共赢的有效途径。

2. 高质量发展的价值观

在当今的商业环境中，公司的成功与否不再仅仅取决于其经济性能的优异，更在于其能否实现高质量发展，即在追求经济效益的同时也积极履行社会责任，保护环境，为社区的繁荣做出贡献。在这一过程中，高质量发展提倡的价值观尤为重要，它们构成了公司高质量发展的理念基础，对于增强公司的长期生存能力和竞争力具有关键作用。

首先，可持续性是高质量发展的基本价值观之一。可持续性要求公司在追求经济效益的同时要注意保护环境，充分考虑自身发展对社会、环境的影响，尽量减少负面效应，保持良好的生态环境和社会环境。只有这样，公司才能实现真正的长期发展，不断提升自身的竞争力。

其次，利益相关者的包容性是另一个重要的价值观。公司并非孤立存在，而需要与员工、客户、供应商、社区以及环境等众多利益相关者进行互动。在这个过程中，公司应当充分尊重和考虑利益相关者的需求与期望，努力实现各方的共赢，以确保公司自身的持续发展。

再次，长期导向是高质量发展的关键价值观。与追求短期利益相比，公司更应当注重长期的稳健发展。这要求公司制定长期的发展策略，坚持科技创新，持续改善产品和服务，建立和维护良好的品牌形象，以保持和提升长期竞争力。

最后，社会责任是高质量发展的核心价值观。公司不仅要追求经济效益，还应积极履行社会责任，通过创新和发展为社区的繁荣和发展做出贡献。只有这样，公司才能得到社会的广泛认可，赢得良好的社会声誉，从而实现长期稳定的发展。

综上所述，高质量发展提倡的价值观包括可持续性、利益相关者的包容性、长期导向和社会责任，它们为公司的长期发展和竞争力提供了重要的保障。通过坚持这些价值观，公司不仅可以创造更多可持续的价值，还能为股东、员工、客户、社区和环境等利益相关者提供持久的价值，实现公司与社会的共同发展。

第二节　治理智慧的三个要素

一、治理智慧的内涵

治理智慧是指在组织治理中，综合运用治理意识、治理思维和治理能力。在当今复杂多变的商业环境中，全球化、科技进步和信息革命等因素使得组织面临更大的挑战。传统的管理模式和方法已经无法满足当前的治理需求，公司需要更加全面和智慧的治理方式，这样才能在竞争激烈的市场中持续创新、适应变化，并实现长期的增长和利益最大化。

治理智慧作为一种创新的公司治理理念，主要包括三个核心要素：治理意识、治理思维和治理能力。治理意识、治理思维和治理能力三者相互关联，共同构成公司成功的关键因素。表13.1总结了治理意识、治理思维和治理能力在定义、内容、目标、重点、能力要求和影响等方面的具体差异。治理意识关注公司的长远发展和价值观，治理思维强调战略性思考和创新方法，而治理能力注重将治理理念转化为实际行动的能力。对于公司治理的成功，综合发展这三个方面是至关重要的。

表13.1　治理意识、治理思维和治理能力的比较

	治理意识	治理思维	治理能力
体现层面	价值层面	认知层面	实践层面
定义	对治理的重要性和价值的认识	从战略和创新角度思考治理问题	将治理理念转化为实际行动的能力
内容	关注公司长远发展和价值观	注重思考和决策中的战略性问题	实际操作和执行治理方案的能力
目标	确保行为符合公司的价值观和使命	实现组织目标和使命	实施有效的治理措施，推动组织发展
重点	价值观和长远发展	战略性思考和创新方法	实际操作和执行治理方案
能力要求	深入理解公司的价值观和使命	全面了解组织的发展和治理挑战	制定和执行治理方案的能力
影响	塑造公司形象和声誉	促进组织的创新和增长	推动组织向高质量发展目标迈进

二、治理智慧三要素

（一）治理智慧的价值层面——治理意识

在治理智慧中，价值层面是一个重要的层面，它涉及我们对事物的重要性和意义的认知。在哲学中，价值被定义为一种事物或行为所具有的重要性和意义，反映了我们对目标、原则和道德的理解，以及对人类尊严、正义和道德责任的关注。

第一，价值层面强调关注公司的长远发展和价值观，追求公平、透明和责任。公司的价值观是指公司所坚持的核心原则和行为准则，反映了公司的文化、道德标准和社会责任。通过明确价值观，公司能够在决策和行动中始终保持一致性，确保行为与使命和价值观相符，塑造良好的公司形象和声誉。

第二，价值层面代表着我们对组织目标和使命的追求。目标和使命是公司发展的驱动力，是公司存在的基础和动力。通过关注价值层面，公司能够明确使命和愿景，并制定与之相符的长远发展战略。公司的目标不仅仅是追求经济

利益，还应该关注员工的福祉、社会责任和可持续发展。通过追求这些目标，公司能够实现长期发展和持续竞争优势。

第三，价值层面强调公司致力于为员工和社会创造积极影响的意愿。公司不仅仅是为了满足股东的利益，更应该关注员工和社会的需求。通过关注价值层面，公司能够为员工创造良好的工作环境和发展机会，关心员工的福祉和个人成长。公司还应该承担社会责任，积极回馈社会，关注社会的可持续发展。通过关注价值层面，公司能够建立良好的员工关系和社会形象，赢得员工和社会的信任与支持。

这三个方面的关系是相互依存的。价值层面不只是独立存在的，它与认知层面和实践层面相互关联，共同构成公司治理智慧的重要组成部分。认知层面通过对公司治理的战略性思考和创新方法的运用来支持与实现价值层面的目标和使命，要求我们从全面、深入的视角来思考组织的发展，以及如何应对治理难题。实践层面负责将这些价值和认知转化为实际的行动与结果，涉及实际操作和执行公司治理方案的能力，确保公司的治理方案有效实施。这三个层面相互依存、相互促进，共同塑造了公司的治理智慧。

在实践中，公司应该注重价值层面，确保公司的行为与决策符合价值观和使命。公司应该建立明确的价值观，并以此为指导制定长远的发展战略和行动计划；同时，公司应该培养和提升认知层面的能力，通过战略性思考和创新方法来应对不断变化的治理挑战。公司还应该注重实践层面，培养并提升实际操作和执行公司治理方案的能力，确保价值和认知得到有效转化。

综上所述，价值层面在治理智慧中起着重要的作用，它强调关注公司的长远发展和价值观，并追求公平、透明和责任。通过关注价值层面，公司能够明确目标和使命，塑造良好的公司形象和声誉，同时创造积极的社会影响。价值层面与认知层面和实践层面相互交织，共同构成公司成功的关键因素，对于实现高质量发展具有重要的意义。

（二）治理智慧的认知层面——治理思维

认知层面是治理智慧中一个关键的层面，涉及我们对于事物的认识和思维方式。在哲学中，认知是指我们对现实世界的理解和获取知识的过程。在治理智慧中，认知层面体现在我们对公司治理的战略性思考和创新方法的应用上。它要求我们从全面、深入的视角来思考组织的发展，以及如何应对治理难题。

认知层面的提升能够帮助我们更好地理解组织的内外部环境，发现发展机会并采取相应的行动。

认知层面要求我们对公司治理的重要性有清晰的认识。我们需要认识到公司治理对于公司长期发展和可持续性增长的重要性，及其对组织稳定性和治理效能的影响。这种认知需要建立在对公司治理理论和实践深入了解的基础上，包括公司治理结构、机制和原则及其与组织目标、利益相关方和外部环境的关系。通过深入的思考和研究，我们可以更好地理解治理问题的本质和根源，找到解决问题的途径和方法。

认知层面强调战略性思考和创新方法的应用。战略性思考是指从宏观的角度思考公司的发展方向和目标，并制订相应的战略计划。在治理智慧中，我们需要运用战略性思考的能力来思考公司治理的战略性问题，如公司目标的制定、治理机制的设计和组织文化的塑造等。这种思考应当基于全面的信息和理性的判断，以推动公司治理的改进和创新。

创新方法的应用也是认知层面的重要内容。在不断变化的商业环境中，我们需要运用创新的方法来解决治理难题，并推动公司治理的改革，包括寻找新的思维模式和解决方案，采用新的工具和技术，进而推动组织学习和创新文化建设。通过运用创新方法，在面对复杂和多变的治理难题时，我们可以找到新的解决方案和方法。

认知层面的提升对公司具有重要的意义。首先，它使公司能够更全面地理解和适应内外部环境的变化。在不断变化的商业环境中，公司需要具备敏锐的认知能力，及时发现市场机遇和挑战，并做出相应的战略调整和决策。其次，认知层面的提升可以帮助公司发现和利用潜在的发展机会。通过深入的思考和创新的方法，公司能够发现新的市场空间和商业模式，推动组织的创新和增长。最后，认知层面的提升能够帮助公司更好地应对治理难题和挑战。通过全面的认知和思考，公司可以找到解决问题的切实可行的方法和策略，提升公司治理的效能和效果。

综上所述，认知层面在治理智慧中具有重要的地位和作用。它要求我们对公司治理的重要性有清晰的认识，并运用战略性思考和创新方法来解决治理问题。通过提升认知层面，公司能够更好地理解和适应内外部环境的变化，发现和利用发展机会，并应对治理难题和挑战。因此，认知层面是公司成功的关键因素之一，对于实现高质量发展具有重要的意义。

（三）治理智慧的实践层面——治理能力

实践层面是治理智慧中一个重要的层面，涉及我们将认知和价值观转化为实际行动的能力。实践是指在实际操作和执行中将理念和思考付诸行动的过程。在哲学中，实践被认为是人类生活的核心，它强调行动的实际效果和实现目标的能力。在治理智慧中，实践层面体现在我们实际操作和执行公司治理方案的能力上。它要求我们能够有效地制定并实施治理措施，确保治理方案的有效实施。实践层面的提升意味着我们能够将理念和思考转化为实际的行动，从而推动组织向着高质量发展的目标迈进。

第一，实践层面要求我们具备有效的管理和执行能力。治理智慧不仅仅是理论上的认知和理解，更要在实际中加以实施，这就要求我们具备良好的管理和执行能力。管理能力包括规划、组织、领导和控制等方面的能力，以确保治理方案的有效实施。执行能力则强调我们将治理方案转化为实际行动的能力，包括协调资源、推动变革和解决问题等方面的能力。只有具备良好的管理和执行能力，我们才能更好地实践治理智慧，为组织的高质量发展做出贡献。

第二，实践层面还强调持续学习和改进的能力。治理智慧是一个不断发展和进化的过程，需要我们不断学习和改进自己的实践能力，包括对行业趋势和最佳实践的学习，对自身实践经验的反思和总结，对组织治理实践的不断改进和创新。通过持续学习和改进，我们可以不断提升自己的实践能力，适应变化的环境，并更好地实践治理智慧。

第三，实践层面要求我们具备实际操作和执行的能力，良好的管理和执行能力，以及持续学习和改进的能力。通过加强实践层面的能力，我们能够将治理智慧付诸实践，推动组织向着高质量发展的目标迈进。

三、三大要素的相互关系与协同作用

（一）治理意识、治理思维和治理能力的相互依存关系

在公司治理中，治理意识、治理思维和治理能力是相互关联、相互依存的三大核心要素，它们之间的紧密联系和良好协同对于有效的公司治理至关重要。

首先，治理意识、治理思维和治理能力是相互补充和互相促进的。治理意

识是指治理者对公司治理重要性的认识和理解，它促使治理者具备正确的价值观和伦理观，注重公司的长远发展和社会责任。治理思维是指治理者运用系统性、战略性和创新性思维来解决复杂的治理问题，它帮助治理者更好地理解和应对公司面临的挑战。治理能力是指治理者在实施公司治理过程中所展现的专业知识、技能和效能，它体现在科学决策、系统激励和高效监督等方面。治理意识激发治理思维的运用，治理思维指导治理能力的发挥，而治理能力则是实施治理意识和治理思维的要求。

其次，治理意识、治理思维和治理能力是相互依存的，体现在它们共同构成全面有效的公司治理体系。治理意识为公司提供了明确的价值导向和治理目标，使公司在经营和决策中能够坚持公平、透明和社会责任的原则。治理思维提供了有效的思考和分析框架，使公司在面对复杂的内外部环境变化时能够做出科学决策和有效应对。治理能力为公司提供了具体的操作能力和执行效能，使治理意识和治理思维能够得到有效实施。只有在治理意识、治理思维和治理能力三者相互依存、相互支持的基础上，公司才能实现全面、高效的治理。

最后，治理意识、治理思维和治理能力的相互协同为公司带来了多重益处。其一，它们共同促进了公司的长期发展和维持可持续竞争优势。治理意识使公司能够树立正确的发展目标和价值观，治理思维使公司能够预见未来、把握机遇，而治理能力使公司能够有效执行决策、管理风险，推动公司稳步发展。其二，它们共同提升了公司的内外部声誉和信任度。治理意识的倡导公平、透明和社会责任的原则，治理思维的战略性思考和创新方法的运用，以及治理能力的系统激励和高效监督，都能够提升公司的声誉和信任度，吸引更多的投资者和利益相关者支持公司的发展。

综上所述，治理意识、治理思维和治理能力是相互依存、相互促进的三大核心要素，它们共同构成了全面有效的公司治理体系，为公司的长期发展和可持续竞争优势提供了重要支撑。治理意识激发治理思维的运用，治理思维指导治理能力的发挥，治理能力则落实治理意识和思维的要求。公司需要在实践中不断加强这三个方面的能力，使它们相互协同、相互支持，从而实现良好的治理效果和持续的发展。

（二）有效整合三大要素的关键要素

治理意识、治理思维和治理能力是构成治理智慧的三大核心要素，它们相互依存、相互影响，共同塑造了公司的治理能力。然而，要实现治理智慧的综合发展和最大效益，需要有效整合这三个要素，并找到它们之间的关键要素。

第一个关键要素是领导力和管理机制。领导力在治理智慧中起着至关重要的作用，它可以引导组织成员认识到治理的重要性，并将治理意识渗透到组织的各个层面。领导者需要具备积极的治理意识和高水平的治理思维，能够通过有效的治理能力来推动组织的发展和创新。同时，建立适当的管理机制能够促进信息流通和决策制定，确保治理意识、治理思维和治理能力得到充分发挥和应用。通过领导力和管理机制的有机结合，可以形成协同效应。

第二个关键要素是组织文化和价值观。组织文化是一种共同的信念、价值观和行为模式，它对于塑造组织成员的治理意识、治理思维和治理能力具有重要影响。一个积极的组织文化能够鼓励员工关注治理，并提供良好的学习和成长环境。价值观则是组织文化的核心，它可以引导组织成员树立正确的价值取向，使其在决策和行为中始终遵循公平、透明和社会责任的原则。通过建立积极的组织文化和价值观，可以促进治理意识、治理思维和治理能力的良性循环，实现整体治理水平的提升。

第三个关键要素是持续学习和创新能力。治理智慧需要不断学习和适应变化的能力，以应对日益复杂和多变的治理环境。组织成员应该具备持续学习的意识和能力，不断更新自己的知识和技能，关注最新的治理理论和实践。创新能力也是有效整合三大要素的关键要素之一，它能够推动组织不断创新和改进，提高治理效能和竞争力。持续学习和创新能力的培养需要组织提供适当的培训和发展机会，鼓励员工参与创新和改进的实践，并建立学习型组织的机制和文化。

综上所述，领导力和管理机制、组织文化和价值观、持续学习和创新能力是有效整合治理意识、治理思维和治理能力的关键要素。这些要素相互作用、相互支持，能够促进治理智慧的全面发展，并为公司的可持续发展提供坚实的基础。

第三节 治理智慧要素与高质量发展的关联

一、个体层面的影响

治理意识、治理思维和治理能力三者相互关联，共同构成公司成功的关键因素。通过关注公司价值观、战略性思考和实际执行力，公司能够提升竞争力，为员工和社会创造高质量发展条件。

（一）治理意识主要体现在价值层面

治理意识主要体现在对公司治理重要性和价值的认识与执行力上。治理意识是公司成功的基石，它关注公司的长远发展和价值观，强调公平、透明和责任。公司管理者只有充分认识到公司治理的重要性和价值，才能为员工创造一个公正、公平的工作环境，进而提升员工满意度和忠诚度。

（二）治理思维主要体现在认知层面

治理思维主要体现在对公司治理的战略性思考和创新上。治理思维关注公司的长远发展、员工福祉和社会责任，主要体现在公司管理者的思考层面，通过更全面、深入的视角推动公司实现高质量发展。通过运用创新方法，公司能够创造更多的发展机会和价值，为员工提供更多的职业发展空间。

（三）治理能力主要体现在实践层面

治理能力主要体现在实际操作和执行公司治理方案的能力上。具备良好治理能力的公司和个人能够高效地制定并实施公司治理措施，确保公司治理方案的有效实施。公司管理者通过提高治理能力，能够更好地平衡各方利益，提高员工福利和满意度，为员工创造美好的生活条件。

以谷歌、亚马逊和宝洁为例，三家公司在治理意识、治理思维和治理能力方面的差异如表13.2所示。谷歌的治理优势主要体现在治理意识方面，关注公司的长远发展和价值观，强调公平、透明和责任。而亚马逊的治理优势主要体现在治理思维方面，以战略性思考和创新方法解决治理难题，提升公司竞争力。宝洁的治理优势则主要体现在治理能力方面，通过实际操作和执行公司治理方案，确保公司的公平、透明和责任。这些公司各有特点和优势，在各自的领域取得了成功。它们都强调公司治理的重要性，并在不同层面展现出优秀的治理素质。

表13.2　三家公司在治理意识、治理思维和治理能力方面的差异

公司名称	治理意识	治理思维	治理能力
谷歌	1. 以公司长远发展和价值观为导向，关注公平、透明和责任； 2. 关注员工参与和公平竞争，保持高员工满意度； 3. 强调公司社会责任，积极参与环保和公益事业	无明显特征	无明显特征
亚马逊	无明显特征	1. 提倡长期主义，强调持续创新和长期投资； 2. 以客户需求为导向，不断进行创新和优化； 3. 关注员工的发展和福利，提供丰富的职业发展机会	无明显特征
宝洁	无明显特征	无明显特征	1. 制定并执行明确的公司治理准则和政策； 2. 关注员工福利和满意度，提供丰富的福利计划； 3. 在环境和社会责任方面展现出强大的治理能力

二、协同效应

治理意识、治理思维和治理能力在影响力与推动力、实现高质量发展的侧重点以及适应性和灵活性方面的差异，如表 13.3 所示。

表13.3　治理智慧要素的协同性差异

治理智慧要素	影响力与推动力	实现高质量发展的侧重点	适应性和灵活性
治理意识	提供基本认知框架和价值观	高质量发展目标的认知	相对稳定，基本认知
治理思维	分析和解决公司治理问题	用全面视角分析和解决问题	随公司和外部环境变化调整
治理能力	执行力和推动力，治理成果	通过实际行动促进高质量发展	适应实际情况，调整治理策略和行动

（一）对高质量发展的影响力与推动力的差异

治理意识关注公司治理基本认知，为高质量发展提供认知框架和价值观。治理思维强调分析和解决治理问题，通过系统性、战略性和创新性思维方式促进治理的有效性与适应性。治理能力体现为实际操作中的执行力和推动力，直接影响高质量发展成果和公司内部协调沟通能力。

（二）在实现公司高质量发展方面的侧重点差异

公司目标是实现高质量发展，治理意识、治理思维和治理能力在此方面的侧重点各有特色。治理意识使管理者明确高质量发展目标的认识，为高质量发展指明方向。治理思维关注全面视角地分析和解决问题，运用战略性、系统性和创新性思维方式满足员工需求，为高质量发展提供动力。治理能力注重实际行动，推动高质量发展，为员工提供良好的工作环境和福利。

（三）对高质量发展适应性和灵活性的影响

治理意识为公司治理提供稳定基础和基本认识，助力高质量发展。治理思维具有适应性和灵活性，随公司发展和外部环境变化而调整，运用创新、战略和系统性思考应对挑战，推动高质量发展。治理能力体现为实践中的适应性和灵活性，根据发展阶段、内外部环境变化和员工需求而调整治理策略，持续优化公司治理，实现可持续高质量发展。

第四节　治理智慧在实践中的体现

一、工作层面的体现

公司治理在促进高质量发展方面具有重要意义。通过利益相关方需求与员工福利的平衡、优化组织结构与决策机制、塑造积极向上的公司文化，公司可以为员工创造一个良好的工作环境，提高员工的工作满意度和归属感。这将有利于员工的个人成长和公司的长期发展，共同实现高质量发展的愿景。公司管理者应关注公司治理的实施，以达成这一目标。

优秀的公司治理关注利益相关者需求与员工福利的平衡。管理者在制定公司战略时，应兼顾市场竞争力、盈利能力和员工的长期发展。优秀的公司治理有助于为员工创造更多的成长机会，提高员工的职业素养，为公司带来长期稳定的发展。

优秀的公司治理应关注组织结构和决策机制的优化，有助于提高公司的运作效率和透明度，为员工创造公平、公正的竞争环境。公司应确保组织结构简洁、高效，降低决策层级，以便快速响应市场变化。同时，公司应采取科学的决策机制，确保决策过程公开、透明，让员工了解并参与决策。优秀的公司治理有助于降低公司内部的沟通成本和摩擦，提高公司整体竞争力。

优秀的公司治理关注公司文化的建设，积极传播正能量，为员工打造积极向上的工作氛围。公司应树立独特的核心价值观，强化公司文化的内涵，使员工感受到公司的使命和愿景。优秀的公司治理有助于员工感受到被尊重和公平对待，提高员工的归属感和满意度。同时，公司应建立透明、公正的评价和奖励制度，激励员工积极投入工作。

二、生活层面的体现

公司治理在生活层面的高质量发展，关键在于关注公司社会责任、员工福利和关怀、个人成长和职业规划。优秀的公司治理在追求经济利益的同时，关注环境保护和公益事业，为社会创造价值，提升公司声誉和吸引优秀人才。

优秀的公司治理应承担社会责任，积极参与环保、教育、扶贫等公益活动，为社会创造价值。这种做法不仅能提升公司的社会形象和声誉，还能为员工树立良好的道德榜样。

优秀的公司治理关注员工福利与关怀，如薪酬、医疗保障和舒适的工作环境，有助于提高员工生活品质。公司还应关注员工的心理健康，打造和谐的公司氛围，增强员工的归属感。

优秀的公司治理关注员工个人成长和职业规划，为员工提供培训和成长机会，助力员工规划美好未来。公司应提供多样化的培训形式，设立晋升通道，并关注员工的职业生涯规划，激发员工的工作热情。当员工在公司中不断成长、实现职业目标时，公司也能从中受益。

三、自我管理层面的体现

公司治理在自我管理层面对高质量发展的促进体现在道德规范的树立、企业家精神与领导力的培养、时间管理与工作生活平衡等方面。优秀的公司治理有助于员工提升个人品质，使之成为有社会责任感的企业家，实现工作与生活的和谐共融。

优秀的公司治理关注道德规范,倡导诚信和自律,为员工树立正确的道德观念。公司应制定明确的道德准则和行为规范,引导员工在工作和生活中恪守诚信原则。通过文化和各类培训活动,公司可以帮助员工提升个人品质,为高质量发展打下坚实的基础。

优秀的公司治理应鼓励员工培养企业家精神,不断追求创新与突破。公司应激发员工的创新意识,为员工提供创新的空间和资源;同时,培养员工的领导力,激发团队潜能,促进高质量发展的实现。公司可以通过定期举办领导力培训,提高员工的领导技能,更好地激发团队的潜能。

优秀的公司治理倡导员工进行高效的时间管理,提高工作效率,为高质量发展腾出更多时间。公司应组织时间管理培训,向员工传授有效的时间管理技巧。优秀的公司治理关注员工的工作压力与生活平衡,助力员工在忙碌的工作中找到生活的乐趣。公司应关注员工的心理健康,积极组织各类员工活动,鼓励员工参与团队建设,平衡工作和生活的需求。

表 13.4 概括了公司治理在工作、生活和自我管理三个层面对高质量发展的主要影响。

表13.4　公司治理在工作、生活和自我管理三个层面的影响

主题	描述
公司治理在工作层面	
利益相关方需求与员工福利的平衡	平衡公司目标与员工福利,实现公司目标和员工福利的和谐发展,促进员工成长和公司发展
组织结构与决策机制	提升效率与透明度,为员工创造更多发展机会,减少内耗,提高公司竞争力
公司文化	增强员工归属感与满意度,提升员工价值观和职业素养
公司治理在生活层面	
公司社会责任	关注环境与公益,创造美好的生活环境和社会价值,提升公司的社会形象和声誉
员工福利与关怀	关注员工生活品质,提供丰厚福利待遇,打造家庭般的公司氛围,促进员工生活品质的提升

主题	描述
个人成长与职业规划	引导员工规划美好未来，提供培训与成长机会，关注员工职业发展规划，助力员工实现职业发展目标
公司治理在自我管理层面	
道德规范	树立正确的道德观念，强化个人品质，引导员工遵循道德原则
企业家精神与领导力	培养企业家精神，提升领导力，激发团队潜能，助力企业领导者的全面发展
时间管理与工作生活平衡	提倡高效时间管理，平衡工作与生活，关注员工心理健康和生活品质，实现高质量发展目标

第五节 治理智慧实践的六个步骤

在实践中，公司可以从加强学习与培训开始，采纳治理新模式，进而引入先进经验；在引入先进经验的基础上，通过定期评估反馈，公司能够调整并优化治理措施；通过鼓励员工参与治理，公司可以增强员工的责任感和归属感；通过注重公司文化建设，公司可进一步提升治理水平。这些步骤之间的逻辑关系形成了一个闭环，有助于提高公司的治理水平，促进公司高质量发展，如图13.1 所示

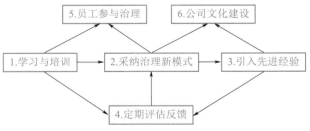

图 13.1 公司治理促进高质量发展的六个步骤

一、学习与培训

学习与培训这一步骤在公司治理新模式的构建过程中占据了基础性的地位。它强调公司治理不仅仅是一种行为，更是一种理念和理解。这一观念源于决策理论，决策并不仅仅是一种行为，而是基于一定的理念和理解。这种理念

和理解决定了决策的方向和方式，也影响了决策的效果。因此，通过学习和培训，公司可以帮助管理层建立正确的公司治理理念，理解公司治理的真正含义，从而做出更科学、更合理的决策。

二、采纳治理新模式

采纳治理新模式这一步骤是公司治理新模式构建过程中的重要环节，涵盖了公司治理的双重维度——治理基础和治理功能。这一理念的科学依据主要源于现代公司治理理论。该理论指出，公司的成功不仅取决于商业战略，在很大程度上还取决于治理结构和治理机制。公司治理的目标确保决策过程的透明度、公平性和效率，从而实现所有利益相关者的利益最大化。治理基础和治理功能分别对应现代公司治理理论中的治理结构和治理机制。

治理新模式的科学性进一步表现在公司治理核心要素的理解和应用上。例如，股权结构、党委、监事会和董事会等都是公司治理的关键要素，这些要素在决定公司方向、制定战略决策、实现公司价值等方面都有重要作用。这些要素及其相互关系是现代公司治理理论的重要组成部分，同时也是构建公司治理新模式过程中需要深入研究和考虑的重要问题。

三、引入先进经验

引入先进经验步骤的科学性主要体现在其深度挖掘并运用学习型组织理论和基准管理理论两种现代管理理论。学习型组织理论强调了一个组织的持续学习和自我改进的能力。在这种观念下，公司被鼓励从其他成功的企业、机构或个人那里获取知识和经验，从而实现自我改进和创新。基准管理理论是现代管理理论中的另一大重要理论，它进一步强调了对最佳实践的识别、理解和应用。这种理论建议公司定期评估自己的业绩，并与行业中的最佳标准进行比较。这样，公司可以发现自己在哪些方面落后，需要从他人那里学习什么，以及如何改进自己的策略和操作。

四、定期评估反馈

在此步骤中，公司应建立定期评估公司治理实践的机制，以监控治理效果并及时发现潜在问题。评估结果可用于优化治理方案，提升治理效果。此外，公司还应鼓励内部员工对公司治理提出建议和意见，形成一个多元化的反馈渠道，有助于公司持续改进和优化治理方案。这一步骤较好地体现反馈控制理论的思想。反馈控制理论是一种在系统工程中被广泛应用的理论，它强调系统输入和输出之间的动态关系，以及反馈在控制系统行为中的作用。在这里，公司治理实践的评估结果（输出）被用来调整和优化治理措施（输入），形成一个有效的反馈控制系统。

五、员工参与治理

公司应鼓励员工参与公司治理，让员工对公司发展有更多话语权，可以通过定期举办员工大会、座谈会等形式让员工直接向管理层反馈意见和建议。此外，公司还应建立一个有效的意见反馈机制，确保员工意见得到充分重视和采纳。通过让员工参与公司治理，公司可以培养员工的责任心和归属感，使他们更加积极地为公司发展贡献力量。

六、公司文化建设

公司文化是公司治理的基石，对于塑造员工的价值观和行为具有重要作用。公司应通过举办公司文化活动、制定公司文化宣传手册等方式，强化公司核心价值观的传播。公司应致力于培养诚信、责任、创新等优秀品质，使员工在日常工作中自觉遵循公司价值观，形成良好的道德风气。通过注重公司文化建设，公司治理理念将深入人心，有助于提高公司整体治理水平。

第六节　治理智慧实践六个步骤的科学性分析

通过治理智慧实现公司高质量发展的六个步骤之间的逻辑关系形成了一个闭环，每一个环节都是推动公司高质量发展的关键。

学习与培训是基础。公司通过定期的学习与培训活动，确保管理层深刻理解公司治理的理念、战略、方法和实践，从而做出科学合理的决策。

基于这种理解，公司会进一步采纳治理新模式，制定公司治理制度和流程，以便更好地执行治理决策；同时，确保各个部门的职责和权限明确，决策和执行更为明确和高效。

在治理模式建立之后，公司开始引入先进经验，包括参与国内外的公司治理论坛、研讨会以及与业内知名公司和专业机构开展合作，从中吸收并融合先进的治理经验和实践。

在引入先进经验的基础上，公司需要定期评估反馈，对公司治理的效果进行监控，及时发现并解决问题。公司也可以通过接受员工对公司治理的建议和反馈，持续优化治理方案。

员工参与治理是关键，公司应鼓励员工参与公司治理，让他们在公司发展中发挥更大的作用，培养员工的责任感和归属感。

公司文化建设是一种长期并深入人心的影响。公司通过强化核心价值观的传播，塑造良好的公司文化，引导员工在日常工作中遵循公司价值观，从而提升公司整体治理水平。

这六个步骤相互关联、相互支持，形成一个完整的循环。

一、学习与培训

学习与培训这一步骤的科学性体现在接纳知识管理理论的原则。知识管理理论强调知识在组织中的重要作用，主张通过系统地管理知识来提升组织的创新能力和竞争优势。该理论认为，知识的获取、更新和应用是推动组织改进与创新的重要手段。因此，通过组织关于公司治理的学习和培训活动，公司不仅可以帮助管理层获取新的知识，更新旧的知识，还可以提升管理层的治理智慧，增强其应对内外部挑战的能力。

此外，学习与培训这一步骤也体现了学习组织的理念。学习组织的理论强调组织应该成为一个持续学习和创新的实体。在学习组织中，所有成员都应该成为学习者，通过不断学习，提高自己的能力和素质，推动组织的持续改进和创新。这种理念在学习与培训这一步骤得到了体现，通过不断提高管理层的治理智慧，公司在治理过程中采取更加科学合理的决策，更好地应对内外部挑战。

综上所述，学习与培训这一步骤充分体现了现代管理理论的精髓，它将知识视为驱动公司持续发展和创新的核心资源，强调知识的管理和学习在公司治理过程中的重要性。学习与培训的科学性和有效性已经得到众多学者的证实，并在实践中得到广泛的应用。

二、采纳治理新模式

治理新模式体现了系统理论的原理。系统理论强调整体性、动态性和复杂性，主张应从整体的角度看待和理解组织，并重视组织内部各个部分之间的相互作用和协同效应。在采纳治理新模式的过程中，我们应考虑公司治理的各个要素，理解它们之间的关系，并努力实现它们之间的协调和统一，这都体现了系统理论的原理。

治理新模式还体现了可持续发展理论的原理。可持续发展理论强调我们应该追求长期、平衡的发展，而不仅仅是短期、单一的利益。在采纳治理新模式的过程中，我们应考虑公司的长期发展和可持续性增长，这也体现了可持续发展理论的原理。

综上所述，治理新模式充分融合了现代公司治理理论、系统理论和可持续发展理论等多种原理，不仅展现了科学性，也充分证明了其在公司治理新模式构建中的重要作用和实践价值。在实际操作中，公司应根据自身的实际情况和环境特征，灵活运用和整合各种理论原理，构建出适合自身情况的、有效的治理新模式。

三、引入先进经验

在引入先进经验这一步骤中，公司被鼓励参与各种形式的学习活动，如参加论坛、研讨会、培训班等，以便获取新的知识和经验。通过这样的学习和参与，公司可以拓宽自己的视野，增加对行业动态和发展趋势的理解，提高自身的决策制定能力。

除此之外，公司还可以通过与行业领先企业、专业机构等合作，引入它们的优秀经验和实践，为自身的治理改革提供新的动力和方向。这样的合作不仅可以帮助公司快速提高治理水平，还可以在一定程度上避免公司在改革过程中走弯路，提高改革的效率和效果。

因此，从理论和实践的角度来看，引入先进经验这一步骤具有很高的科学性和可操作性。实质上，它构建了一个桥梁，将学习型组织理论和基准管理理论与公司治理实践紧密结合在一起，为公司的高质量发展提供了有力的理论支撑和实践指导。通过积极引入先进经验，公司可以更好地应对日益复杂多变的商业环境，实现治理目标，增强竞争优势，最终实现可持续发展。

四、定期评估反馈

定期评估反馈这一步骤的科学性来自质量管理和持续改进的理论，特别是PDCA（计划—执行—检查—行动）循环模型。PDCA模型是由质量管理的先驱者威廉·德明（William Deming）提出的一种管理方法，强调对公司活动的持续性循环和改进的重要性。

在此步骤中，公司定期评估治理实践，这符合PDCA模型中的"检查"环节。公司需要评估治理措施的执行效果，以便及时发现并解决问题。同时，公司还需要鼓励员工对公司治理提出反馈，这可以视为PDCA模型中的"行动"环节。这样，公司可以从多元的视角获得反馈，有助于持续地改进和优化治理实践。

综上所述，定期评估反馈这一步骤在理论上有着坚实的基础，它的科学性和有效性在许多实证研究中也得到验证。

五、员工参与治理

员工参与治理这一步骤的科学性主要来自人力资源管理理论和参与式管理理论。根据人力资源管理理论，员工是组织的关键资源，他们的积极参与可以极大地提升组织的创新性、生产力和效率。参与式管理理论则进一步强调员工参与决策的重要性，认为员工参与可以提升他们的工作满意度和忠诚度，从而降低员工流动率并提升组织的绩效。

员工参与治理的价值体现在多个方面。首先，它可以提高员工对公司目标和战略的理解和认同，从而提高他们的工作效率和质量。员工参与治理让员工对公司的决策过程有更深的了解，这样他们就更有可能在执行决策时全力以赴，而不是被动应对。

其次，员工参与治理能够引入多元的视角和想法，这对于公司应对复杂环境的挑战、优化治理实践具有重要作用。员工作为公司运营的一线参与者，他们的视角和想法往往能够揭示公司治理中被忽视的问题与机会。

再次，员工参与治理也有助于实现员工与组织的利益一致，促进了员工的责任心和归属感。当员工感到自己的观点和建议受到尊重并且能够影响公司的决策时，他们更可能将公司的利益视为自己的利益，对公司的成功有更强的责任感。

最后，通过增强员工的参与感，员工参与治理可以提高整个公司的协调性和稳定性。员工在决策过程中的参与使他们更容易接受和执行这些决策，从而减少决策的阻力和冲突，提高组织的协调性和稳定性。

综上所述，员工参与治理这一步骤在理论上有着坚实的基础，其科学性和有效性在许多实证研究中也得到验证。员工参与治理不仅可以提升公司的效率和绩效，还可以帮助公司构建更开放、更透明和更高效的治理体系，从而为公司的长期成功和持续发展提供支持。

六、公司文化建设

这一步骤的科学性主要基于组织文化理论。组织文化是指在一个组织中共享的价值观、信念、期望、习俗和行为规范，它在塑造员工行为、推动组织变革、建立并维护组织的长期竞争优势中都起着关键作用。

首先，一个强有力且积极的公司文化能够引导员工的行为，形成良好的工作习惯和行为规范，从而提升组织的整体效率和绩效。例如，如果公司文化强调公平、公正和责任，员工在决策时就更可能考虑到他人和组织的利益，从而提高决策的质量和效率。

其次，公司文化还对组织治理有着深远影响。良好的公司文化能够促进治理更透明、更公正和更高效，提升组织的适应性和稳定性。对于治理来说，公司文化可以作为一种"软规定"，影响和规范员工的行为，并根据环境变化进行调整，从而为组织提供更大的灵活性。

最后，研究也表明，公司文化对于员工的满意度、忠诚度和离职率有重要影响。积极的公司文化能够提升员工的工作满意度和忠诚度，降低员工离职率，从而为组织的长期发展提供稳定的人力资源支持。

因此，公司文化建设的科学性主要体现在其对组织行为、治理和人力资源管理的深远影响，并且这些影响在实证研究中得到广泛的验证，显示出公司文化对组织的重要价值。

第十四章
公司治理新模式的实践指引

在当今的实践中,公司治理已成为决定公司成功与否的核心因素。为此,我们提出包含12个步骤(本章每节即1个步骤)的公司治理新模式实践指引,旨在为公司提供全面的治理实践路径。这些步骤涵盖了从董事会建设到持续改进的各个关键领域。

这些步骤在不同的发展战略下,其应用和实施会有所不同。为了确保公司能够更为精准地针对自身的具体情境进行治理实践,我们对这些步骤在保守型、稳健型和积极型发展战略中的具体实施进行了深入分析。

保守型发展战略下的实践指引。公司的主要关注点是风险控制和持续的稳定增长,实践指引主要推荐强化内部控制、风险管理,强调合规性,以及加大公司社会责任的执行力度。此外,要保持现有的市场地位和盈利稳健。

稳健型发展战略下的实践指引。公司在维持稳定的同时追求适度的增长,实践指引建议公司在强化内部控制和风险管理的基础上,注重创新、市场拓展、人才培养和资源整合,从而保障可持续的增长。

积极型发展战略下的实践指引。对于追求快速增长的公司,实践指引强调创新能力的培养、市场的拓展、人才策略的制定、资源的整合以及激励与奖励制度的完善,确保公司能够在竞争中脱颖而出。

总体而言,12个实践步骤并不是一成不变的模板,而是要根据公司自身的发展战略进行灵活调整和优化的指引。只有当公司能够将这些实践步骤与自身的战略目标完美结合,才能真正实现有效的战略规划和决策,推动公司走向更加健康和可持续的发展。

第一节 确立愿景与战略

确立愿景与战略是公司发展的基石,包括以下关键环节:充分调研市场和竞争态势,以把握市场机遇和竞争优势;明确公司核心价值观,提升内部凝聚力和员工向心力；关注可持续发展理念和 ESG 因素，实现经济效益与社会责任的平衡；制定可行且有挑战性的战略目标，激励公司持续发展；明确战略实施计划，包括分阶段目标、KPI 和责任分配，确保战略执行的顺利进行；加强战略沟通与培训，以提高员工的战略意识和执行力；定期评估战略执行效果，调整和优化战略实施计划，提高战略执行的有效性和效率。

在实行保守型、稳健型和积极型三种发展战略的情境下，确立愿景与战略的具体做法差异如表 14.1 所示。

表14.1 三种发展战略的愿景与战略差异

发展战略类型	愿景	战略目标	战略实施
保守型	关注业务稳定性和风险控制，维护现有市场份额	优化现有产品与服务，提高客户满意度和忠诚度，保持现有市场地位	关注成本控制和效率提升，避免过于激进的投资和扩张，重点在于巩固现有业务
稳健型	在保持业务稳定的基础上，适度寻求增长机会，实现可持续发展	在维护现有市场份额的同时，关注新市场和潜在客户，适度扩张业务范围	维护现有竞争优势，同时寻求创新与合作机会，拓展新市场和业务领域
积极型	积极寻求市场机遇，迅速扩张业务范围，成为行业领导者	大胆投资创新和市场拓展，迅速提高市场份额，争夺市场领导地位	积极进行研发和市场推广，拓展战略合作伙伴，扩大业务规模和覆盖范围

在实行保守型发展战略的情境下，公司应确立与战略匹配的愿景和战略目标。在愿景方面，公司应关注业务稳定性和风险控制，致力于维护现有市场份额。这意味着公司在追求增长的同时，应该保持谨慎，确保业务的持续性和稳定性。关于战略目标，保守型公司应将重点放在优化现有产品与服务上，提高客户满意度和忠诚度，从而保持现有市场地位。这可能包括对现有产品进行改进、提升客户服务质量、深入了解客户需求，以实现与客户之间的紧密联系。在战略实施方面，保守型公司应关注成本控制和效率提升，避免过于激进的投资和扩张。这可能涉及优化运营流程、提高生产效率、削减不必要的开支，并审慎评估任何新的投资机会。公司的重点应该在于巩固现有业务，以确保其在竞争激烈的市场中保持竞争力。总之，实行保守型发展战略的公司在愿景、战略目标和战略实施方面应保持一致，专注于维护现有市场地位，优化产品与服务及控制风险。

在实行稳健型发展战略的情境下,公司应确立与战略匹配的愿景和战略目标。在愿景方面,公司在保持业务稳定的基础上,适度寻求增长机会,实现可持续发展。这意味着公司既要关注现有业务的稳固,同时也要敏锐地捕捉市场变化,把握增长潜力。关于战略目标,稳健型公司在维护现有市场份额的同时,应关注新市场和潜在客户,适度扩张业务范围。这可能包括对新兴市场进行研究,分析潜在客户需求,探讨可能的合作伙伴,从而在保持现有业务稳定性的同时拓展市场领域。在战略实施方面,稳健型公司应维护现有竞争优势,同时寻求创新与合作机会,拓展新市场和业务领域。公司持续投资研发以提高产品和服务的竞争力,积极参与行业合作,寻求与其他公司或组织的战略联盟以加速市场拓展和资源整合。总之,实行稳健型发展战略的公司在愿景、战略目标和战略实施方面应保持一致,既重视现有业务的稳定性,又积极寻求创新与合作,实现可持续发展。

在实行积极型发展战略的情境下,公司应制定与战略匹配的愿景和战略目标。在愿景方面,公司应积极寻求市场机遇,迅速扩张业务范围,成为行业领导者。这意味着公司应敏锐地捕捉市场变化,勇于迎接挑战,努力在竞争激烈的市场中脱颖而出。关于战略目标,积极型公司应大胆投资创新和市场拓展,迅速提高市场份额,争夺市场领导地位。为实现这一目标,公司应持续关注市场动态,及时抓住市场机遇,大力投入研发,推动产品和服务创新,以满足不断变化的市场需求。在战略实施方面,积极型公司应积极进行研发和市场推广,拓展战略合作伙伴,扩大业务规模和覆盖范围。这可能涉及加大研发投入,推动技术和商业模式创新,积极寻求与其他公司或组织的战略合作,加快市场推广和品牌建设,以扩大市场影响力和业务范围。总之,实行积极型发展战略的公司在愿景、战略目标和战略实施方面应保持一致,敢于追求高速发展,大胆投资创新和市场拓展,旨在成为行业领导者。

第二节 分析市场地位

分析市场地位是公司制定战略的关键环节。首先,进行细致的市场调研,全面了解市场趋势、客户需求和竞争对手动态。其次,识别公司的竞争优势和劣势,对比竞争对手以找出自身独特的竞争优势和需要改进的领域。进一步进行市场细分研究，发掘公司具有竞争优势的细分市场。根据市场规模、公司实力和竞争状况，设定合理的市场份额目标，并分析实现目标所需的资源和时间。确立竞争策略和市场定位，根据市场分析结果制定明确的战略方向。持续跟踪市场动态，定期更新市场分析，以便及时调整战略方向以适应市场变化。最后，定期对执行成果进行评估，确保战略目标的实现。

在实行保守型、稳健型和积极型三种发展战略的情况下，分析市场地位的具体做法差异如表 14.2 所示。

表14.2 三种发展战略的市场地位差异

发展战略类型	分析重点	市场策略	调整策略
保守型	关注公司在现有市场的竞争地位和市场份额，评估竞争对手的优势和威胁，维护现有市场的稳定	以维护现有客户为主，通过提高产品和服务质量，提升客户满意度和忠诚度	如市场变化或竞争加剧，优先调整策略以维护现有市场份额，避免过度冒险
稳健型	在保持现有市场份额的基础上，关注新市场和潜在客户，寻求适度增长	在维护现有客户的同时，积极开拓新市场，尝试拓展业务领域和寻求战略合作伙伴	灵活应对市场变化，根据市场情况调整扩张速度和投资方向，确保公司在适度增长的同时稳定发展
积极型	积极寻求市场机遇，关注市场趋势，迅速扩大市场份额，争夺行业领导地位	大胆投资创新和市场拓展，积极开拓新市场和业务领域，寻求战略合作伙伴	快速适应市场变化，对市场机遇和竞争对手动态保持敏感，迅速调整战略方向和投资决策

在保守型发展战略下，分析市场地位的具体做法主要关注公司在现有市场的竞争地位和市场份额。为此，需要深入评估竞争对手的优势和威胁，以便更好地维护现有市场的稳定。在制定市场策略时，公司应将重心放在维护现有客户上，通过提高产品和服务质量，不断提升客户满意度和忠诚度，从而巩固现有市场地位。此外，公司还应密切关注市场变化和竞争态势，以便及时调整策略。在保守型发展战略下，当市场变化或竞争加剧时，公司应优先调整策略以维护现有市场份额，避免因过度冒险而影响公司稳定。例如，公司可以关注成本控制和效率提升以应对潜在的竞争压力，确保公司在市场中保持竞争力。总之，在保守型发展战略下，公司应关注现有市场竞争地位的维护和稳定，通过提高产品和服务质量来提升客户满意度和忠诚度，同时密切关注市场变化，及时调整策略，以确保公司在市场中保持稳定的竞争地位。

在稳健型发展战略下，分析市场地位的具体做法是在保持现有市场份额的基础上，关注新市场和潜在客户，寻求适度增长。为实现这一目标，公司在维护现有客户的同时，应积极开拓新市场，尝试拓展业务领域和寻求战略合作伙伴，以实现市场份额的扩大和业务规模的增长。在制定市场策略时，在确保现有业务稳定的前提下，公司应积极寻求与其他企业或行业的合作机会，以提高市场竞争力；同时，关注行业趋势和市场动态，公司能够更好地把握市场机会，有针对性地拓展新的业务领域。在市场变化的过程中，稳健型发展战略要求公司灵活应对市场变化，根据市场情况调整扩张速度和投资方向。这意味着在市场繁荣时适度加快扩张速度，在市场不景气时则谨慎调整投资计划，以确保公司在适度增长的同时能够稳定发展。总之，在稳健型发展战略下，在分析市场地位时，公司应在保持现有市场份额的基础上，关注新市场和潜在客户，寻求适度增长；同时，在制定市场策略和调整策略时，公司应灵活应对市场变化，确保在实现增长的同时保持稳定发展。

在积极型发展战略下，分析市场地位的核心在于积极寻求市场机遇，关注市场趋势，迅速扩大市场份额，争夺行业领导地位。为实现这一战略目标，公司应大胆投资创新和市场拓展，积极开拓新市场和业务领域，寻求战略合作伙伴，共同推动市场份额的提升和行业地位的提高。在制定市场策略时，公司应以创新为驱动，大胆进行产品研发和市场推广，以满足不断变化的市场需求；同时，与其他企业或行业合作，积极开拓新的市场和业务领域，增强公司在市场中的竞争优势。在应对市场变化时，积极型发展战略要求公司快速适应市场变化，对市场机遇和竞争对手动态保持敏感，迅速调整战略方向和投资决策。这意味着在市场繁荣时加大投资力度，在市场萎缩时则迅速调整战略，寻求新的增长点，确保公司始终保持在行业发展的前沿。总之，在积极型发展战略下，在分析市场地位时；公司应积极寻求市场机遇，关注市场趋势，迅速扩大市场份额，争夺行业领导地位；同时，在制定市场策略和调整策略时，公司应快速适应市场变化，保持对市场机遇和竞争对手动态的敏感度，确保在市场竞争中始终保持领先地位。

第三节　评估创新能力

评估创新能力对于提高公司市场竞争力至关重要。首先，应建立一套完善的创新评估体系，制定全面的创新能力评估指标，系统地衡量公司的创新实力。其次，为了促进创新，应鼓励跨部门合作，打破部门间的壁垒，提供更多的机会和资源。同时，定期为员工提供创新思维和技能培训，提高整体创新能力并激发员工的创新热情。确保公司在研发、技术和人才方面有足够的投入，支持创新发展。此外，应建立一种鼓励创新的公司文化，允许员工在合理范围内冒险和尝试新方法，以便从失败中吸取教训。定期收集和分析创新项目的成果，评估公司创新能力的实际效果，并为未来的创新工作提供参考。董事会和管理层应积极参与创新能力的评估和推动，为创新提供战略指导和资源支持，确保创新工作与公司战略目标保持一致。

在实行保守型、稳健型和积极型三种发展战略的情境下，评估创新能力的具体做法差异如表14.3所示。

表14.3　三种发展战略的创新能力评估差异

发展战略类型	创新重点	创新投入	创新评估
保守型	集中在提高现有产品和服务的质量及性能，巩固市场地位	有限的研发投入，主要用于维护现有产品线和技术的竞争力	关注创新成果对现有业务的增值效果，评估创新成果在保持市场竞争力方面的贡献
稳健型	在维护现有产品和服务的基础上，适度拓展新领域和新技术，推动业务增长	适度增加研发投入，支持新产品和服务的研发，与战略合作伙伴开展合作	关注创新成果在提高市场竞争力和推动业务增长方面的表现，评估创新成果与战略目标的契合程度
积极型	积极投资新技术和新市场，寻求颠覆性创新和市场突破，争夺行业领导地位	大力投入研发和创新，积极寻求外部资源和合作伙伴，加速创新进程	重视创新成果在开拓新市场和提升市场竞争力方面的贡献，评估创新成果对公司战略目标的支持程度

在保守型发展战略下，创新重点应集中在提高现有产品和服务的质量及性能，巩固市场地位。创新投入应有限，主要用于维护现有产品线和技术的竞争力。在创新评估方面，公司应关注创新成果对现有业务的增值效果，及其在保持市场竞争力方面的贡献。这样的策略有助于在不冒过大风险的前提下，持续

优化公司的核心业务，确保公司在竞争中保持稳定的市场份额。

在稳健型发展战略下，创新重点应集中在维护现有产品和服务的基础上，适度拓展新领域和新技术，推动业务增长。这意味着公司在保持现有业务竞争力的同时，应敢于探索潜在的市场机会和技术创新，实现可持续的发展。创新投入方面应保持适度增加，支持新产品和服务的研发，与战略合作伙伴开展合作。这样的投入能够为公司在市场中保持竞争优势提供强有力的支持，同时为公司在新领域的拓展提供资源保障。在创新评估方面，关注创新成果在提高市场竞争力和推动业务增长方面的表现。这意味着公司要定期评估的创新项目，审视它们对公司整体业务增长的贡献，以及创新成果与战略目标的契合程度。通过评估，公司可以更好地了解创新项目的实际效果，为未来创新工作提供有益的指导和借鉴。总之，在稳健型发展战略下，应在保持现有市场份额的同时，公司关注新市场和潜在客户，适度扩张业务范围。创新在这一过程中起到至关重要的作用，公司应在创新重点、创新投入和创新评估方面做出相应调整，以确保在实现增长的同时保持稳定发展。

在积极型发展战略下，创新重点应积极投资新技术和新市场，寻求颠覆性创新和市场突破，争夺行业领导地位。这意味着公司在创新过程中应勇于挑战现有市场规则和技术瓶颈，努力实现业务的跨越式发展。在创新投入方面，公司应大力投入研发和创新，积极寻求外部资源和合作伙伴，加速创新进程。这种投入不仅包括加大资金投入，还包括扩大人才队伍、强化技术研究，以及加强与行业领先企业、高校和研究机构的合作。通过这些手段，公司能够在创新竞争中占据有利地位，提高市场竞争力。在创新评估方面，公司应重视创新成果在开拓新市场和提升市场竞争力方面的贡献，评估创新成果对公司战略目标的支持程度。这要求公司定期对创新项目进行审查和总结，分析创新项目对市场份额、业务拓展以及公司整体竞争力的影响，从而为公司在未来创新工作中提供有益的经验教训。总之，在积极型发展战略下，公司应致力于迅速扩张业务范围，成为行业领导者。创新在这一过程中扮演着至关重要的角色，因此公司应在创新重点、创新投入和创新评估方面进行相应调整，以确保创新能力得到充分发挥，推动公司实现战略目标。

第四节 监控生产力

监控生产力是确保公司资源、人力和生产效率持续改进的关键。首先，建立生产力指标体系，制定全面的生产力指标，准确评估公司生产力水平。最后，定期评估与报告生产力指标，及时发现问题并采取改进措施。审查并优化生产流程，剔除无效环节，简化操作，提高效率和降低成本。关注并引入行业先进技术和最佳实践，提高生产效率，降低人力成本，增强竞争力。为员工提供培训和发展机会，提升技能和能力，增强工作积极性，提高生产力。实施有效的激励机制，奖励在生产力提升方面做出贡献的个人和部门，激发创新精神和积极性。鼓励跨部门合作，共享资源和信息，提高整体生产力。

在实行保守型、稳健型和积极型三种发展战略的情境下，监控生产力的具体做法差异如表 14.4 所示。

表14.4　三种发展战略的生产力监控差异

发展战略类型	核心目标	投入与改进	生产力评估
保守型	关注提高现有生产过程的效率，降低成本，以维护市场地位	有限的投入，用于维护现有生产设备和技术，优化生产流程以降低成本	关注生产效率、成本控制和产品质量，以支持公司在市场中保持竞争力
稳健型	在提高现有生产过程效率的基础上，适度投资新技术和设备，提升生产能力和降低成本	适度增加投入，引入先进生产技术和设备，提升产能并降低成本	关注生产效率、成本控制和产品质量的持续提升，以及新技术和设备对生产力的贡献，支持公司业务的稳健发展
积极型	大力投资新技术和设备，追求生产效率和质量的领先水平，争夺市场领导地位	积极投资先进生产技术和设备，引入创新生产模式，提升产能并降低成本	重视生产效率、成本控制和产品质量的领先水平，以及新技术和设备在提升生产力方面的突破性贡献，支持公司积极发展战略的实施

在保守型发展战略下，监控生产力的核心目标是关注提高现有生产过程的效率，降低成本，以维护市场地位。为实现这一目标，公司应有限的投入资源以维护现有生产设备和技术，并优化生产流程以降低成本。此外，公司应关注产品质量的稳定提升，确保客户满意度并维护市场份额。在保守型发展战略

下，生产力评估应重点关注生产效率、成本控制和产品质量，定期分析生产力指标，以便发现潜在问题并采取适时的改进措施。为员工提供必要的培训和技能提升，以提高生产过程的效率。实施有效的激励机制，鼓励个人和部门在生产力提升方面做出贡献，并激发他们的创新精神和积极性。通过这种方式，公司能够在保守型发展战略下实现稳定的生产力增长，为公司在市场中保持竞争力提供支持。

在稳健型发展战略下，监控生产力的核心目标是在提高现有生产过程效率的基础上，适度投资新技术和设备，提升生产能力和降低成本。为实现这一目标，公司应适度增加投入，引入先进的生产技术和设备，提升产能并降低成本。此外，保持对产品质量的关注，确保在稳健发展的过程中满足客户需求和市场变化。在稳健型发展战略下，生产力评估应关注生产效率、成本控制和产品质量的持续提升，以及新技术和设备对生产力的贡献。公司应定期分析生产力指标，以便及时发现问题并采取改进措施。为员工提供培训和发展机会，提高他们在引入新技术和设备时的适应能力。实施有效的激励机制，鼓励个人和部门在提升生产力方面做出贡献，激发他们的创新精神和积极性。通过这种方式，公司能够在稳健型发展战略下实现生产力的持续增长，为公司业务的稳健发展提供支持。

在积极型发展战略下，监控生产力的核心目标是大力投资新技术和设备，追求生产效率和质量的领先水平，争夺市场领导地位。为实现这一目标，公司应积极投资先进生产技术和设备，引入创新生产模式，提升产能并降低成本。同时，重视产品质量和客户需求，确保在迅速发展的过程中始终保持市场竞争力。在积极型公司应战略下，生产力评估应重视生产效率、成本控制和产品质量的领先水平，以及新技术和设备在提升生产力方面的突破性贡献。定期对生产力指标进行详细分析，以便及时发现问题并采取相应的改进措施。加大对员工培训和发展的投入，提高他们在应对新技术和设备时的适应能力，激发员工的创新精神和工作积极性。实施有效的激励机制，奖励在生产力提升方面做出突出贡献的个人和部门。通过这种方式，公司能够在积极型发展战略下实现生产力的快速增长，为公司的积极发展战略提供强大支持。

第五节 财务状况评估

财务状况评估是确保公司具备良好财务状况以支持发展目标的关键。首先，建立全面的财务指标，包括收入、利润、现金流等，全面评估公司财务状况。其次，定期提交财务报告，向董事会和管理层提供详细财务信息，以便作出明智决策。实施内部控制与审计，确保财务信息的准确性和完整性，识别潜在风险和问题。建立有效的风险管理体系，识别、评估和管理财务风险，包括市场风险、信用风险等。严格控制成本，优化成本结构，提高成本效益，减少不必要的开支，优化采购和供应链管理。调整资本结构，确保适当的负债水平和资本成本，支持公司战略。最后，建立有效的预算管理体系，支持战略目标实现，确保预算制定过程透明且与公司战略紧密相连。

在实行保守型、稳健型和积极型三种发展战略的情境下，财务状况评估的具体做法差异如表14.5所示。

表14.5　三种发展战略的财务状况评估差异

发展战略类型	财务状况评估重点	风险管理	资本结构
保守型	维护公司现有财务状况，确保现金流稳定性和盈利能力	重点关注市场风险和信用风险，采取保守策略以降低潜在损失	保持较低的负债水平，以降低风险敞口并保持稳定的资本成本
稳健型	在维护现有财务状况的基础上，适度关注投资回报和增长潜力	在关注市场风险和信用风险的同时，平衡风险和回报，采取适度的风险策略	在保持适度负债水平的同时，关注资本成本优化，以支持公司业务的稳健发展
积极型	寻求高投资回报和增长潜力，关注收入和利润的快速增长	在关注市场风险和信用风险的同时，更积极地寻求投资机会，适当承担风险以获取更高回报	积极调整资本结构，以支持公司高速发展和市场竞争，适当提高负债水平以优化资本结构和融资渠道

在保守型发展战略下，财务状况评估的重点在于维护公司现有财务状况，确保现金流稳定性和盈利能力。为了实现这一目标，公司需要关注并保持现金流的持续稳定，应对市场的波动和不确定性。同时，注重盈利能力的保持，确保公司在市场中保持竞争力。在风险管理方面，保守型发展战略强调重点关注市场风险和信用风险。为了降低潜在损失，公司需要采取保守策略，包括进行

严格的信用评估、优化负债结构、保持现金储备等。此外，公司还需密切关注市场动态，以便及时调整策略，应对可能的市场风险。在资本结构方面，保守型发展战略要求公司保持较低的负债水平。这有助于降低风险敞口并保持稳定的资本成本。为实现这一目标，公司需要优化负债结构，确保长短期债务的平衡。同时，应尽量避免过度依赖外部融资，降低利息支出，保持资本成本的稳定。总之，在实行保守型发展战略的情境下，公司应确保现金流稳定性和盈利能力，严格管理市场风险和信用风险，保持较低的负债水平和稳定的资本成本。这将有助于公司在市场中保持竞争力，应对潜在的风险和挑战。

在稳健型发展战略下，财务状况评估的重点是在维护现有财务状况的基础上，适度关注投资回报和增长潜力。为了实现这一目标，公司需要在保持现金流稳定性和盈利能力的同时，关注投资项目的回报率，支持公司的稳健发展。此外，公司还需寻求具有增长潜力的投资机会，促进公司的可持续发展。在风险管理方面，稳健型发展战略强调在关注市场风险和信用风险的同时，平衡风险和回报，采取适度的风险策略。为了实现这一目标，公司需要在保守策略的基础上，适度地承担一定程度的风险，寻求更高的投资回报。在进行投资决策时，公司应综合考虑项目的风险和潜在收益，确保投资风险与预期回报匹配。在资本结构方面，稳健型发展战略要求公司在保持适度负债水平的同时，关注资本成本优化，以支持公司业务的稳健发展。为了实现这一目标，公司需要在保持负债水平和资本成本稳定的基础上，关注资本结构的优化，包括适当调整债务和股权比例、选择合适的融资渠道和时机，以降低融资成本并提高资本利用效率。总之，在实行稳健型发展战略的情境下，公司在维护现有财务状况的基础上应适度关注投资回报和增长潜力，平衡风险和回报，保持适度的负债水平和关注资本成本优化。这将有助于公司在市场中保持竞争力，实现稳健且可持续的发展。

在积极型发展战略下，财务状况评估的重点是寻求高投资回报和增长潜力，关注收入和利润的快速增长。为了实现这一目标，公司在保持现金流稳定性的基础上，应大胆投资高回报和有增长潜力的项目。此外，公司应关注收入和利润的增长，通过扩大市场份额、提高产品质量和创新能力来加速业务发展。在风险管理方面，积极型发展战略强调在关注市场风险和信用风险的同时，更积极地寻求投资机会，适当承担风险以获取更高回报。为了实现这一目标，公司需要在评估风险的基础上，勇于尝试新的投资领域和业务模式，实现快速发展；同时，公司应建立健全风险管理机制，确保在承担风险的过程中及时发现并应对可能出现的问题。在资本结构方面，积极型发展战略要求公司积极调整资本结构，以支持公司高速发展和市场竞争，适当提高负债水平以优化资本结构和融资渠道。为了实现这一目标，公司在保持资本成本稳定的基础上，应积极寻求更灵活和多样的融资渠道，满足公司高速发展的资金需求，包括发行债券、引入战略投资者或利用金融衍生品等工具来优化资本结构、降低融资成本并提高资本利用效率。总之，在实行积极型发展战略的情境下，公司应寻求高投资回报和增长潜力，关注收入和利润的快速增长，更积极地寻求投资机会并适当承担风险，积极调整资本结构以支持公司高速发展和市场竞争。这将有助于公司在市场中保持竞争优势，实现快速且可持续的发展。

第六节 关注社会责任

关注社会责任对公司在环境、社会和治理方面的表现至关重要。首先，制定全面的环境、社会和治理（ESG）政策，明确公司在这些领域的承诺。设立专门的 ESG 委员会，确保充足的关注和资源投入。为环境、社会和治理设定可衡量的目标和指标，跟踪公司在这些领域的表现。提高员工对 ESG 问题的认识，通过培训和沟通鼓励员工参与社会责任实践。主动与利益相关者合作，分享社会责任成果，倾听他们的期望并持续改进。定期评估和报告公司在环境、社会和治理方面的表现，向董事会、投资者等报告，提升公司的社会责任声誉。投资与公司业务和战略相关的社会责任项目，如环境保护、教育和社区发展等，展示公司对可持续发展的承诺。关注并实践社会责任有助于公司树立良好的形象，提高声誉，同时为可持续发展做出积极贡献。

在实行保守型、稳健型和积极型三种发展战略的情境下，关注社会责任的具体做法差异如表 14.6 所示。

表14.6 三种发展战略关注社会责任的差异

发展战略类型	社会责任重点	项目投资	利益相关者沟通
保守型	维护现有环境、社会和治理方面的表现，遵循法规和行业标准	关注与现有业务密切相关的社会责任项目，避免涉及高风险项目	与主要利益相关者保持稳定沟通，确保公司在ESG方面的政策和表现满足利益相关者的期望
稳健型	在维护现有环境、社会和治理表现的基础上，适度关注和投资于环境、社会和治理方面的改进和创新	在关注与现有业务相关的社会责任项目的同时，适度投资新的ESG项目，平衡风险和回报	主动与更多利益相关者沟通，了解他们的期望，持续改进公司在ESG方面的表现
积极型	积极投资环境、社会和治理方面的创新与改进，力求在ESG领域取得领导地位	大胆投资新的、与现有业务相关的社会责任项目，寻求高回报和可持续发展机会	积极与各类利益相关者沟通，展示公司在ESG方面的领导地位，吸引更多的投资和合作机会

在保守型发展战略下，公司社会责任重点主要集中在维护现有的环境、社会和治理方面的表现。这意味着公司将严格遵循相关法规和行业标准，确保自身在这些领域的承诺和实践得到充分体现。在项目投资方面，公司将重点关注与现有业务密切相关的社会责任项目，避免涉及高风险的项目，确保合理分配资源和控制风险。与此同时，保守型发展战略下的公司将与利益相关者保持稳定沟通，积极倾听他们在环境、社会和治理上的期望，并在实际运营中充分考虑这些因素。通过与利益相关者的沟通，公司可以确保自身在ESG方面的政策和表现满足各方的期望，从而为公司在社会责任方面的声誉奠定坚实基础。通过保守型的社会责任关注策略，公司既能维护现有的社会责任水平，又能在稳定发展的同时为可持续发展做出积极贡献。

在稳健型发展战略下，公司社会责任重点是在维护现有环境、社会和治理表现的基础上，适度关注和投资环境、社会和治理的改进和创新。这意味着公司将在确保遵循相关法规和行业标准的同时，寻求在环境保护、社会责任和治理实践方面取得更好的成果，推动可持续发展。在项目投资方面，公司将在关注与现有业务相关的社会责任项目的同时，适度投资新的ESG项目。这种投资策略旨在平衡风险和回报，从而在确保合理分配资源和控制风险的前提下，促进公司在环境、社会和治理方面持续进步。为了实现这一目标，公司将主动与更多利益相关者沟通，了解他们在环境、社会和治理方面的期望，以便持续改进公司在这些领域的表现。通过与各方利益相关者的紧密互动，公司能够不断优化 ESG 政策和实践，从而在稳健发展的同时，为可持续发展做出更大贡献。

在积极型发展战略下，公司将把社会责任作为核心竞争力，积极投资环境、社会和治理方面的创新与改进，力求在 ESG 领域取得领导地位。这意味着公司不仅遵循相关法规和行业标准，还致力于超越行业平均水平，将可持续发展融入公司战略，实现环境效应、社会效应和经济效益的共赢。在项目投资方面，积极型发展战略下的公司将大胆投资新的、与现有业务相关的社会责任项目，寻求高回报和可持续发展机会。这可能包括支持创新技术、解决社会问题、提升员工福利和推动环境保护等方面的项目，以实现公司在 ESG 领域的长远发展和领导地位。为了实现这些目标，公司将积极与各类利益相关者沟通，展示自身在环境、社会和治理方面的领导地位，吸引更多的投资和合作机会。这意味着公司需要加强与投资者、客户、供应商、政府机构等利益相关者的关系，定期分享自身在 ESG 领域的最新进展和成果，从而赢得他们的支持和信任，为可持续发展创造良好的外部环境。

第七节　设定具体目标和指标

设定具体目标和指标是实践公司治理目标的 CGO 模型的关键步骤。首先，确保设定的目标具有明确性、可衡量性、可实现性、相关性和时限性。同时平衡长短期目标，兼顾公司的长期战略和短期业务需求。在制定目标和指标时，关注股东、员工、客户、社会和环境等利益相关方的责任与承诺。设定的目标和指标应与公司战略保持一致，提高执行力和凝聚力。涵盖关键绩效指标（KPI），针对公司治理目标的 CGO 模型的各要素，包括财务、客户满意度、内部流程、学习和成长等方面的指标，确保全面评估公司绩效。分层设定目标，为公司不同层级和部门设定不同的目标和指标，明确方向和责任。最后，定期审查与调整目标和指标，适应市场和公司内部环境变化，保持目标的实时性和有效性。

在实行保守型、稳健型和积极型三种发展战略的情境下，设定具体目标和指标的差异如表 14.7 所示。

表14.7 三种发展战略设定具体目标和指标的差异

发展战略类型	目标设定	指标权重	风险控制
保守型	维持现有业务水平、市场份额和盈利能力，强调稳定性和可持续性	更多关注财务和内部流程相关指标，确保现有业务稳健运营	设定较低的风险容忍度，应对市场和内部挑战时保持稳定
稳健型	在维持现有业务的基础上，适度追求增长和盈利能力的提升，关注市场机会和创新	在关注财务和内部流程相关指标的同时，更多地关注客户满意度、学习和成长等方面指标	设定适中的风险容忍度，既关注稳定性，也追求适度发展和创新
积极型	积极追求市场份额、收入和盈利能力，关注创新和市场领导地位	在关注财务指标的同时，更多地关注客户满意度、学习和成长、创新能力等方面指标	设定较高的风险容忍度，支持公司积极开拓市场和投资创新项目

在保守型发展战略下，公司的目标设定主要集中在维持现有业务水平、市场份额和盈利能力，强调稳定性和可持续性。为了实现这些目标，公司应关注财务状况，确保现有资产和资源得到充分利用，维持盈利水平。在这种战略下，指标权重更多关注财务和内部流程相关指标，确保现有业务的稳健运营。这可能包括关注营业收入、净利润、现金流等财务指标，同时监控生产效率、员工满意度和客户满意度等内部流程指标，保持公司业务的健康发展。风险控制方面，保守型发展战略要求设定较低的风险容忍度。这意味着面对市场和内部挑战，公司会采取更为谨慎的策略来应对风险。为此，公司应建立健全的风险管理机制，密切关注市场动态，及时调整战略以应对潜在的不利变化。通过严格的风险控制，公司能够在各种环境下保持稳定，实现长期可持续发展。

在稳健型发展战略下，公司的目标设定是在维持现有业务的基础上，适度追求增长和盈利能力的提升。这需要关注市场机会和创新，积极寻求新的业务领域和市场份额，同时确保现有业务的稳定运营。为了实现这些目标，指标权重方面，除了关注财务和内部流程的相关指标，还应更多地关注客户满意度、学习和成长等方面的指标。这可能包括关注客户反馈和投诉、员工培训和发展、技术创新能力等方面，确保公司在追求增长的过程中，始终保持高质量的服务和产品，维护良好的客户和员工关系。在风险控制方面，稳健型发展战略要求设定适中的风险容忍度。这意味着公司在关注稳定性的同时，也要追求适度的发展和创新。为了实现这一目标，公司应在风险管理中找到平衡，既要防范潜在风险，也要敢于抓住市场机会。通过适度的风险控制策略，公司能够在保持稳定的同时实现可持续的增长和创新。

在积极型发展战略下，公司的目标设定是积极追求市场份额、收入和盈利能力的提升，关注创新和市场领导地位。这意味着公司要持续创新，寻求新的业务机会和市场领域，实现较快的增长和突破性的成果。为了实现这些目标，指标权重方面，除了关注财务指标，公司还应更多地关注客户满意度、学习和成长、创新能力等方面的指标，包括积极收集客户反馈、投入资源于研发和创新、关注员工技能提升和团队协作等。通过这些指标，公司可以确保在迅速扩张的过程中，始终保持高质量的产品和服务，以及良好的客户关系。在风险控制方面，积极型发展战略要求设定较高的风险容忍度，支持公司积极开拓市场和投资创新项目。这意味着公司要勇于面对市场和竞争带来的挑战，敢于承担一定程度的风险。为了实现这一目标，公司要建立健全的风险管理机制，确保在抓住市场机遇的同时能够有效地控制潜在风险。通过这种积极的风险控制策略，公司能够在迅速发展的过程中实现可持续的创新和领导地位。

第八节 实施公司治理新模式

在深入前期的实践后，我们正式进入实施公司治理新模式的阶段。首先确保全公司从董事会、管理层到每位员工都深入理解和接纳这一新模式至关重要。为此，进行全面的培训和宣传活动，同时明确各管理层的角色和职责，使得每个部门和员工都能明确自己在新模式中的位置与责任。

为了使新模式能够高效运行，公司需要对资源进行精细调制，确保每一个环节都能得到充分的支持。董事会和管理层扮演着关键的角色，需要定期监测和评估新模式的实施进度，确保所有活动都与公司的战略目标保持一致。面对实施中的挑战，我们必须保留一定的灵活性，根据实际情况及时调整策略，使新模式能够与时俱进，适应不断变化的外部市场和内部环境。

跨部门的协作和沟通在此过程中尤为关键，它可以加速新模式的普及和实施。为此,董事会和管理层与各部门之间保持频繁且深入的交流,确保及时发现问题,获取反馈,并迅速做出相应调整,从而保证公司治理新模式的顺利推进。

在实行保守型、稳健型和积极型三种发展战略的情境下,实施公司治理新模式的具体做法差异如表 14.8 所示。

表14.8 三种发展战略下公司治理新模式实施差异

发展战略类型	关注焦点	资源调配	跨部门间合作
保守型	关注当前业务的稳定性,持续优化财务健康、内部流程以及提升生产效率	资源主要集中在维护和优化现有业务,降低风险并确保持续盈利	部门间的沟通和合作至关重要,以保证业务流程的高效运行
稳健型	在维持当前业务稳定性的同时,寻求适度增长机会,同时关注市场变化和潜在的创新	资源不仅用于支持现有业务,还用于市场的拓展、创新和人才发展	保障现有业务流程的顺畅是基础,同时加强部门间的沟通,共同推进新项目和创新活动
积极型	以市场份额、收入和盈利为核心,同时重视创新和市场的领先地位	大部分的资源用于市场拓展、新项目研发和人才发展	各部门间的沟通和合作是推动市场拓展、新项目和业务升级的关键

在保守型发展战略下,管理层应更加关注保持业务的稳定性。这要求他们不仅要密切关注公司的财务健康、内部流程的优化和生产力的提升,还要确保资源主要被用于维护和优化现有业务,从而降低风险并确保持续盈利。在这种战略下,跨部门的合作变得尤为关键。通过定期的跨部门会议、信息和资源的共享,各部门可以更好地理解并满足彼此的需求和期望。而且,即使在这种保守的策略下,管理层也应鼓励员工持续创新,寻找优化和提升现有业务的新方法,从而在保持业务稳定的同时实现渐进式的发展。

在稳健型发展战略下,管理层应保持对现有业务的关注,同时寻求适度的增长,并紧盯市场的机遇和创新。在持续优化财务、内部流程和生产力的同时,还要敏锐地捕捉市场的变化和潜在的创新机会。资源应当均衡配置,既要支持现有业务,又要投资于市场拓展、创新和人才发展。鼓励部门间的协同工作、加强信息和资源共享、推进新项目和创新活动,这些都是为了确保公司在稳定的基础上寻求增长。

在积极型发展战略下，管理层应全力以赴，追求市场份额，提高收入和盈利，同时重视创新市场上的领先地位。在资源调配上，大量的资源用于市场拓展、新项目研发和人才发展。加强研发、市场推广和人才培养是为了确保公司在面对市场竞争时始终保持领先地位。此外，各部门之间的合作和沟通应被视为公司成功的关键，共同努力来推进市场拓展和业务创新。

第九节　监控风险与机遇

董事会在公司治理过程中应关注市场和公司内部风险与机遇，确保及时识别、评估和应对。建立风险管理体系，制定全面的策略和流程。对各领域潜在风险进行持续跟踪和评估，确定其影响和可能性。关注市场趋势、竞争对手和行业发展，发现新商业机会。利用现代信息技术手段，如大数据分析、人工智能等，协助监控和预测潜在风险和机遇，提高管理效率。制定针对重大风险事件的应急预案，降低潜在损失。与其他企业或行业组织建立合作伙伴关系，共享风险信息和机遇，提高公司在市场竞争中的地位和应对能力。建立激励与奖励机制，对表现优秀的部门和个人给予适当奖励，增强员工的积极性和主动性。

在实行保守型、稳健型和积极型三种发展战略的情境下，监控风险与机遇的具体做法差异如表14.9所示。

表14.9　三种发展战略下的监控风险与机遇差异

	风险关注	机遇关注
保守型	更注重内部和市场风险的控制，避免公司遭受严重损失。关注现有业务运营中的潜在风险，以确保业务稳定	在维持现有业务稳定的基础上，寻找适度的发展机会，提升公司在市场中的竞争力
稳健型	在保持现有业务稳定的基础上，关注可能影响公司增长和市场拓展的潜在风险	密切关注市场和行业发展趋势，寻求与公司战略匹配的增长机会，以实现可持续发展
积极型	在追求快速增长的过程中，重点关注可能导致公司战略失衡的潜在风险。关注新市场、新产品和创新项目所带来的风险	积极寻找并抓住市场和创新机会，打造公司在市场中的领导地位；关注潜在的战略合作伙伴、并购或投资机会

在保守型发展战略下，董事会在监控风险与机遇方面应更加关注内部和市场风险的控制，避免公司遭受严重损失。为了确保业务稳定，管理层应密切关注现有业务运营中的潜在风险，采取相应措施加以防范和应对。此外，在维持现有业务稳定的基础上，公司应适时寻找适度的发展机会，关注市场趋势、竞争对手和行业发展，提升公司在市场中的竞争力。通过合理分配资源、优化业务流程和提高管理效率，公司可以更好地应对潜在风险和把握市场机遇，实现在保持稳定的同时逐步提升公司的整体竞争力。

在稳健型发展战略下，董事会在监控风险与机遇方面应在保持现有业务稳定的基础上，关注可能影响公司增长和市场拓展的潜在风险。为了确保可持续发展，管理层在维护现有业务的同时，应密切关注市场和行业发展趋势，及时识别并应对可能对公司增长产生负面影响的风险因素。同时，在寻求机遇方面，公司应积极关注与公司战略匹配的增长机会，包括市场机会、创新项目和潜在合作伙伴，充分利用现有资源和能力，更好地把握这些机遇，实现可持续发展。在此过程中，强化跨部门沟通与协作，分享信息和资源，有助于提高公司在市场竞争中的地位和应对能力。通过实施稳健型发展战略，公司将能够在保持业务稳定的同时，实现适度的增长和市场拓展。

在积极型发展战略下，董事会在监控风险与机遇方面应在追求快速增长的过程中，重点关注可能导致公司战略失衡的潜在风险。为了确保公司在高速发展中保持稳定，管理层应密切关注新市场、新产品和创新项目所带来的风险，以便及时采取措施加以防范和应对。同时，在机遇关注方面，公司应积极寻找并抓住市场和创新机会，打造公司在市场中的领导地位；关注潜在的战略合作伙伴、并购或投资机会，提升公司在行业中的竞争优势。在此过程中，强化跨部门沟通与协作，分享信息和资源，有助于提高公司在市场竞争中的地位和应对能力。通过实施积极型发展战略，公司将能够在保持业务稳定的同时，迅速抢占市场份额、提高盈利能力，取得市场领导地位。

第十节　建立有效的沟通机制

建立有效的沟通机制对于确保董事会、管理层和员工之间的信息与决策传递至关重要。首先，设立信息共享平台（如内部网站和企业社交媒体），方便各方共享重要信息。定期召开会议,讨论公司治理议题,汇报工作进展,分享经验与教训。加强跨部门协作,确保决策和执行顺畅进行。推广开放文化,鼓励员工提建议和反馈,为员工提供充分的发言权和参与度,营造包容、开放的公司氛围。建立反馈机制,建立渠道让员工向管理层和董事会反馈问题与建议,及时了解并解决问题。提高沟通技巧培训,为董事会成员、管理层和员工定期提供沟通技巧培训,提高沟通效率和减少误解。制定内部沟通策略,明确沟通目标、内容、渠道和频率,确保一致性和高效性。

在实行保守型、稳健型和积极型三种发展战略的情境下,建立有效的沟通机制的具体做法差异如表14.10所示。

表14.10 三种发展战略下沟通机制的差异

发展战略类型	沟通重点	沟通风格
保守型	以稳定为主,关注内部管理、风险控制和业务运营的沟通。强调现有业务的稳定性和持续性,减少对创新和变革的过多讨论	更注重传统的、结构化的沟通方式,如定期会议、书面报告和通知
稳健型	在保持现有业务稳定的基础上,关注业务拓展、市场趋势、持续的创新改进。加强公司内部各部门之间的协同合作与沟通	既注重结构化的沟通方式,又关注开放和包容的沟通环境,以促进创新和改进
积极型	关注市场机遇、创新项目和快速扩张。鼓励员工积极参与讨论,分享新思路和创意。强调战略合作伙伴、并购或投资机会的沟通	更加开放、灵活和快速,鼓励跨部门合作、创新和决策;采用现代沟通工具,如企业社交媒体、线上会议等,提高沟通效率

在保守型发展战略下,建立有效的沟通机制的重点在于保持公司业务的稳定性和持续性。沟通主要关注内部管理、风险控制和业务运营方面的信息与决策传递。为了确保公司内部各部门和员工之间的沟通顺畅,保守型发展战略倾向于强调现有业务的稳定性和持续性,避免过多讨论创新和变革可能带来的风险。在保守型发展战略下,沟通风格更注重传统的、结构化的沟通方式,包括定期召开会议讨论公司治理、业务运营和风险控制等议题,以及通过书面报告和通知等形式确保信息的准确传递。这种沟通风格旨在保持公司内部各部门和员工对现有业务的关注,维持公司的稳定发展。

在稳健型发展战略下，强调在保持现有业务稳定的基础上，关注业务拓展、市场趋势、持续的创新改进。为此，沟通风格应结合结构化和开放式的沟通方式，促进各部门间的协同合作和信息共享。定期的跨部门会议和反馈渠道（如内部网站及社交媒体）的设立，不仅促进了资源的有效分配和知识流通，还增强了员工的参与感和创新动力。此外，定期的沟通技巧培训为提升沟通效率、减少误解提供了支持；同时，明确的内部沟通策略确保了信息传递的一致性和高效性。稳健型战略下的沟通机制通过促进信息流通和员工参与，为公司稳定运营与持续发展提供了坚实基础。

在积极型发展战略下，建立有效的沟通机制的重点在于关注市场机遇、创新项目和快速扩张。公司应鼓励员工积极参与讨论，分享新思路和创意，抓住不断变化的市场机会。此外，强调战略合作伙伴、并购或投资机会的沟通也至关重要，这将有助于公司实现市场领导地位。积极型发展战略下的沟通风格更加开放、灵活和快速。公司应鼓励跨部门合作、创新和决策，确保迅速响应市场变化和抓住新机遇。为了提高沟通效率，公司可以采用现代沟通工具，如企业社交媒体、线上会议等。这种沟通方式能够帮助公司在快速发展的市场环境中保持领先地位，实现目标和愿景。

第十一节　激励与奖励

激励与奖励机制在推动公司治理目标的 CGO 模型实践中具有重要作用。首先，建立明确、公正的绩效考核体系，客观评估员工和部门的表现。最后，设立多元化奖励，包括经济激励、职位晋升、培训机会等，满足员工不同需求。鼓励员工创新，设立创新奖励，激发员工的创造力与积极性。重视团队激励，为优秀团队设立奖励，促进团队合作与凝聚力。确保激励与奖励制度透明化，让员工了解评估标准和奖励方式，增强公平性和公正性。定期评估和调整激励与奖励制度，确保符合公司战略目标和员工需求。培养员工内在动力，通过公司文化、价值观和使命感，激发员工的内在积极性和主动性。

在实行保守型、稳健型和积极型三种发展战略的情境下，激励与奖励机制的具体做法差异如表 14.11 所示。

表14.11　三种发展战略下激励与奖励的比较

发展战略类型	激励重点	奖励方式
保守型	关注员工对现有业务的忠诚度、稳定性和执行力。奖励那些在维护现有业务和客户关系方面表现出色的员工	以现金奖励、年终奖金和长期服务奖为主，旨在稳定员工队伍和维护现有业务为目标
稳健型	关注员工在业务拓展、市场开发和持续改进方面的表现。奖励那些在拓展新业务、提高生产效率和客户满意度方面有突出贡献的员工	在保持基本奖励机制的同时加入职位晋升、项目奖金和培训机会等多元化奖励
积极型	强调员工在创新、市场突破和快速扩张方面的表现。奖励那些在创新产品、开拓市场和实现业务增长方面取得显著成果的员工	加大对创新奖励、股权激励和绩效奖金的投入。鼓励员工积极参与公司发展和创新项目

在保守型发展战略下，激励与奖励机制主要关注员工对现有业务的忠诚度、稳定性和执行力。公司将重点奖励那些在维护现有业务和客户关系方面表现出色的员工，以保持业务的持续运营。奖励方式以现金奖励、年终奖金和长期服务奖为主，旨在稳定员工队伍和维护现有业务。此外，公司还可以设立专门针对降低成本、提高效率和优化业务流程的奖励项目，激励员工在保守型战略框架下寻求持续改进。通过这些激励措施，公司期望员工能够在稳定的发展环境中保持高度的工作积极性和投入。

在稳健型发展战略下，激励与奖励机制主要关注员工在业务拓展、市场开发和持续改进方面的表现。公司将重点奖励那些在拓展新业务、提高生产效率和客户满意度方面有突出贡献的员工，实现公司的可持续发展。奖励方式除了保持基本的现金奖励、年终奖金和长期服务奖，还加入职位晋升、项目奖金和培训机会等多元化奖励，以满足员工不同的需求和激励目标。此外，公司可以设立专门针对创新和改进的奖励项目，以激发员工在稳健型战略框架下的积极性和创造力。通过这些激励措施，公司期望在保持业务稳定的同时，鼓励员工寻求新的发展机遇，提高生产效率和客户满意度，从而实现公司的稳健发展目标。

在积极型发展战略下，激励与奖励机制将重点强调员工在创新、市场突破和快速扩张方面的表现。公司将优先奖励那些在创新产品、开拓市场和实现业务增长方面取得显著成果的员工，鼓励更多的员工积极参与公司的发展和创新项目。奖励方式更加丰富和灵活，除了基本的现金奖励、年终奖金和长期服务奖，公司还加大对创新奖励、股权激励和绩效奖金的投入。这些激励措施旨在激发员工的创新精神和积极性，推动公司在竞争激烈的市场中实现快速增长和领导地位。同时，公司还可以提供更多的职业发展机会，如国际交流、高级培训和领导力发展项目，进一步吸引与留住具有高度创新精神与能力的员工，共同推动公司的积极型发展战略实现。

第十二节 持续改进

持续改进对公司治理目标的 CGO 模型的实践应用至关重要。首先，发扬持续改进文化，推广和鼓励各层级员工主动发现和解决问题。其次，定期评估与反馈，设定周期性评估机制，确保持续优化模型应用。同时，提供员工培训和教育机会，提高他们在公司治理目标的 CGO 模型应用中的技能和知识。鼓励跨部门协作，共享成功案例和最佳实践，提高组织持续改进能力。引入持续改进工具，如 PDCA 循环、六西格玛等，协助公司识别和解决问题，持续提高绩效。成立专门的持续改进小组，负责监控和指导 CGO 模型的实践应用，协调和推动公司持续改进活动。设定量化的持续改进目标，确保目标具有 SMART 特性，定期跟踪进度，确保公司健康发展。

在实行保守型、稳健型和积极型三种发展战略的情境下，持续改进的具体做法差异如表 14.12 所示。

表14.12 三种发展战略持续改进的差异

发展战略类型	重点	实践方法
保守型	关注现有业务流程的优化、提高生产效率、降低成本和提升质量。将改进工作聚集于核心业务和关键环节	以小步快速改进为主，解决现有业务中的痛点问题。强调对员工在执行现有流程中的表现和改进成果的激励
稳健型	在保持现有业务稳定的基础上，逐步拓展新业务领域，优化组织结构和提升运营效率	将改进工作布局在现有业务和新业务之间，保持平衡。鼓励员工在改进过程中积极参与新项目和业务拓展
积极型	注重创新和市场突破，积极寻求新的商业模式和技术应用，大胆进行组织架构调整和业务流程重组	鼓励员工敢于尝试和拓展。与外部合作伙伴共同和协作，快速获得新资源和技术以加速创新进程

在保守型发展战略下，持续改进的重点主要集中在优化现有业务流程、提高生产效率、降低成本和提升质量。为了实现这一目标，公司将改进工作聚焦于核心业务和关键环节，确保这些领域得到充分的关注和优化。在实践方法上，保守型发展战略倾向于采用小步快速改进的策略，通过解决现有业务中的痛点问题来实现持续改进。同时，强调对员工在执行现有流程中的表现和改进成果的激励，从而提高员工的积极性和工作效率。通过这种方式，保守型发展战略在维持现有业务稳定的前提下，实现流程优化和效率提升，为公司的持续发展奠定坚实基础。

在稳健型发展战略下，持续改进的重点是在保持现有业务稳定的基础上，逐步拓展新业务领域，优化组织结构和提升运营效率。为了实现这一目标，公司将改进工作布局在现有业务和新业务之间，力求在保持现有业务稳定的同时，积极探索新的市场和发展机会。实践方法上，稳健型发展战略强调在改进过程中保持现有业务与新业务之间的平衡。鼓励员工在改进过程中积极参与新项目和业务拓展，促进公司整体的竞争力和市场份额增长。通过积极激励员工参与各类改进项目和业务拓展活动，公司可以在确保现有业务稳定的基础上，逐步实现新业务领域的拓展和组织结构的优化，从而实现可持续发展和市场竞争力的提升。

在积极型发展战略中，持续改进被认为是推动创新、实现市场突破及加速公司成长的核心动力。这种战略超越了仅仅优化现有业务流程的范畴，更加重视探索新商业模式、技术应用，勇于进行大刀阔斧的组织架构和业务流程改革。在这个过程中，关键在于培养和激励创新思维以及公司对市场变化的快速响应能力。积极型战略鼓励员工勇于尝试、探索新方法和拓展新业务，为此提供了支持创新和容错的环境，通过创新基金、创新竞赛和快速实验平台等方式激发员工的创新激情。此外，通过并购、合作等方式与外部合作伙伴沟通和协作，快速获得新资源和技术以加速创新进程，这种开放的创新模式有助于实现技术迭代和业务模式创新。

第十五章
治理智慧与中央企业市值管理 *

本章基于第七章提出的战略统领观，重视明确目标、整合资源，关注市场与客户需求，详细探讨中央企业做好市值管理的思路和方法。在此视角下，战略制定、公司治理与管理创新构成市值管理的三大支柱，涵盖价值驱动、财务优化、人才激活、品牌打造、创新生态和产业链整合等六大领域。本章阐述了实际控制人、董事会、高管团队、独立董事和员工等五大利益相关者在市值管理中发挥的关键作用。战略统领观下的市值管理行动路线图包括9个关键环节，借鉴PDCA循环工具的思路，将中央企业市值管理分为四个阶段（PDCI循环），为市值管理实践提供具体指导。最后，本章探讨了如何有效实施数字化驱动的市值管理。

第一节　战略统领观下的中央企业市值管理

一、市值管理新视野：战略统领观

战略统领观的核心理念是将公司战略视为市值管理的核心引擎，并强调公司治理和公司管理之间的分工与合作。

做好市值管理的要求如下：第一，战略统领观要求公司有明确的市值管理目标和战略规划，确保公司的长期稳健发展。通过将公司战略与市值管理紧密结合，公司可以更好地实现内部资源的整合、协调和配置，从而提升市值。第二，战略统领观强调公司应关注市场变化、客户需求和竞争态势，以便及时调

---

* 部分内容发表于：（1）牛建波．"中特估"：上市公司价值创造提升新路径[N/OL].上海证券报，2023-06-01[2024-07-01]. https://paper.cnstock.com/html/2023-06/01/node_11.htm．发表首日，新华社客户端转载文章的阅读量超过100万次；（2）牛建波．市值管理之道：战略统领观引领中央企业走向卓越[J].董事会，2023，（07）：54-65。

整战略，抓住市场机遇，提升市值。在实践中，战略统领观可以帮助公司更好地应对市场的不确定性和复杂性，提高市值管理的有效性和可持续性。通过确保战略、治理和管理的高度一致，公司可以在市场竞争中取得优势，实现长期稳健发展。

综上所述，战略统领观为公司提供了一个全新的市值管理视角，有助于提高公司的市值管理水平和实现可持续发展。

二、中央企业市值管理的特殊性与挑战

中央企业市值管理面临的特殊性与挑战，主要有国有资产监管、政策导向、国家战略任务等方面。第一，中央企业肩负着国有资产的保值增值责任，在追求公司价值最大化的同时，需兼顾国家利益和公共责任，维护国家经济安全和稳定；第二，中央企业受到国有资产监管的约束，须在国有资产监管部门的指导和监督下进行市值管理，确保国有资产的合法、合规运作，制定和执行符合国家规定的市值管理策略，防范潜在风险；第三，中央企业需要在政策导向与市场化运作之间找到平衡点，兼顾履行国家战略任务和谋求市场竞争发展，实现政策目标和市场需求的有效结合；第四，在全球化背景下，中央企业面临国际竞争的挑战，需要关注技术创新、人才培养、产品品质和服务水平等方面，增强核心竞争力，应对国际市场竞争压力。

第二节　中央企业市值管理的三大支柱

根据战略统领观的思路，战略制定、公司治理和管理创新构成中央企业市值管理的三大支柱。第一，在战略制定阶段，中央企业应深入研究国家战略，明确公司价值定位，制定有竞争力的公司战略，并关注战略实施与执行；第二，构建战略导向的公司治理体系，明确董事会、监事会和高管层的职责分工，优化股权结构设计，建立激励与约束机制，加强信息披露和透明度；第三，通过管理创新提升执行力，包括提升组织协同能力，创新管理方法和流程，关注人才培养和激励，构建科学的绩效评价体系，善于运用数字化技术等。通过这三大支柱，中央企业能够实现战略目标并提高市值管理的效果。

一、战略制定：实现国家战略与公司价值的共振

第一，中央企业应深入研究国家战略，了解国家战略目标、发展规划和政策走向，为公司发展提供宏观指引；关注国家经济发展趋势、产业政策、区域布局等方面，寻找与国家战略相契合的发展机遇。第二，中央企业在了解国家战略的基础上，应结合自身实际，明确公司价值定位，包括确定公司的核心竞争力、市场定位、产品与服务特色等方面，使公司战略更有针对性和可行性。第三，中央企业应结合国家战略与公司价值定位，制定有竞争力的公司战略，综合考虑内外部资源、市场需求、竞争环境等因素，确定公司的发展方向、目标和举措，为市值管理提供战略指导。第四，中央企业应关注战略的落地与执行，明确战略任务分工、完善执行机制、加强绩效考核等方面，确保战略目标得以实现，推动市值管理的有效实施。

二、公司治理：构建战略导向的高效治理体系

第一，明确董事会、监事会和管理层职责分工。董事会负责制定并监督公司战略；监事会关注治理合规性、风险控制等，确保公司稳健运行；管理层负责实施战略，落实监管要求。第二，优化股权结构。中央企业需关注股权结构优化，引入战略投资者、调整股权比例、优化激励机制，提高治理效率，实现战略目标。第三，建立激励与约束机制。激励机制涉及员工、管理层和董事会的绩效考核与奖励；约束机制关注内部审计、风险控制和合规管理，确保公司稳健运行。第四，加强信息披露和透明度。中央企业应建立完善的信息披露制度，向股东、投资者和利益相关者传递准确、全面的信息，提高透明度。

三、管理创新：提高战略统领下的执行力

第一，提升组织协同能力。管理层应重视跨部门沟通与合作，打破部门壁垒，实现资源共享和优化配置，提高灵活性和响应速度。第二，创新管理方法和流程。中央企业引入精益管理、敏捷管理等理念，优化流程，减少冗余，提高效率；建立持续改进文化，鼓励员工积极参与改进，形成自我学习和成长循环。第三，关注人才培养和激励。中央企业选拔、培训和激励人才，提升员工专业素质和创新能力；向优异员工提供薪酬激励、晋升空间等奖励，激发员工的工作热情和积极性。第四，构建科学绩效评价体系。绩效评价体系应以战略

目标为导向，强调结果导向和过程导向相结合。中央企业应设定合理的绩效指标，确保员工目标与公司战略目标保持一致，形成良性竞争氛围。第五，善于运用数字化技术。数字化技术可提高公司决策效率和管理水平，实现信息共享、实时监控和数据驱动决策。在数字化转型过程中，管理层应关注数字化技术在战略执行、组织协同、人才激励等方面的应用，提高公司市值管理水平。

第三节 中央企业市值管理的六大领域

中央企业市值管理包括六大领域：价值驱动、财务优化、人才激活、品牌打造、创新生态和产业链整合。价值驱动关注核心竞争力的挖掘，财务优化旨在平衡风险与收益，人才激活致力于构建人力资本价值链，品牌打造专注于提升公司形象与价值，创新生态促进公司持续发展活力，产业链整合关注提升运营效率与市场竞争力。

这六大领域相互支撑，共同推动中央企业市值管理的提升。如图15.1所示，财务优化和人才激活向创新生态、产业链整合和品牌打造提供支持，后三者则对前两者产生反馈作用，从而实现价值驱动、财务优化和人才激活的目标。通过这六个领域之间的协调和互动，中央企业可以实现市值管理的目标。

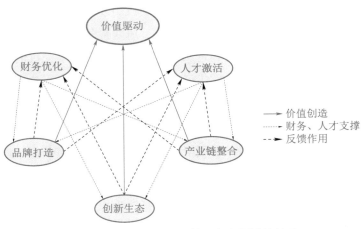

图 15.1 中央企业市值管理六大领域的关系

一、价值驱动：挖掘核心竞争力

中央企业市值管理应关注核心竞争力的挖掘，通过分析自身优劣势、找准定位、制定适当发展战略；同时，优化资源配置、提升生产效率和质量、关注产品和服务创新，满足客户需求。此外，中央企业应与利益相关者加强沟通与协作，构建良好合作关系。这些手段有助于中央企业实现价值持续增长、提高市场竞争力，为市值管理奠定坚实基础。

具体而言，第一，中央企业应深入分析优劣势，找准核心竞争力。中央企业应通过市场调研、竞争对手分析，明确产业链定位，发挥特长。基于此，把握国家政策导向、行业趋势和市场需求，制定适当的发展战略，提升竞争力。第二，优化资源配置是实现价值持续增长的关键。中央企业通过内部整合（优化组织结构、提升管理效率、降低成本）和外部拓展（兼并收购、产业链延伸、跨界合作），实现资源优化配置，提高市场份额和盈利能力。第三，提升生产效率至关重要。中央企业应关注技术创新、管理创新和模式创新，提高生产效率、降低成本；引入先进生产技术、设备和管理方法，优化生产流程，提高资源利用率，减少浪费和环境污染。第四，关注产品和服务质量与创新。中央企业应不断提升产品质量、拓展产品线、优化服务体系，满足客户需求、提升满意度。加强研发投入，推动技术创新和产品创新，保持持续竞争优势。第五，中央企业应加强与利益相关者（政府、投资者、供应商、客户等）的沟通与协作，获取政策支持、资金投入、市场资源等。优化利益相关者关系，有助于实现价值持续增长。

二、财务优化：平衡风险与收益

财务优化在中央企业市值管理中至关重要，稳健的财务状况为市值管理提供了坚实基础。那么中央企业在市值管理过程中如何优化财务结构，平衡风险与收益？第一，关注资本结构优化。中央企业合理配置自有资本与外部融资比例，平衡负债与权益结构；严格控制负债规模，降低负债成本，确保财务稳健；利用多种融资渠道（如发行债券、股票等），降低融资成本，提供充足资金支持。第二，加强现金流管理。中央企业应监控与预测现金流，确保有足够现金支持日常运营和投资需求；优化现金流结构，提高收款效率，延长付款周期，降低资金占用及经营风险。第三，强化风险管理。中央企业应建立完善的风险管理体系，识别、评估和控制各类风险，如市场风险、信用风险、操作风险等；运用风险分散和对冲策略，降低风险敞口，保证财务状况稳健。第四，平衡投资与收益。在投资决策中，中央企业充分考虑项目风险与收益，进行严格的投资分析和评估，确保投资项目带来可观收益，避免过高风险。第五，加强财务监控与信息披露。中央企业应建立健全财务监控体系，实时监测财务状况，及时发现并纠正潜在问题；注重信息披露透明度和及时性，向投资者和监管部门提供准确、全面的财务信息，维护公司信誉和市场形象。

三、人才激活：构建人力资本价值链

人才激活在中央企业市值管理中至关重要，优秀人才是公司持续发展和创新的基石。构建人力资本价值链可激活中央企业人才潜力，为市值管理提供人力支持。第一，招聘是起点。建立科学的招聘体系，采用多渠道、多层次招聘方式，吸引专业知识和创新能力人才。关注招聘流程公平性和透明度，确保选拔公正性。第二，培训是激活人才潜力的关键环节。建立系统培训体系，提供多样化培训课程，帮助员工提升专业技能和综合素质。利用内外部培训渠道，提高员工学习和成长空间，适应公司发展和市值管理需求。第三，激励是激发员工积极性的重要手段。构建合理薪酬体系，将薪酬与绩效、职责、市场水平挂钩，实现内部公平和外部竞争力。实施多元化激励措施，如晋升机会、职业发展、员工福利，提高员工满意度和忠诚度。第四，晋升是留住和激发人才潜力重要保障。建立公平、透明晋升机制，为员工提供职业发展路径和空间。设立不同层次的职务和岗位，使员工在公司内部获得成长和发展机会。这有助于留住优秀人才，激发员工为公司市值管理发挥积极作用。

四、品牌打造：提升企业形象与价值

品牌打造在中央企业市值管理中具有重要作用。提升公司形象和价值可增强市场竞争力、吸引投资者信心，进而提升中央企业市值。第一，明确品牌定位。中央企业需深入研究市场、用户需求及竞争对手，找到核心竞争力和独特卖点，确定品牌定位。明确的品牌定位有助于在市场中形成特色，提升认知度。第二，塑造品牌形象。中央企业应树立统一、专业的品牌形象，包括名称、标识、口号等视觉元素。通过公关活动、媒体宣传等手段，塑造良好公司形象，

提升品牌美誉度。第三，实施品牌战略。中央企业制定详细品牌战略规划，包括产品策略、渠道策略、价格策略等。实施品牌战略可提升品牌知名度、忠诚度和市场份额，实现市值增长。第四，创新品牌传播。运用多种传播手段，如线上线下活动、广告投放、社交媒体传播等，全方位宣传品牌，扩大影响力。注重用户体验和口碑传播，让消费者成为品牌传播者。第五，重视社会责任。中央企业在追求市值增长时，应积极承担社会责任，包括环保、公益、员工福利等方面。这有助于提升公司形象，树立良好品牌口碑，为市值管理奠定坚实基础。

五、创新生态：建设创新引擎

将创新视为中央企业市值管理的核心驱动力，以激发公司持续发展活力。第一，构建创新型组织文化。中央企业需树立创新为本的公司文化，鼓励员工创新尝试，营造良好氛围。通过激励机制、评价制度等，肯定奖励创新行为，培养员工创新意识与能力。第二，加强技术研发。中央企业应重视技术创新，投入充足研发资源，研究前沿技术与行业趋势。同时，建立研发团队，加强与高校、科研机构合作，提升自身技术研发实力。第三，打造创新生态链。构建完整创新生态链，将创新融入产品开发、生产、销售等环节。与合作伙伴、产业链上下游企业建立合作关系，形成协同创新生态体系，共推行业进步。第四，培养创新人才。注重人才引进与培养，建立完善的人才选拔、培训、激励机制，吸引和留住优秀创新人才。通过人才交流、实习生计划等，培养具备创新精神与实践能力的人才。第五，搭建创新平台。建立创新平台，促进内外部创新资源的整合与协同，如设立创新孵化器、开展产学研合作、加入产业创新联盟，构建完善创新生态体系。第六，加强知识产权保护。重视知识产权保护，通过申请专利、商标等方式来保护创新成果。遵守知识产权法规，尊重他人知识产权，维护良好市场秩序。

六、产业链整合：提升效率与竞争力

中央企业可通过横向和纵向整合产业链，提高运营效率和市场竞争力。例如，利用兼并收购、产业链合作等方式，实现产业链延伸与优化，降低成本，提升市值。

横向整合是指中央企业在同一产业领域进行的整合，如兼并竞争对手。横向整合可扩大市场份额，提高市场地位，增强竞争力。通过规模经济效应，实现成本降低、效率提高，进而提升市值。纵向整合是指中央企业在产业链上下游间进行的整合，如整合供应商、加强与下游客户合作。纵向整合可使中央企业更好地控制原材料供应和产品销售，降低生产成本，提高产品质量和交货速度。优化产业链环节可降低整体运营成本，提升市场竞争力，进而提高市值。产业链整合还可以通过产业协同、产业互联网等新模式实现。中央企业与产业链上下游企业共建产业互联网平台，实现信息共享、资源互补、协同创新等，提高产业链运营效率，降低交易成本，增强市场竞争力。

在进行产业链整合时，中央企业应充分评估风险，确保整合顺利进行；关注兼并收购可能带来的文化冲突、组织结构调整等问题，以及产业链整合可能导致的市场垄断、反垄断调查等风险。在充分评估风险的基础上进行产业链整合，实现市值稳定提升。

第四节　五大利益相关者协同推进中央企业市值管理

实际控制人、董事会、高管团队、独立董事和员工在市值管理中发挥着重要作用。实际控制人需确保公司战略与长远利益一致，关注公司治理、风险控制、创新与发展以及企业社会责任。董事会需要明确战略发展方向，监督管理层执行情况，并参与企业重大决策。高管团队负责执行战略决策，制定市值管理计划，组织实施并推动管理创新。独立董事保障公司治理公正与透明，提供独立的战略和财务建议。员工需发挥积极主动的价值创造作用，参与公司战略制定，提高执行力，积极创新，关注职业发展与福利，并在与利益相关者沟通中扮演重要角色。通过各方的共同努力，实现中央企业市值的持续增长。

一、实际控制人：确保公司战略与长远利益一致

实际控制人在市值管理中起到关键作用，对公司战略的制定与执行产生直接或间接影响。

实际控制人需关注以下几个方面：第一，实际控制人要保证公司战略的制定与实施符合公司和股东的长远利益，有助于促进市值的持续增长和稳定；第

二,实际控制人需重视公司治理结构优化,提高治理效率和透明度,包括选用合适的董事会成员、设立独立董事制度等,降低潜在风险,提升市值管理水平;第三,实际控制人应关注公司风险管理,确保在追求市值增长时有效控制和降低各类风险,维护公司长期稳健发展和市场信誉;第四,实际控制人应关注公司创新能力和技术研发,推动企业改进产品和服务,满足市场需求,以提高市值;第五,实际控制人需认识到公司在追求市值增长的过程中,不能忽视对环境、社会和员工的责任。只有积极履行社会责任,才能为公司的长期发展和市值管理创造有利条件。

二、董事会:明确战略发展方向

董事会在市值管理中发挥关键作用,负责明确公司战略发展方向并提供清晰指导。通过审议公司战略,董事会确保各领域发展方向与总体目标一致,及时调整战略以适应市场环境变化。

董事会要认真监督管理层执行情况,确保战略有效实施并转化为具体市值管理措施。定期审查战略执行情况,提出改进意见和建议。董事会通过监督管理层来提高公司市值管理水平,实现战略目标。

董事会在进行投资、兼并、重组等重大决策时,应从长远发展角度权衡利益与风险,确保决策对公司市值产生积极影响。董事会还应关注利益相关者关系,包括与政府、投资者、员工、客户等建立良好沟通与合作关系,积极倾听各方意见,协调利益,实现市值管理多元化发展。

三、高管团队:执行战略决策

高管团队在市值管理中扮演关键角色,负责制定计划、组织实施和推动管理创新。高管团队在市值管理中的主要职责有:根据董事会战略方向,拟定具体市值管理计划,涵盖目标、战略举措、时间节点和预期效果。充分考虑公司内外部环境、资源和能力,确保计划可行和有效。组织实施市值管理计划,明确部门职责和任务,制定详细执行方案。关注执行情况,及时调整和优化方案,应对市场变化和公司发展需求。推动管理创新,引进新理念、方法和技术,提高管理水平和市值管理效果。管理创新包括优化组织结构、提升决策效率、激发员工潜力等,有助于提高竞争力和市场价值。与董事会保持沟通和配合,及时汇报工作进展，听取意见和建议，确保战略有效执行。关注利益相关者反馈，优化市值管理计划，实现公司价值持续增长。

四、独立董事：保障治理公正与透明

独立董事在市值管理中发挥关键作用，保障公司治理公正与透明，并提供独立战略和经营建议。独立董事的主要职责为：

确保公司治理公正性和透明度。独立董事独立于管理层和控股股东，客观地监督企业治理，为治理提供公正和透明评估。参与重大决策审议、风险管理监督，提升治理水平，增强投资者和社会信任。提供独立战略和财务建议。独立董事凭借丰富经验和专业知识，为公司发展战略、财务规划、并购重组等重大事项提出意见和建议。参与避免利益输送、决策失误等问题，提高市值管理效果。保护中小股东利益。独立董事参与公司重大事项决策，确保公司治理过程公平公正，维护中小股东合法权益，增强市场对公司的信心。积极发挥公司的社会责任作用。独立董事关注公司环境、社会和治理表现，推动公司履行社会责任，提升可持续发展能力。助力提高公司市值和声誉，吸引资本和人才。

五、员工：发挥积极主动的价值创造作用

员工在中央企业市值管理中发挥关键作用，员工的参与和贡献对公司发展至关重要。有效的激励机制和人力资源管理策略能促使员工积极参与市值管理，共同创造价值。具体体现在以下几个方面：

参与公司战略制定。员工了解公司内部运作和市场动态，其意见和建议有助于制定贴合市场和实际需求的战略方案。员工参与战略制定可提高战略执行效果，提升市值。执行公司战略。员工是战略执行主体，通过提高工作效率、质量和创新力实现公司目标。公司应关注员工工作状态，制定合理激励政策以提高员工的工作积极性和战略执行力。创新驱动竞争力。员工在技术创新、管理创新和模式创新方面的贡献具有重要价值，公司应鼓励员工创新，提供支持和培训，培养创新氛围，推动市值提升。职业发展与福利。提供有竞争力的薪酬待遇，完善职业发展机制和良好工作环境，以吸引和留住优秀人才。优秀人才是市值增长关键，他们的专业技能和经验可以为企业创造更大价值。与利益

相关者沟通。员工在与客户、供应商等外部利益相关方互动中扮演重要角色，其态度和行为影响公司声誉和市值，公司应加强内部沟通，建立健康公司文化，确保员工传递正面形象。

第五节 中央企业市值管理的行动路线图和 PDCI 循环

中央企业市值管理行动路线图从战略统领角度出发，包括 9 个关键环节，涉及战略目标制定、组织结构优化、财务与资本结构调整等。参照 PDCA 循环工具的思路，我们将中央企业市值管理划分为四个阶段，构成一个完整的市值管理循环，即 PDCI 循环。中央企业市值管理应紧密结合公司特点和市场环境，持续优化策略，实现市值的持续增长。

一、中央企业市值管理的行动路线图

中央企业市值管理行动路线图从战略统领角度包括 9 个关键环节：战略目标与发展方向、组织结构优化、财务与资本结构、人才激活与价值创造、创新与品牌价值提升、数字化技术应用、多元利益相关者协同推进、监督与评估、持续改进与发展。中央企业应结合自身特点和市场环境，持续优化市值管理策略，实现市值持续增长。

（1）明确战略目标与发展方向。结合国家战略、行业趋势、自身优劣势，制定市值管理战略目标与发展方向，研究市场定位、核心竞争力、产品与服务创新等。

（2）组织结构优化。建立战略导向的组织结构，明确董事会、监事会、高管层职责分工，优化股权结构、激励与约束机制，提升执行力与协同效应。

（3）优化财务与资本结构。调整财务与资本结构，降低财务风险、提高资本效率，包括优化债务结构、控制负债水平、降低财务成本，并关注资本市场动态，积极参与融资、兼并收购等。

（4）人才激活与价值创造。构建人力资本价值链，激发员工积极性，提供人力支持；完善招聘、培训、激励、晋升制度，鼓励员工参与创新和价值创造。

（5）推动创新与品牌价值提升。注重技术、产品、管理创新，提高核心竞争力；加强品牌建设，提升公司形象，增强市场竞争力和吸引投资者信心。

（6）利用数字化技术助力市值管理。采用大数据、人工智能等技术，提高决策效率、准确性。收集、分析、挖掘内外部数据，为市值管理提供支持。利用人工智能实现自动化数据处理、分析、决策，提高效率，降低波动风险。

（7）多元利益相关者协同推进。加强与政府、投资者、供应商、客户等利益相关方沟通与协作，实现市值管理目标共同推进。优化利益相关者关系，获取政策支持、资金投入、市场资源等，为市值管理提供外部条件。

（8）监督与评估。建立健全市值管理监督与评估机制，确保战略目标有效实施。定期评估执行情况，调整战略方向，建立激励与约束机制，确保管理层和员工履行职责。

（9）持续改进与发展。关注市值管理新思维、新技术、新管理方法，不断调整和完善策略，以适应变化的市场环境和企业发展需求。保持市场竞争领先地位，实现长期稳健的市值增长。

通过以上9个关键环节，有助于中央企业市值管理战略目标得以实现，持续优化市场价值。从战略制定到组织执行，再到监督与持续改进，中央企业应紧密结合自身特点和市场环境，推动市值管理的有效实施。

二、中央企业市价管理的 PDCI 循环

借鉴 PDCA 循环的思路，我们可以将中央企业市值管理分为四个阶段，形成一个完整的市值管理循环，即 PDCI 循环，如表 15.1 所示。

表15.1 中央企业市值管理的PDCI循环

阶段	步骤	内容
规划阶段	1. 战略目标制定	明确中央企业市值管理的长期目标和短期目标，确保战略目标的可实施性、可持续性和可衡量性
	2. 组织结构优化	通过优化组织结构，增强市值管理的组织执行力，提高公司决策效率和资源配置能力

续表

阶段	步骤	内容
实施阶段	3. 财务与资本结构优化	在市值管理过程中优化财务结构，平衡风险与收益，确保企业财务状况稳健
	4. 人才激活与价值创造	构建人力资本价值链，激活中央企业的人才潜力，为市值管理提供人力支持
	5. 创新与品牌价值提升	通过品牌战略，提升中央企业的公司形象和价值，增强市场竞争力和吸引投资者信心
技术与协同阶段	6. 数字化技术应用	利用大数据技术收集、分析和挖掘公司内外部数据，提高市值管理决策的准确性和及时性
	7. 多元利益相关者协同推进	加强与政府、投资者、供应商、客户等利益相关方的沟通与协作，共同推进市值管理目标的实现
监督与持续改进阶段	8. 监督与评估	建立健全市值管理的监督与评估机制，确保战略目标得以有效实施
	9. 持续改进与发展	关注市值管理的新思维、新技术和新管理方法，不断调整和完善市值管理策略，以适应不断变化的市场环境和公司发展需求

（1）规划阶段（Plan）。中央企业应设定长期、短期市值管理目标，分析市场环境、竞争状况和自身优劣势，制定可行的市值管理战略。同时，优化组织结构以提高执行力和资源配置能力，制定合适的激励机制和人才培养方案。

（2）实施阶段（Do）。中央企业按照市值管理战略进行操作，包括优化财务与资本结构、提升生产效率、降低成本、增加研发投入、拓展市场份额等。通过这些措施实现市值持续增长，确保战略目标的实现。

（3）技术与协同阶段（Technology and Collaboration）。中央企业需研究并引入适用于市值管理的新技术和方法（如大数据分析、人工智能等，以提高效率和效果），关注技术创新和管理创新，加强与科研机构和产业链合作伙伴的技术交流与合作。此外，中央企业应与董事会、高管团队、独立董事、员工等多元利益相关者建立良好协同关系，优化内部协同和外部合作，确保市值管理的顺利推进。

（4）监督与持续改进阶段（Supervision and Continuous Improvement）。主要对市值管理执行过程的成果进行监督、检查和评估。中央企业需定期收集、分析和评估市场数据、财务数据及其他关键业绩指标，了解市值管理实施过程中的优势与不足。同时，关注行业动态和市场变化，及时调整战略。中央企业应根据评估结果，持续改进与优化市值管理战略和执行方案，包括修正战略目标、调整资源配置、改进管理流程等。

第六节　数字化驱动的市值管理

数字化驱动的市值管理正经历着重大变革。大数据在市值管理决策中发挥着关键作用，帮助公司实时追踪市场变化、洞察潜在市场机会和风险，从而更好地了解客户需求和提升客户体验。此外，大数据还为公司内部管理和财务结构优化提供智能化支持。人工智能在市值管理中的应用日益显现，提高了数据处理和分析效率，在风险管理方面具有巨大潜力。人工智能在公司内部管理和人力资源管理中广泛应用，助力公司创新发展、提升客户体验，从而进一步巩固和提高市值。

一、大数据在市值管理决策中的作用

数字化革命在市值管理中引发了巨变，尤其是大数据在决策过程中扮演着越来越重要的角色。公司可以利用大数据收集、分析和挖掘大量内外部数据，从而提高市值管理决策的准确性和时效性。

第一，大数据使公司能够实时追踪市场变化，深入分析市场趋势、行业动态和竞争格局，为战略制定和市值管理提供强有力的数据支持。此外，数据分析还有助于洞察潜在的市场机会和风险，为公司创新和发展指明方向。第二，大数据有助于更好地了解客户需求和提升客户体验。通过挖掘客户行为数据，公司可以深入了解客户需求并提供个性化产品和服务。同时，通过数据分析持续优化客户满意度，提升市场份额和品牌价值。第三，大数据为公司内部管理提供智能化支持。分析内部运营数据有助于优化生产过程、提升管理效率、降低成本，为市值管理奠定坚实基础。第四，数据驱动的人力资源管理有助于实现人才激活和人力资本价值提升。第五，大数据有助于优化公司财务结构。深入分析财务数据，公司可以实时监控财务状况、识别潜在风险，并制定合理的财务策略，为市值管理提供坚实基础。

二、人工智能在市值管理中的未来应用

人工智能在市值管理中的应用前景日益凸显，深刻地改变着公司的经营方式。人工智能在市值管理中的应用可以从以下几个方面体现：第一，人工智能提高了公司数据处理和分析的效率。通过自动化完成烦琐的数据收集、整理和分析任务，人工智能助公司更快地获取有价值信息，提升市值管理决策效率和效果；利用机器学习和深度学习等先进算法，人工智能可从海量数据中挖掘潜在规律和趋势，为公司制定更科学、更精确的市值管理策略提供支持。第二，人工智能在风险管理方面具有巨大潜力。公司可利用人工智能进行风险预警，实时监控和分析市场、竞争对手、政策等多方面信息，及时发现潜在市值波动风险。人工智能还助力公司优化投资组合，通过智能分析和预测实现投资收益与风险平衡，降低市值波动风险。第三，人工智能在公司内部管理上具有广泛应用。通过引入人工智能辅助决策、智能调度、自动化流程等，公司可以提高管理效率、降低成本，为市值管理奠定坚实基础。同时，人工智能在人力资源管理方面发挥重要作用，如智能招聘、智能培训、智能激励等，有助于更好地激活人才潜力、提升人力资本价值。第四，人工智能助力公司创新发展。公司可通过人工智能加速研发进程、提高创新能力，开拓新业务领域和市场，从而提升市值。同时，人工智能协助公司优化产品和服务设计，提升客户体验，进一步巩固和提高市值。

参考文献

1. AFZALI M., SILVOLA H., TERJESEN S. Social capital and board gender diversity[J]. Corporate Governance: An International Review, 2022, 30 (4): 461-481.
2. ANDERSÉN J., LJUNGKVIST T. Resource orchestration for team-based innovation: a case study of the interplay between teams, customers, and top management[J]. R&D Management, 2021, 51 (1): 147-160.
3. BACON E., WILLIAMS M. D., DAVIES G. Coopetition in innovation ecosystems: A comparative analysis of knowledge transfer confi-gurations[J]. Journal of Business Research, 2020, 115: 307-316.
4. BAE K., BAEK J., KANG J., et al. Do controlling shareholders' expropriation incentives imply a link between corporate governance and firm value? Theory and evidence[J]. Journal of Financial Economics, 2012, 105 (2): 412-435.
5. BARNETT M. L. An attention-based view of real options reasoning[J]. Academy of Management Review, 2008, 33 (3): 606-628.
6. BARNEY J. Firm resources and sustained competitive advantage[J]. Journal of Management, 1991, 17 (1): 99-120.
7. BARTKUS B., GLASSMAN M., MCAFEE R. B. Mission statements: are they smoke and mirrors?[J]. Business Horizons, 2000, 43 (6): 23.
8. BAUMS T. Corporate governance in Germany: The role of the banks[J]. The American Journal of Comparative Law, 1992, 40 (2): 503-526.
9. BEBCHUK L. A., CREMERS K. M., PEYER U. C. The CEO pay slice[J]. Journal of Financial Economics, 2011, 102 (1): 199-221.
10. BEBCHUK L., COHEN A., FERRELL A. What matters in corporate

governance? [J]. The Review of Financial Studies, 2009, 22 (2): 783-827.

11. BECHT M., BOLTON P., RÖELL A. Corporate governance and control[J]. Corporate Finance, 2003, 1: 1-109.

12. BESHAROV M. L., SMITH W. K. Multiple institutional logics in organizations: Explaining their varied nature and implications[J]. Academy of Management Review, 2014, 39 (3): 364-381.

13. BHAGAT S., BOLTON B. Corporate governance and firm performance: The sequel[J]. Journal of Corporate Finance, 2019, 58: 142-168.

14. BLAIR M. M. Ownership and control: Rethinking corporate governance for the twenty-first century[J]. Long Range Planning, 1996, 29 (3): 432.

15. BLOMGREN M., WAKS C. Coping with contradictions: hybrid professionals managing institutional complexity[J]. Journal of Professions and Organization, 2015, 2 (1): 78-102.

16. BOROKHOVICH K. A., PARRINO R., TRAPANI T. Outside directors and CEO selection[J]. Journal of Financial and Quantitative Analysis, 1996, 31 (3): 337-355.

17. BYRD J. W., HICKMAN K. A. Do outside directors monitor managers? Evidence from tender offer bids[J]. Journal of Financial Economics, 1992, 32 (2): 195-221.

18. CHANDLER A. D. Strategy and structure: Chapters in the history of the industrial empire[J]. Cambridge Mass, 1962, 5 (1): 12-48.

19. CHARMAZ K. Constructing grounded theory: A practical guide through qualitative analysis[M]. London: Sage, 2006.

20. CHEN S., CHEN Y., KANG J., et al. Board structure, director expertise, and advisory role of outside directors[J]. Journal of Financial Economics, 2020, 138 (2): 483-503.

21. CHRISTOPHER M. Logistics and Supply Chain Management: Strategies for Reducing Cost and Improving Service Financial Times[M].London: Pitman Publishing,1999.

22. COLES J. L., LEMMON M. L., MESCHKE J. F. Structural models and

endogeneity in corporate finance: The link between managerial ownership and corporate performance[J]. Journal of Financial Economics, 2012, 103 (1): 149-168.

23. CORE J. E., HOLTHAUSEN R. W., LARCKER D. F. Corporate gove-rnance, chief executive officer compensation, and firm performance[J]. Journal of Financial Economics, 1999, 51 (3): 371-406.

24. CRAVEN B. M., MARSTON C. L. Investor relations and corporate gover-nance in large UK companies[J]. Corporate Governance: An International Review, 1997, 5 (3): 137-151.

25. D ORIA L., CROOK T. R., KETCHEN JR D. J., et al. The evolution of resource-based inquiry: A review and meta-analytic integration of the strategic resources–actions–performance pathway[J]. Journal of Management, 2021, 47 (6): 1383-1429.

26. DAHYA J., DIMITROV O., MCCONNELL J. J. Dominant shareholders, corporate boards, and corporate value: A cross-country analysis[J]. Journal of Financial Economics, 2008, 87 (1): 73-100.

27. DAMANPOUR F., SCHNEIDER M. Phases of the adoption of innovation in organizations: effects of environment, organization and top managers 1[J]. British Journal of Management, 2006, 17 (3): 215-236.

28. Di GIULI A., KOSTOVETSKY L. Are red or blue companies more likely to go green? Politics and corporate social responsibility[J]. Journal of Financial Economics, 2014, 111 (1): 158-180.

29. DODD P., WARNER J. B. On corporate governance: A study of proxy contests[J]. Journal of Financial Economics, 1983, 11 (1-4): 401-438.

30. DOLPHIN R. R. The strategic role of investor relations[J]. Corporate Communications: An International Journal, 2004.

31. DONALDSON T., PRESTON L. E. The stakeholder theory of the corporation: Concepts, evidence, and implications[J]. Academy of Management Review, 1995, 20 (1): 65-91.

32. DOUGLAS E. J., SHEPHERD D. A., PRENTICE C. Using fuzzy-set qualitative

comparative analysis for a finer-grained understanding of entrepreneurship[J]. Journal of Business Venturing, 2020, 35 (1): 105970.

33. DRUCKER P. The practice of management[M]. London: Routledge, 2012.
34. DU Y., KIM P. H. One size does not fit all: Strategy configurations, complex environments, and new venture performance in emerging economies[J]. Journal of Business Research, 2021, 124: 272-285.
35. DUCHIN R., MATSUSAKA J. G., OZBAS O. When are outside directors effective?[J]. Journal of Financial Economics, 2010, 96 (2): 195-214.
36. EDWARDS J. S., NIBLER M. Corporate governance in Germany: The influence of banks and large equity holders[J]. University of Cambridge, 1999.
37. EDWARDS J., NIBLER M. Corporate governance in Germany: the role of banks and ownership concentration[J]. Economic Policy, 2000, 15 (31): 238-267.
38. EISENHARDT K. M. Building theories from case study research[J]. Academy of Management Review, 1989, 14 (4): 532-550.
39. FAINSHMIDT S., WITT M. A., AGUILERA R. V., et al. The contributions of qualitative comparative analysis (QCA) to international business research[J]. Journal of International Business Studies, 2020, 51: 455-466.
40. FAMA E. F., JENSEN M. C. Agency problems and residual claims[J]. The Journal of Law and Economics, 1983, 26 (2): 327-349.
41. FAVARA G. Agency problems and endogenous investment fluctuations[J]. The Review of Financial Studies, 2012, 25 (7): 2301-2342.
42. FERREIRA D., MANSO G., SILVA A. C. Incentives to innovate and the decision to go public or private[J]. The Review of Financial Studies, 2014, 27 (1): 256-300.
43. FIELD L., LOWRY M., MKRTCHYAN A. Are busy boards detrimental?[J]. Journal of Financial Economics, 2013, 109 (1): 63-82.
44. FREEMAN R. E. Strategic management: A stakeholder approach[M]. Cambridge: Cambridge university press, 2010.
45. FREEMAN R. E., REED D. L. Stockholders and stakeholders: A new

perspective on corporate governance[J]. California Management Review, 1983, 25 (3): 88-106.

46. GLYNN M. A., LOUNSBURY M. From the critics' corner: Logic blending, discursive change and authenticity in a cultural production system[J]. Journal of Management Studies, 2005, 42 (5): 1031-1055.

47. GREENWOOD R., RAYNARD M., KODEIH F., et al. Institutional complexity and organizational responses[J]. Academy of Management annals, 2011, 5 (1): 317-371.

48. GUPTA K., CRILLY D., GRECKHAMER T. Stakeholder engagement strategies, national institutions, and firm performance: A configurational perspective[J]. Strategic Management Journal, 2020, 41 (10): 1869-1900.

49. HICKMAN C. R., SILVA M. A. The future 500: creating tomorrow's organisations today[M].New York: Routledge, 2018.

50. HIGGINS H. N. Corporate governance in Japan: role of banks, keiretsus and Japanese traditions[J]. The Governance of East Asian Corporations, 2004, 96-116.

51. HUANG J., LI Y. How resource alignment moderates the relationship between environmental innovation strategy and green innovation performance[J]. Journal of Business & Industrial Marketing, 2018, 33 (3): 316-324.

52. INGSTRUP M. B., AARIKKA-STENROOS L., ADLIN N. When ins-titutional logics meet: Alignment and misalignment in collaboration between academia and practitioners[J]. Industrial Marketing Management, 2021, 92: 267-276.

53. JENSEN M. C. The Modern Industrial Revolution, Exit, and the Failure of Internal Control Systems[J]. The Journal of Finance, 1993, 48 (3): 831-880.

54. JENSEN M. C., MECKLING W. H. Theory of the firm: Managerial behavior, agency costs and ownership structure[J]. Journal of Financial Economics, 1976, 3 (4): 305-360.

55. JIANG F., KIM K. A. Corporate governance in China: A modern perspective[J]. 2015, 32: 190-216.

56. JIANG F., KIM K. A. Corporate governance in China: A survey[J]. Review of

Finance, 2020, 24 (4): 733-772.

57. JONES T. M. Instrumental stakeholder theory: A synthesis of ethics and economics[J]. Academy of Management Review, 1995, 20 (2): 404-437.

58. KOENIG T., GOGEL R. Interlocking corporate directorships as a social network[J]. American Journal of Economics and Sociology, 1981, 40 (1): 37-50.

59. KROLL M., WALTERS B. A., WRIGHT P. Board vigilance, director experience, and corporate outcomes[J]. Strategic Management Journal, 2008, 29 (4): 363-382.

60. La PORTA R., LOPEZ DE SILANES F., SHLEIFER A. Corporate ownership around the world[J]. The Journal of Finance, 1999, 54 (2): 471-517.

61. LARCKER D. F., WATTS E. M. Where's the greenium?[J]. Journal of Accounting and Economics, 2020, 69 (2-3): 101312.

62. LAU C., LU Y., LIANG Q. Corporate social responsibility in China: A corporate governance approach[J]. Journal of Business Ethics, 2016, 136 (1): 73-87.

63. LAZONICK W. Profits without prosperity[J]. Harvard Business Review, 2014, 92 (9): 46-55.

64. LI S., PARK S. H., BAO R. S. The transition from relation-based to rule-based governance in east Asia: Theories, evidence, and challenges[J]. International Journal of Emerging Markets, 2018.

65. LI W., XU Y., NIU J., et al. A survey of corporate governance: international trends and China's mode[J]. Nankai Business Review International, 2012, 3 (1): 4-30.

66. LICHT A. N., GOLDSCHMIDT C., SCHWARTZ S. H. Culture, law, and corporate governance[J]. International Review of Law and Economics, 2005, 25 (2): 229-255.

67. LUO Y. Corporate governance and accountability in multinational enterprises: Concepts and Agenda[J]. 2005, 11: 1-18.

68. MANASSE JR H. R. Assuring qualified pharmacy manpower for the future[J].

American Journal of Hospital Pharmacy, 1986, 43 (2): 438-446.
69. MARITAN C. A., PETERAF M. A. Invited editorial: Building a bridge between resource acquisition and resource accumulation[J]. Journal of Management, 2011, 37 (5): 1374-1389.
70. MARSTON C., STRAKER M. Investor relations: A European survey[J]. Corporate Communications: An International Journal, 2001.
71. MASULIS R. W., WANG C., XIE F. Agency problems at dual - class companies[J]. The Journal of Finance, 2009, 64 (4): 1697-1727.
72. MATINARO V., LIU Y., POESCHE J. Extracting key factors for sustainable development of enterprises: Case study of SMEs in Taiwan[J]. Journal of Cleaner Production, 2019, 209: 1152-1169.
73. MEUER J. Exploring the complementarities within high-performance work systems: A set-theoretic analysis of UK firms[J]. Human Resource Management, 2017, 56 (4): 651-672.
74. MILOSEVIC D., ANDREI S., VISHNY R. W. A survey of corporate governance[J]. The Journal of Finance, 2015, 52: 737-783.
75. MINTZBERG H. The strategy concept I: Five Ps for strategy[J]. California Management Review, 1987, 30 (1): 11-24.
76. MITCHELL R. K., AGLE B. R., WOOD D. J. Toward a theory of stake-holder identification and salience: Defining the principle of who and what really counts[J]. Academy of Management Review, 1997, 22 (4): 853-886.
77. MOLITERNO T. P., WIERSEMA M. F. Firm performance, rent appropriation, and the strategic resource divestment capability[J]. Strategic Management Journal, 2007, 28 (11): 1065-1087.
78. MONKS R. A., MINOW N. Corporate governance[M]. New Jersey: John Wiley & Sons, 2011.
79. MORCK R., YEUNG B. Never waste a good crisis: An historical perspective on comparative corporate governance[J]. Annual Review of Financial Economics, 2009, 1 (1): 145-179.
80. MURRAY K. B., VOGEL C. M. Using a hierarchy-of-effects approach to

gauge the effectiveness of corporate social responsibility to generate goodwill toward the firm: Financial versus nonfinancial impacts[J]. Journal of Business Research, 1997, 38 (2): 141-159.

81. NADKARNI S., BARR P. S. Environmental context, managerial cognition, and strategic action: An integrated view[J]. Strategic Management Journal, 2008, 29 (13): 1395-1427.

82. NAG R., HAMBRICK D. C., CHEN M. J. What is strategic management, really? Inductive derivation of a consensus definition of the field[J]. Strategic Management Journal, 2007, 28 (9): 935-955.

83. NATH S. D., EWEJE G., SAJJAD A. The hidden side of sub-supplier firms' sustainability–an empirical analysis[J]. International Journal of Operations & Production Management, 2020, 40 (12): 1771-1799.

84. NIGAM A., OCASIO W. Event attention, environmental sensemaking, and change in institutional logics: An inductive analysis of the effects of public attention to Clinton's health care reform initiative[J]. Organization Science, 2010, 21 (4): 823-841.

85. OCASIO W. Attention to attention[J]. Organization Science, 2011, 22 (5): 1286-1296.

86. OCASIO W. Towards an attention - based view of the firm[J]. Strategic Management Journal, 1997, 18 (S1): 187-206.

87. OECD O. The OECD principles of corporate governance[J]. Contaduría y Administración, 2004, (216).

88. PARK Y., MITHAS S. Organized complexity of digital business strategy: A configurational perspective.[J]. MIS Quarterly, 2020, 44 (1).

89. PENG M. W. Institutional transitions and strategic choices[J]. Academy of Management Review, 2003, 28 (2): 275-296.

90. PORTER M. E., KRAMER M. R. Creating Shared Value[J]. Harvard Business Review, 2011, 89 (1-2): 62-77.

91. PUCCI T., CASPRINI E., GALATI A., et al. The virtuous cycle of stakeholder engagement in developing a sustainability culture: Salcheto winery[J]. Journal

of Business Research, 2020, 119: 364-376.

92. RAGIN C. C., FISS P. C. Intersectional inequality: Race, class, test scores, and poverty[M]. Chicago: University of Chicago Press, 2017.

93. RAJGOPAL S. Has European corporatism delivered? A survey with preliminary evidence[J]. European Financial Management, 2022, 28 (1): 3-58.

94. SCHLEGELMILCH B. B., DIAMANTOPOULOS A., KREUZ P. Strategic innovation: the construct, its drivers and its strategic outcomes[J]. Journal of Strategic Marketing, 2003, 11 (2): 117-132.

95. SEO H. Peer effects in corporate disclosure decisions[J]. Journal of Accounting and Economics, 2021, 71 (1): 101364.

96. SHLEIFER A., VISHNY R. W. A survey of corporate governance[J]. The Journal of Finance, 1997, 52 (2): 737-783.

97. SIRMON D. G., HITT M. A. Managing resources: Linking unique resources, management, and wealth creation in family firms[J]. Entrepreneurship Theory and Practice, 2003, 27 (4): 339-358.

98. SIRMON D. G., HITT M. A., IRELAND R. D. Managing firm resources in dynamic environments to create value: Looking inside the black box[J]. Academy of Management Review, 2007, 32 (1): 273-292.

99. SIRMON D. G., HITT M. A., IRELAND R. D., et al. Resource orchestration to create competitive advantage: Breadth, depth, and life cycle effects[J]. Journal of Management, 2011, 37 (5): 1390-1412.

100. STOUT L. The shareholder value myth: How putting shareholders first harms investors, corporations, and the public[M]. Oakland: Berrett-Koehler Publishers, 2012.

101. TÄUSCHER K. Using qualitative comparative analysis and system dynamics for theory-driven business model research[J]. Strategic Organization, 2018, 16 (4): 470-481.

102. THORNTON P. H., OCASIO W. Institutional logics[J]. The Sage Hand-book of Organizational Institutionalism, 2008, 840 (2008): 99-128.

103. THORNTON P. H., OCASIO W., LOUNSBURY M. The institutional logics

perspective：A new approach to culture, structure and process[M]. Oxford：Oxford University Press, 2012.

104. TRACEY P., PHILLIPS N., JARVIS O. Bridging institutional entre-preneurship and the creation of new organizational forms：A multilevel model[J]. Organization Science, 2011, 22 (1)：60-80.

105. TUSCHKE A., SANDERS W. G., HERNANDEZ E. Whose experience matters in the boardroom? The effects of experiential and vicarious learning on emerging market entry[J]. Strategic Management Journal, 2014, 35 (3)：398-418.

106. UEDA R. How is corporate governance in Japan changing? Developments in listed companies and roles of institutional investors[J]. OECD Publishing, 2015.

107. VALENTINE S., FLEISCHMAN G. Ethics programs, perceived corporate social responsibility and job satisfaction[J]. Journal of Business Ethics, 2008, 77：159-172.

108. WEI AN LI Y. X., NIU J., QIU A. A survey of corporate governance：international trends and China's mode[J]. Nankai Business Review International, 2012, 3 (1)：4-30.

109. WOODSIDE A. G. Solving the core theoretical issues in consumer behavior in tourism[J]. Consumer Behavior in Tourism and Hospitality Research, 2017, 13：141-168.

110. YERMACK D. Do corporations award CEO stock options effectively?[J]. Journal of Financial Economics, 1995, 39 (2-3)：237-269.

111. YERMACK D. Corporate governance and blockchains[J]. Review of Finance, 2017, 21 (1)：7-31.

112. YIN R. K. Case study research：Design and methods[M]. London：Sage, 2009.

113. ZAHRA S. A. The virtuous cycle of discovery and creation of entrepreneurial opportunities [J]. Strategic Entrepreneurship Journal, 2008, 2 (3)：243-257.

114. 艾哲明. 在现代化中奋进的香港公司治理 [J]. 董事会, 2022, (04)：47-51.

115. 艾哲明. 追赶中的韩国公司治理 [J]. 董事会, 2021, (12)：42-48.

116. 艾哲明，吴丽莎. 日本公司治理：支离破碎的改革 [J]. 董事会，2022，(03)：52-59.

117. 圣吉. 第五项修炼：学习型组织的艺术与实务 [M]. 上海：上海三联书店，1998.

118. 陈德球. 公司治理研究重点文献导读 [M]. 北京：中国人民大学出版社，2021.

119. 陈德球，胡晴. 数字经济时代下的公司治理研究：范式创新与实践前沿 [J]. 管理世界，2022，38（06）：213-240.

120. 陈仕华，王雅茹. 企业并购依赖的缘由和后果：基于知识基础理论和成长压力理论的研究 [J]. 管理世界，2022，38（05）：156-175.

121. 陈仕华，张瑞彬. 董事会非正式层级对董事异议的影响 [J]. 管理世界，2020，36（10）：95-111.

122. 杜运周，刘秋辰，程建青. 什么样的营商环境生态产生城市高创业活跃度？基于制度组态的分析 [J]. 管理世界，2020，36（9）：141-155.

123. 约翰. 董事会运作手册 [M]. 李维安，李胜楠，牛建波，译. 北京：中国财政经济出版社，2006.

124. 韩炜，杨俊，胡新华，等. 商业模式创新如何塑造商业生态系统属性差异？基于两家新创企业的跨案例纵向研究与理论模型构建 [J]. 管理世界，2021，37（1）：88-107.

125. 郝项超，梁琪. 非高管股权激励与企业创新：公平理论视角 [J]. 金融研究，2022，(03)：171-188.

126. 贺小刚，贾植涵，彭屹，等. 财富预期与企业家冒险行为：进取还是越轨？[J]. 管理世界，2022，38（10）：226-243.

127. 李东红，陈昱蓉，周平录. 破解颠覆性技术创新的跨界网络治理路径：基于百度 Apollo 自动驾驶开放平台的案例研究 [J]. 管理世界，2021，37（4）：130-159.

128. 李胜楠，杨安琪，牛建波. 战略风险投资能促进企业上市后的创新吗？[J]. 财经问题研究，2021：49-59.

129. 李维安. 中国公司治理自主概念体系探索 [J]. 公共管理与政策评论，2022，11（06）：20.

130. 李维安. 新时期中国公司治理转型发展的趋势与应对 [J]. 董事会, 2022, (09): 21-33.

131. 李维安. 中国公司治理原则与国际比较 [M]. 北京: 中国财政经济出版社, 2001.

132. 李维安, 郝臣, 崔光耀, 等. 公司治理研究 40 年: 脉络与展望 [J]. 外国经济与管理, 2019, 12.

133. 李维安, 侯文涤, 柳志南. 国有企业金字塔层级与并购绩效: 基于行政经济型治理视角的研究 [J]. 经济管理, 2021, 43 (09): 16-30.

134. 李维安, 李勇建, 石丹. 供应链治理理论研究: 概念、内涵与规范性分析框架 [J]. 南开管理评论, 2016, 19 (01): 4-15.

135. 李维安, 李元祯. 中国公司治理改革逻辑与趋势 [J]. 董事会, 2020, (Z1): 31-35.

136. 李维安, 牛建波. CEO 公司治理 [M]. 北京: 北京大学出版社, 2024.

137. 李维安, 王世权. 大学治理 [M]. 北京: 机械工业出版社, 2013.

138. 李维安, 武立东. 公司治理教程 [M]. 上海: 上海人民出版社, 2002.

139. 李维安, 徐建. 自组织时代公司治理新思考 [J]. 北大商业评论, 2015, (03): 80-87.

140. 李维安, 徐建, 姜广省. 绿色治理准则: 实现人与自然的包容性发展 [J]. 南开管理评论, 2017, 20 (05): 23-28.

141. 李维安, 徐业坤. 政治身份的避税效应 [J]. 金融研究, 2013, (03): 114-129.

142. 李维安, 张耀伟, 郑敏娜, 等. 中国上市公司绿色治理及其评价研究 [J]. 管理世界, 2019, 35 (05): 126-133.

143. 李维安等. 2018 中国上市公司治理评价研究报告 [M]. 北京: 商务印书馆, 2021.

144. 李维安, 等. 公司治理 [M]. 天津: 南开大学出版社, 2002.

145. 李维安. 公司治理学 [M]. 北京: 高等教育出版社, 2019.

146. 李新春, 贺小刚, 邹立凯. 家族企业研究: 理论进展与未来展望 [J]. 管理世界, 2020, 36 (11): 207-229.

147. 李云鹤, 吴文锋, 胡悦. 双层股权与企业创新: 科技董事的协同治理功能 [J]. 中国工业经济, 2022, (05): 159-176.

148. 梁强，王博，宋丽红，等．家族治理与企业战略导向：基于制度逻辑理论的实证研究 [J]．南方经济，2021，40（1）：120-134．

149. 刘振，崔连广，杨俊，等．制度逻辑，合法性机制与社会企业成长 [J]．管理学报，2015，12（4）：565-575．

150. 陆亚东．中国管理学理论研究的窘境与未来 [J]．外国经济与管理，2015，37（3）：3-15．

151. 马连福，张晓庆．控股股东股权质押与投资者关系管理 [J]．中国工业经济，2020，（11）：156-173．

152. 毛基业．运用结构化的数据分析方法做严谨的质性研究：中国企业管理案例与质性研究论坛（2019）综述 [J]．管理世界，2020，36（3）：221．

153. 宁向东．共生的智慧 [M]．北京：中信出版社，2021．

154. 牛建波．战略统领观：驱动公司长期发展的新理念和实践 [J]．董事会，2023，（03）：42-45．

155. 牛建波．公司治理的冷思考 [J]．董事会，2021，（06）：62-66．

156. 牛建波．重塑上市公司董事评价指标体系 [J]．董事会，2012，（05）：60-61．

157. 牛建波．"中特估"：上市公司价值创造提升新路径 [N]．上海证券报，2023-06-01（8）．

158. 牛建波．公司法修订的深层含义：法规引领、治理升级 [N]．上海证券报，2024-01-01（7）．

159. 牛建波．浅谈治理智慧如何推动企业高质量发展 [N]．上海证券报，2023-05-06（4）．

160. 牛建波．独董制度从合规监督到价值创造的转型策略 [N]．上海证券报，2023-04-26（7）．

161. 牛建波．Open AI 事件对董事会治理的启示 [N]．上海证券报，2023-12-08（8）．

162. 牛建波，李胜楠，杨育龙，等．高管薪酬差距、治理模式和企业创新 [J]．管理科学，2019，32（02）：77-93．

163. 牛建波，李维安．董事会的程序理性、政治行为与企业双元创新 [J]．管理科学，2020，33（04）：3-18．

164. 牛建波，吴岱蔚．为世界推进 ESG 理念贡献中国智慧 [J]．董事会，2020，

(04)：48-49.

165. 牛建波，尹雅琪. 中国董事胜任力模型的建构 [J]. 董事会，2021, (11)：88-97.

166. 牛建波，尹雅琪. 通才型独董：制度变革的新方向和新思路 [J]. 董事会，2021, (08)：39-43.

167. 强舸."国有企业党委（党组）发挥领导作用"如何改变国有企业公司治理结构？从"个人嵌入"到"组织嵌入"[J]. 经济社会体制比较，2019, (6)：71-81.

168. 谭海波，周桐，赵赫，等. 基于区块链的档案数据保护与共享方法 [J]. 软件学报，2019, 30 (9)：2620-2635.

169. 吴先明，张雨. 海外并购提升了产业技术创新绩效吗：制度距离的双重调节作用 [J]. 南开管理评论，2019, 22 (01)：4-16.

170. 武立东，薛坤坤，王凯. 非正式层级对董事会决策过程的影响：政治行为还是程序理性 [J]. 管理世界，2018, 34 (11)：80-92.

171. 许晖，单宇. 打破资源束缚的魔咒：新兴市场跨国企业机会识别与资源"巧"配策略选择 [J]. 管理世界，2019, 35 (3)：127-141.

172. 许晖，王亚君，单宇. "化繁为简"：跨文化情境下中国企业海外项目团队如何管控冲突？[J]. 管理世界，2020, 36 (9)：128-140.

173. 许娟，程励. 复杂性视角下乡村旅游地居民旅游满意度研究 [J]. 人文地理，2020, 35 (6)：149-160.

174. 严若森，赵亚莉. CEO 类型与家族企业双元创新：基于中国上市家族企业的经验证据 [J]. 研究与发展管理，2022：1-15.

175. 张青，华志兵. 资源编排理论及其研究进展述评 [J]. 经济管理，2020, 42 (9)：193-208.

176. 赵晶. 公司治理：原理与案例 [M]. 北京：中国人民大学出版社，2021.

177. 郑志刚. 股票策略性更名：见不得光的"市值管理"[J]. 董事会，2022, (03)：65-67.

178. 郑志刚，李邈，雍红艳，等. 中小股东一致行动改善了公司治理水平吗？[J]. 金融研究，2022, (05)：152-169.

179. 仲继银. 日本公司治理超越"日本模式"[J]. 商业观察，2016, (03)：81-83.

180. 仲继银. 董事会与公司治理 [M]. 北京：企业管理出版社, 2018.
181. 周建, 罗肖依, 张双鹏. 独立董事个体有效监督的形成机理：面向董事会监督有效性的理论构建 [J]. 中国工业经济, 2016, (05)：109-126.

后记
心之所向，治之所思：
一段关于公司治理的探索之旅

自 2002 年我有幸拜入李维安先生门下，二十多年的时光仿佛转瞬即逝。从拜入师门的那一刻起，我下定决心，将持续探究公司治理的奥秘，怀揣着一个简单而坚定的梦想——在公司治理领域做出自己的贡献。

得益于李维安先生以及许多前辈和同仁的指导与启示，我逐渐认识到公司治理不仅仅是一个研究课题，它已经发展成为一门深入的学科，有着丰富的理论和实践内容。这期间，我有机会参与各种国内和国际的项目与学术交流，并对各种公司治理模式进行较为深入的研究，我更加深刻地感受到公司治理的重要性和挑战性。

盛唐，那个文化鼎盛的时代，为我开启了关于公司治理的全新思考之窗。我在学习李白和张旭的作品时，深受"盛唐之音"的震撼。他们代表的这种声音，是对传统束缚的一种大胆冲破和创新，这种精神让我不禁想起当下那些在公司治理领域中勇于创新、敢于打破常规的公司。我进一步地思考，盛唐文化中的这种突破与创新，与当下众多公司在公司治理上的探索有何异同？这种古老文化背景下的创新思维，是否可以为现代公司治理提供一种新的视角和方法？是否可以为公司治理建立一套更为系统、更具实用性的方法和标准？如何将古老的文化思维与现代的公司治理实践相结合，创造出一种既古老又现代、既理论又实用的新模式？

改革开放后的中国，经济飞速发展，出现了众多优秀的公司。这些公司有着独特的治理结构和方法，其背后的精神是对创新和卓越的不懈追求。然而，这些公司的成功，并不意味着其他公司就无法复制。我坚信，通过深入研究、总结这些公司的经验，结合盛唐时期的文化思维，我们可以为更多的公司提供一个具有普适性的公司治理模式。这不仅仅是对现有模式的复制或模仿，更是一种全新的、结合古今的治理模式。

于是，我决定将这些思考和研究结晶化，写成一本书。这本书不仅是对我多年研究的总结，更是我对公司治理的一种新的探索和尝试。我希望，通过这本书，能够为更多的公司提供一种全新的、具有普适性的公司治理模式，帮助它们在这个竞争激烈的市场中实现更为卓越的发展。

长跑是我心灵的绿洲。当我初次踏入亚太地区商学院沙漠挑战赛的赛场，一种对挑战的渴望驱使我将每一次脚步踏出变成习惯，甚至超越我此前对羽毛球的喜爱。从第一次的参赛并未入围前十，到第二次获得个人第九名，再到"国际商学院沙漠友谊赛"中荣获第三名，每一次跑步都雕琢了我的意志。长跑不仅仅是对身体的锻炼，更是我与世界对话的方式，是我重新认识人生的窗口。公司治理一直是我长跑时有意识主动去思考的内容之一。那些在身体疲惫下产生的心灵启示，更加深化了我对公司治理的认识和理解。

辟谷，这种古老的修行方式，为我提供了一个独特的思考空间。在这种身心的修炼中，我不仅对生活有了新的认识，更对公司治理产生了深刻的反思。在辟谷的过程中，身体的放松为我的思绪提供了一个自由的舞台，我开始深入地思考公司治理中的各种问题和挑战。这种修行方式使我更加明白，真正的公司治理并不仅仅是理论和框架，它更多地涉及人的因素和文化背景。正是这些深入的反思和启示，为本书的创作提供了丰富的素材。我试图结合这些思考，提出一个更加完整和实用的公司治理模式，帮助公司在复杂的市场环境中找到最佳的策略和方法。

司马迁曾言："夫运筹帷幄之中，决胜于千里之外。"我坚信，公司治理新模式就是这样的"帷幄"，它将指引公司走向更远大的未来，实现"行到水穷处，坐看云起时"的境界。司马迁的名言深刻地揭示了背后的策略和智慧对于决策的重要性。这样的思考方式对于我在公司治理领域的探索有着深远的影响。治理，并不仅仅是表面的管理和指挥，它更多地涉及对公司的深入了解，预见未来的挑战，为公司定下清晰的战略目标，并确保每一个决策都与战略目标紧密相连。

在我多年的研究和实践中，我深刻地体会到，只有真正理解公司治理的核心价值，才能够真正地为公司创造持续的价值。这就像司马迁所说的"运筹帷幄"，只有在深入思考和规划后，才能在现实的战场上取得胜利。而公司治理新模式，就是我为现代公司量身定做的"帷幄"。这个模式并不仅仅是一个理论框架，而是一个完整系统，涵盖了从公司文化的塑造，到决策机制的完善，再到风险管理的实践等各个方面。它旨在帮助公司在快速变化的市场环境中保持稳定的增长，确保公司的长期生存和发展。此外，公司治理新模式也强调了对人的关注。我认为，公司的成功并不仅仅取决于它的策略和产品，更重要的是它的人。只有确保员工的成长和满足，才能够确保公司稳健发展。而公司治理新模式，正是为了确保每一个员工都能够在公司中找到自己的位置，发挥自己的最大价值。

总之，公司治理新模式，就像司马迁所说的"帷幄"，为公司提供了一种全新的思考方式，帮助公司在激烈的市场竞争中站稳脚跟、走得更远。我坚信，只要我们真正地理解和实践这个模式，就能够达到"行到水穷处，坐看云起时"的境界，引领公司走向更加辉煌的未来。

在此，我想向所有在我的学术旅程中给予我启示与支持的前辈、企业家、同事及学员表示感谢。是你们的提问、反馈和真诚的分享，使得原本零散的思考在此汇聚，形成了本书中的公司治理新模式。同时，还要感谢北京大学出版社对本书出版的支持，对为本书顺利出版付出劳动的林君秀、徐冰和余秋亦三位编辑老师表示衷心的感谢。

我也要深深感谢我的爱人，她一直是我前进的坚强后盾。在我深入研究公司治理的漫长日夜中，她的支持和鼓励是我前进的动力。她经常为我提供不同的视角，提醒我不要忘记从解释问题到解决问题还差着十万八千里，要时刻关注公司治理中人的因素。她的每一句提醒，都是我跨越理论与实践鸿沟的桥梁。

写作之路上，我发现时间在指尖悄悄流过，转眼间儿子已从那个喜欢蹦跳的小学生成长为善于思考的初中生。有趣的是，他也成了我的"小助手"。每当我试图向他简化解释某个公司治理概念时，他的一连串疑问和直白反馈经常让我重新审视自己的观点，挑战我以前的认知。这样的交流不仅加深了我们之间的亲子关系，还使我从一个新的、未受偏见影响的角度看待公司治理。他的问题，如"为什么公司需要这样做？"或"这真的对公司有好处吗？"经常促使我回到学术研究的初心，思考最基本、最核心的问题。

正如古人所言，"众人拾柴火焰高"。我衷心希望公司治理新模式能为大家提供新的思路或启发，使公司治理不仅仅是一份工作，更是一个充满尊严的职业。愿我们共同努力，使治理真正成为推动公司、社会和每一位员工进步的力量，为更多的公司创造实实在在的价值。

牛建波于南开园